고령화 사회에서의

노인복지 이해와 실천

이준우 지음

도서출판 파란마음

* 이 책은 강남대학교 교내연구공모과제 지원비에 의한 것입니다.

머리말

시간이 참 빨리 간다. 2008년 8월에 '화성시' 로부터 강남대학교가 노인복지관을 수탁 받아 초대 관장으로 개관을 준비하면서 동분서주하던 일이 엊그제 같은데 벌써 4년 반이라는 시간이 훌쩍 흘렀다. 1년만 관장을 하고, 좋은 후임 관장에게 이 막중한 노인복지 사업들을 맡기려고 하였는데 생각보다 많이 길어졌다. 그동안 강남대학교 사회복지대학과 사회복지전문대학원에서 학생들을 가르치고, 연구하면서 기관장의 업무까지 병행하다보니 여러모로 분주한 나날들을 보냈던 것 같다. 힘들기는 했지만 사회복지학을 가르치는 교수로서 사회복지시설의 기관장을 경험해 볼 수 있었던 것은 큰 특권이자 축복이었다. 솔직히 노인복지관에서의 생활은 참 행복했다.

꿈꾸고 소망했던 노인복지실천을 소신껏 시도하였다. 이런저런 시행착오도 있었지만 상당 부분은 큰 성과들을 얻을 수 있었다. 이론이 현실화되는 값진 체험을 하였다. 교수로서 살아오면서 그동안 현장을 너무 몰랐다는 자성도 하였다. 적어도 복지관에서의 경험은 교수인 내가 '뜬 구름' 잡는 식의 허무한 사회복지학을 하지 않게끔 해 주었다고 확신한다. 최선을 다해 어르신들의 권리를 존중하고 그 권리와 욕구에 기반한 노인복지실천을 하려고 노력하였다. 고품격 '여가 문화 복지 서비스' 를 창의적으로 개발하여 혁신적으로 시행하였다. 뿐만 아니라 복지관에 올 수 없는 열악한 환경 속에 있는 재가 어르신들을 향해서는 직원들이 적극적으로 찾아가서 그분들의 필요를 듣고 그 모든 필요를 충족시키기 위해서 동분서주하며 애썼다.

그러면서 깨달았다. 노인복지의 시작은 어르신들에게 안부를 여쭙고, 인사를 드리는 일부터 시작한다는 것을 말이다. 관장과 모든 직원들은 복지관에 오시는 어르신들을 뵐 때마다 문 앞에서부터 정성껏 인사드리기 시작했다. 밝은 미소와 따뜻한 말로 어르신 '한 분 한 분' 에게 '마음을 주고받는' 소중한 정을 나누는 그런 가족과 같은 따스함으로 어르신들을 섬겼다. 노인복지 서비스를 기계적으로 그냥 그렇게 어르신들에게 가져다주는 복지관이 아니라 서비스를 이용하시는 어르신들이 모두가 다 '내 아버지처럼 내 어머니처럼' 사랑으로 공양 받는 마음이 들 정도로 만족도 높은 양질의 복지 서비스를 제공하고자 혼신의 힘을 기울였다.

그랬더니 어르신들도 우리 직원들을 친자식처럼 아껴주시고 사랑해주셨다. 자연히 어르신들도 서로 존중하고 아끼며 보듬으면서 지내셨다. 어느덧 노인복지관은 사람 사는 내음이 가득하고 정(情)이 넘치는 행복한 삶의 공간이 되었다. 복지관에 매일 오시는 어르신들의 얼굴이 환해지고 활력이 가득하며 당당하고 자신 있는 모습으로 아름답게 변하셨다. 첨단, 속도와 효율의 시대에 낡음과 쇠락함이 전혀 무가치한 것이 아니라 어떻게 그것이 관록과 경륜으로 화려하게 부활하는지를 많은 어르신들이 분명하게 보여주셨다.

복지관을 이용하시는 어르신들을 통해 그 오랜 시간을 순명하며 살아오셨던 관록과, 시류를 거슬러 정직하게 낡아지셨으나 역설적으로 낡아짐으로 오히려 오래된 것들이 젊음보다 더욱 아름다운 경륜으로 나타날 수 있다는 진리를 깊이 깨닫게 되었다.

모든 것이 감사할 따름이다. 교수인 내가 관장을 하면서 어르신들을 향해서 다가가서 섬겼다고 생각했는데 반대로 어르신들이 내게 소중한 가르침을 많이 주셔서 크게 배웠다.

그 큰 감사를 어떻게 갚아야 할까?

부단히 생각해 보았다. 아울러 복지관을 내려놓고 나니 '좀 더 잘 할 수 있었으면' 하는 아쉬움도 크게 남았다. 문득 '고은' 시인의 '그 꽃'이라는 시가 그토록 절절하게 와닿을 수가 없었다.

내려갈 때 보았네
올라갈 때 보지 못한 그 꽃

그동안 보지 못했던 많은 것들이 견딜 수 없을 정도로 자꾸 보이고, 계속 생각났다. 그래서 글을 쓰기 시작했다. 동시에 교수이면서 관장을 했던 사람으로서 현장에 기여하고 싶은 마음도 더욱 간절해졌다. 더구나 관장을 내려놓고 나니 조금 시간이 나기도 하였다. 지난 12월부터 1월, 그리고 2월의 중반인 오늘까지 미친 듯이 작업하였다. 글이 샘물 터지듯 솟아 나왔다. 평소 고민하고 생각해왔던 노인문제와 복지정책 및 실천의 여러 영역에 관한 글들이 주체할 수 없을 만큼 쏟아져 나왔다. 방대한 우리나라의 노인복지 전반을 고민하면서 생각해 볼 수 있었으며, 새로운 패러다임과 혁신적인 방안들도 모색해 볼 수 있었다.

이렇게 노인복지 전반을 고찰하다가 보니 이 책은 사회복지 전공 '교과서' 나 '교재' 로도 충분히 사용할 수 있을 정도로 양질의 내용으로 정리되었다. 특히 딱딱한 논문의 문체를 최대한 탈피하려고 애썼기 때문에 사회복지학에 대한 사전 지식이 부족해도 노인복지에 관심 있는 일반 '대중' 들과 관련 '전문가들' (예 정책전문가, 심리치료사, 교사, 의사, 간호사, 재활전문가 등)도 쉽고 재미있게 읽을 수 있을 것으로 기대된다. 그리고 이 책에서 제시된 노인복지의 새로운 패러다임과 혁신적인 노인복지 방안 등은 실제 노인복지 현장에서 근무하는 실무자들에게는 다시 한 번 '힘을 내어' 일할 수 있게끔 하는 방향성을 제시해 줄 뿐만 아니라 대단히 유익한 자료로서도 그 역할을 할 것이다.

하지만 탈고된 원고를 마지막으로 다시 보니 역시 미흡한 점이 한두 군데가 아닌 것 같다. 독자들에게 3미(재미+의미+흥미)를 풍성하게 제공해 주는 책이 되고자 하였는데, 독자들은 어떻게 평가할지 궁금하다. 만약 독자들의 반응이 마땅하지 않다면 그 모든 책임은 역시 저자의 몫이다. 내용의 충실성과 독자의 가독성을 함께 추구한 책으로 저자도 독자의 반응이 어떨지 기대된다. 여기에서 독자들의 애정과 관심이 있었으면 하는 솔직한 심정이 있음을 밝힌다. 그리고 이 책이 우리나라의 노인 문제 해결과 복지에 조금이나마 도움이 되었으면 하는 마음도 간절하다.

이 책이 나오기까지 애써주고 성원해 준 사랑하는 제자들에게 고마움을 표하고 싶다. 무엇보다도 박사과정을 수료한 이현아 선생과 석사과정을 졸업한 조미애 팀장이 크게 수고하였다.

이현아 선생은 학부에서부터 석사와 박사과정까지 내 제자로서 열심히 공부해오고 있다. 특히 노인 상담과 자살예방사업, '외상후 스트레스 장애' 등과 같은 분야에서 나와 함께 공동으로 여러 정부 프로젝트와 연구를 수행하였다. 지금은 박사학위 논문을 준비하고 있는데 그 바쁜 와중에도 적극적으로 도와주었다. 조미애 팀장은 현재 화성시남부노인복지관 지역사회 팀을 이끌면서 스승이 추구해왔던 지역사회 중심의 노인복지실천을 구체적으로 실현해나가고 있다. 이 책의 내용을 수정하고 다듬는 데에 실질적인 도움을 주었다.

다음으로는 박사과정에 재학 중인 박종미 선생과 화성시남부노인복지관 행정지원팀장인 유지현 군이 큰 힘이 되었다. 박종미 선생은 참고문헌 정리와 이 책의 내용을 전체적으로 교정해 주었다. 유지현 군은 이현아, 조미애, 박종미 양과 함께 토론할 때에 이런저런 의견들을 일목요연하게 정리하는 데에 크게 기여하였다.

사랑하면서 아끼는 이 네 명의 제자들과 내가 쓴 글을 앞에 놓고 함께 기탄없이 토론할 수 있었던 시간이 교수인 내게는 참으로 보람 있었고 행복하였다. 이들은 꼭 필요하면서도 적절한 피드백을 해주었다. 제자들이지만 훌쩍 성장한 이들을 보면서 흐뭇하고 기뻤다. 이들 네 사람의 제자들이 도와주어서 자칫 독단에 빠질 수도 있었던 이 책의 여러 부분들이 실천 현장과 유리되지 않고 연결될 수 있었으며, 실제적이고도 유용한 내용으로 구성될 수 있었다.

그 외에도 도움을 준 제자들이 있다. 이번 새 학기에 박사과정에 입학한 지에릭승훈 군은 마지막까지 내 원고를 꼼꼼히 읽어주고 최종 교정을 해주었다. 석사과정을 졸업한 이진영 양은 중요한 자료들을 찾는 수고를 기쁘게 감당해 주었으며, 학부생 박대한 군은 인터넷을 통해 국내 · 외 논문들을 검색해 주었다.

끝으로 도서출판 파란마음 황호철 사장님과 여러 직원들의 수고에 큰 감사를 드린다. 급하게 쓴 원고를 가져다주면서 빨리 책을 출판해 달라는 뻔뻔하기 짝이 없는 내 요청에 흔쾌히 이렇게 멋진 책으로 화답해 주었다. 늘 '도서출판 파란마음'에는 빚진 심정이 든다. '돈'이 안 될 가능성이 높은 내 책들을 단지 세상에 필요하다는 확신과 소명 때문에 출간해 주는 선한 출판사이기에 더더욱 마음이 쓰인다. 이 책이 많은 독자들로부터 사랑받아서 그 빚을 조금이나마 갚았으면 하는 바람이 간절하다.

이 모든 일을 가능케 하신 하나님께 찬송과 영광을 올려 드린다.

연구실에서

이준우 교수

차 례

| 제1부 | 고령화 현실과 노인을 향한 사회복지정책

Chapter 7 노인 상담_175

| 제3부 | 행복한 노후생활을 향한 사회복지적인 개입 영역

Chapter 8 노인 교육과 새로운 노인 문화 형성 그리고 노인 여가 활동_195

Chapter 9 노인 자원봉사_211

Chapter 13 우리나라 노인복지실천의 활성화 방안_291

Part 1

고령화 현실과 노인을 향한 사회복지정책

Chapter 1 고령화 사회와 노인 문제

Chapter 2 노화와 노인에 대한 이해

Chapter 3 노인복지정책

Chapter 4 노인장기요양보험제도

Chapter 1

고령화 사회와 노인 문제

1 노인 인구의 증가와 사회의 고령화

2 고령화 현상에 따른 여러 가지 문제들

3 고령화 사회에 대한 시각

우리 시대는 분명 노인들에 대해 과거 그 어느 때보다 새로운 흥미를 나타내고 있다. 노년에 대해 지금처럼 많은 질문이 제기된 적도, 노인들에게 이처럼 큰 관심을 표명한 적도 없을 것이다. 이는 무엇보다 노인 인구가 급속도로 늘고 있는 우리 사회의 현실을 반영한다(박규현 · 김소라 역, 2010). 이제 세상은 노인들이 소수가 아닌 주류가 되어가고 있다. 앞으로 우리 사회는 '노인' 이라는 말이 사라질 정도로 노인 중심 사회가 되며, 노인의 권리와 이익이 크게 강화될 것이다. 고령화는 세상의 모습을 완전히 바꿀 전망이다.

1 노인 인구의 증가와 사회의 고령화

노인 인구가 늘어나면서 동시에 사회도 고령화되어가고 있다. 지역사회 곳곳에서 노인들을 자연스럽게 만나게 된다. 그들은 거의 대부분 건강하게 보이고, 말쑥하게 차려입고 활기차게 지낸다. 그래서 특별히 노인이라고 해서 거부감을 느낀다거나, 노인이라고 의식하며 예외적으로 대우하지도 않는다.

하지만 시간이 갈수록 전보다 더 많은 노인들을 보게 되는 날이 오게 되면 상황은 좀 달라질 것이다. 동네 어귀에 있는 마트에 잠깐 다녀올 때에도 노인들을 의식하게 될 것이다. 80~90대 노인들이 있는 줄을 피하거나, 이들이 카트를 비우는 일을 도와주어 순서가 빨리 오도록 해야만 예상한 시간에 다녀올 수 있을 것이다. 자동차로 도심 시가지를 지나가려고 해도 고령운전자들이 많아지고 있으니 더욱 조심해야 한다. 대략 10여년 후면 65세 이상 운전자들이 5명에 1명 정도는 될 것이다. 사무실, 쇼핑몰, 주차장에서 흔히 접하게 되는 사람들이 대부분 노인일지도 모른다. 나이와 관련된 기능 저하를 겪는 사람들이 지금보다 훨씬 더 많은 세상에서 살게 될 것이다.

이미 이런 모습을 곳곳에서 목도하기 시작했다. 이것은 우리나라가 고령화라고 하는 거대한 변화의 중심에 들어왔음을 의미한다.

우리나라의 65세 이상 노인인구는 2000년에 7.2%를 상회하여 고령화 사회에 진입하였고, 2006년에는 전체인구의 9.5%에 이르렀으며, 2018년에는 14.3%로 유엔(UN)의 기준에 의하면 '고령사회(aged society)' 가 되며, 2026년에는 20.8%로 '초고령사회(super-aged society)' 가 될 것으로 전망된다(통계청, 2009). 기대수명도 2005년에는 78.9세를 넘어섰고, 2030년에는 83.1세로 높아질 것으로 추산된다(통계청, 2009). 이처럼 전체인구 중 노인인구 비율이 급증하고, 기대수명이 높아진다는 것은 개인 및 사회가 긴 노년기에 직면하였음을 의미한다.

한편, 『한국통계연감』에 따르면 우리나라 노령화 지수[1)]는 1955년 8.0%에서 2011년에는 72.4%로 9배 이상 상승하였다. 2020년에는 125.9%, 2030년에는 213.8%까지 증가할 것으로 예상되어 해를 거듭할수록 노령화 지수가 급격히 빨라지고 그 상승폭이 커질 것으로 전망된다(통계청, 2011b). 그림 1-1 은 노령화 지수의 예상추이를 나타내고 있으며, 그림 1-2 는 65세 이상 노인 인구의 증가 추세에 따른 고령화 추이를 전망하고 있다.

1) 노령화 지수(aged-child ratio)란?
[유소년층 인구(0~14세)에 대한 노년층 인구(65세 이상)의 비율 = (65세 이상 인구/0~14세 인구)×100]
즉, 인구의 노령화 정도를 나타내는 지표로, 노령화 지수가 높아진다는 것은 장래에 생산 연령에 유입되는 인구에 비하여 부양해야 할 노년 인구가 상대적으로 많아진다는 것을 말한다.

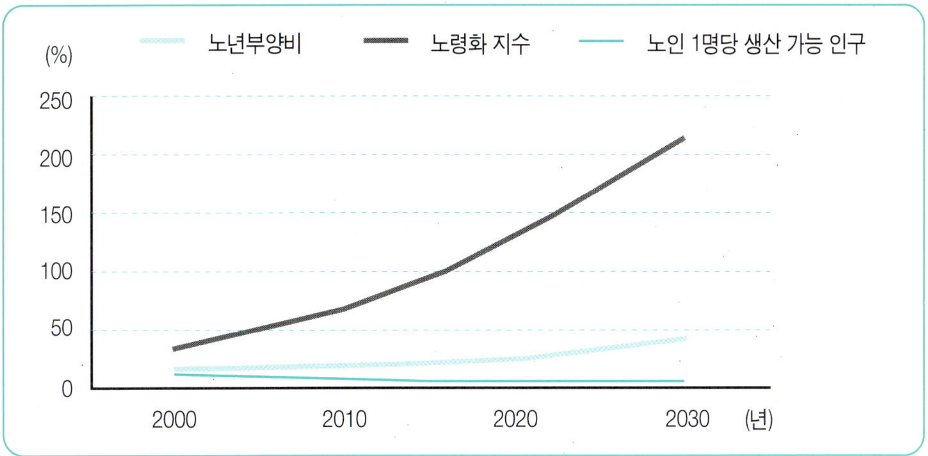

그림 1-1 노년부양비 및 노령화 지수

| 출처 | 통계청(2011b). 한국통계연감.

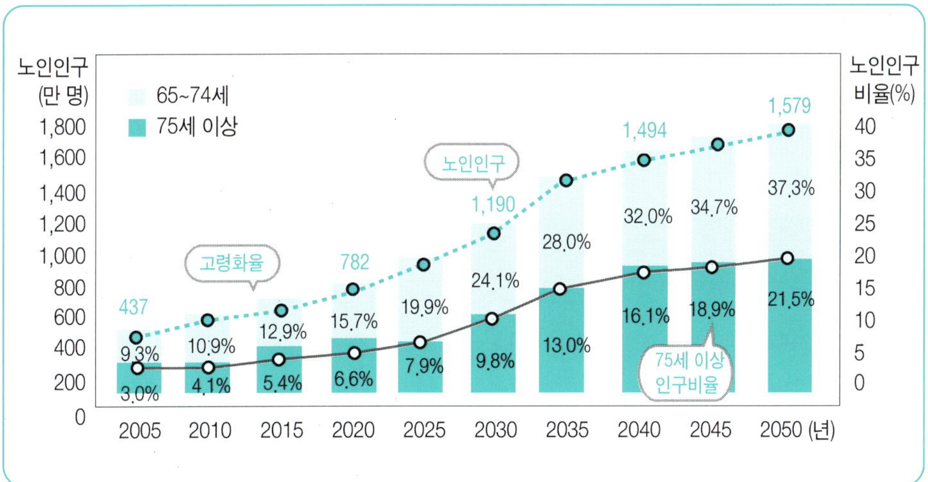

그림 1-2 고령화 추이 및 전망

| 출처 | 통계청(2011a). 2011 고령자 통계.

이렇게 노령화 지수가 급격히 빨라지는 이유를 두 가지로 해석해 볼 수 있다(이준우 외, 2011 재인용).

첫째, 베이비부머의 합류이다. 아마 한번쯤은 '베이비부머' 라는 단어를 들어봤을 것이다. 우리나라의 베이비부머(baby boomer: 1955~1963년생)는 6.25 전쟁 후 출산율이 급증한 1955년부터 산아제한 정책으로 출산율이 둔화된 1963년까지 출생한 713만 명의 인구집단으로 2010년을 기준으로 총인구의 14.6%를 차지하고 있다(통계청, 2010a).

베이비부머는 이전 세대에 비해 인구 규모가 매우 크고, 상대적으로 교육 수준도 높은 세대이다. 이들 세대의 삶은 지난 55년간 우리나라가 경험한 산업화와 민주화 과정 그 자체였다. 1970~1980년대 산업화와 수출의 역군으로서, 1980~1990년대 마이카(my car) 시대를 연 대량소비 주체로서, 그리고 1980년대 말 결혼 적령기에 들어서면서 주택 부족을 경험했던 세대로서 자산의 70~80%를 부동산으로 보유하고 있다(청와대, 2011).

젊어서는 일자리에 대한 고민 없이 경제성장의 혜택을 누렸던 반면, 1997년 외환위기와 2008년 금융위기를 최일선에서 경험했고, 노부모에 대한 부양 의무는 있으나 자녀로부터 부양받기 쉽지 않은 '끼인 세대, 샌드위치 세대(sandwiched generation)' 라는 단어로 지칭된다. 이들 세대는 현재 40대 후반에서 50대 중반에 걸쳐 있으며 대량 퇴직을 앞두고 있다. 향후 10년간 150여만 명의 베이비부머가 퇴직할 것으로 전망된다(청와대, 2011).

이러한 전망에 따라 노인인구는 더욱 급격히 증가할 것이고, 베이비부머 세대 다음으로는 이들의 자녀 세대가 노년층에 흡수됨에 따라 노인인구의 증가는 꾸준히 계속될 전망이다.

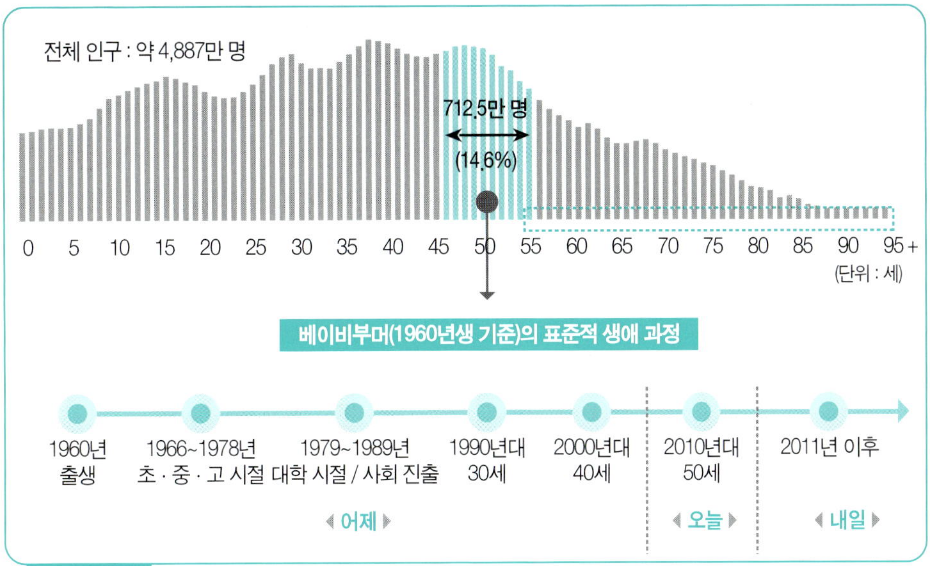

그림 1-3 베이비붐 세대의 어제, 오늘 그리고 내일

|출처| 통계청(2010a). 통계로 본 베이비붐 세대의 어제, 오늘, 내일.

둘째, 기존 노인 인구의 생존이다. 과거에는 노인 특히 고령의 노인은 사회적으로 희소가치가 있었다. 한 예로 과거 환갑이라는 나이에 접어들면 무사히 생존한 것에 대해 온 가족과 이웃이 축하하며 앞으로 얼마 남지 않은 여생을 만수무강하도록 기원하는 풍습이 있었다.

그러나 오늘날에는 환갑도 여느 생일과 다름없이 조용히 보내는 가정이 많아졌다. 뿐만 아니라 과거에는 고령의 노인이 장수하는 비법에 대해 소개할 때는 특별한 사람의 이야기처럼 다루어져 왔지만, 이 역시도 평균 수명이 연장됨에 따라 장수는 특별한 한 사람의 이야기가 아닌 다수의 이야기가 되어 버렸다. 이 정도가 되면 사회가 노인들을 무시한다는 불만은 금세 터무니없는 주장에 불과해질 것이다. 지금도 그렇지만 미래에는 더더욱 노인들이 넘쳐나서 일상생활이 노인들의 요구에 맞도록 틀이 갖추어질 것이다. 또 노인들에 대한 우리의 고정적인 시각과 이를 일반화하려는 습관은 노인을 정의하는 데 있어 확실한 기준을 다시금 생각해 보게 만들 것이다.

그래서 일각에서는 중장기적으로 '100세 시대'에 맞춰 노인 기준 연령을 현재의

65세에서 70~75세로 높이며, 정년제도도 노후에 일할 수 있는 능력에 따라 자율적으로 조정해야 한다고 주장한다. 이러한 주장을 정부 차원에서도 수용하면서 실질적인 제도 변화를 모색하고 있는 것으로 보인다. 실제로 노인 기준 연령의 상향 조정은 변화하는 사회적 통념을 반영하는 것이다. 사회통념상 노인의 연령 개념은 과거에는 60세 환갑을 기준으로 했다. 앞서도 말했던 것처럼 지금은 60세를 노인으로 보는 사람이 아무도 없을 정도로 변했다. 65세 나이도 동네 경로당에 가면 가장 젊다는 소리를 듣는 것이 현실이다. 앞으로 30년이 지나면 노인 연령 개념은 그 이상으로 올라갈 것으로 보인다. 평균 수명은 90세 내외로 늘어난다. 지금도 주변에서 보면 65세가 넘었는데도 건강하고 일할 수 있는 노인이 급격히 늘고 있다. 그렇다면 국가정책 면에서도 이 같은 사회통념상 연령 변화를 반영하는 것이 옳다고 본다.

이제 고령화는 피할 수 없이 직면해야 하는 현실이라 할 수 있다.

2 고령화 현상에 따른 여러 가지 문제들

고령화 현상은 노인의 노후생활과 관련된 다양한 문제들이 실질적으로 크게 나타날 가능성을 내포하고 있다.

안타깝게도 여유로운 노후생활은 TV 드라마에나 나오는 이야기다. 모아놓은 돈이 없으니 나이 들어서도 손에서 일을 놓을 수 없는 것이 대다수 은퇴한 노인들의 현실이다. 편안히 자식들이 다달이 챙겨주는 용돈을 바랄 수도 없고, 늙어서 무슨 일을 할 수 있겠냐는 사회적 편견은 여전하지만 살아야 하기에 죽지 못해 일하는 것이 오늘날 우리나라 노인들의 슬픈 자화상이다. 2013년 1월에 발표된 경제협력개발기구(OECD: 이하 OECD) 보고서에 따르면, 우리나라 고령자(65~69세)의 2011년 고용률(인구 대비 취업자 수)은 41%로, OECD 평균(18.5%)의 두 배를 넘었다. 칠순을 바라보는 나이에도 우리나라 노인 10명 중 4명은 무슨 일이든 하고 있다는 뜻이다.

그나마 일을 할 수 있는 노인은 행복한 사람들이다. 일을 하고 싶어도 일자리가 없어 놀고 있는 노인들도 많다. 돈 걱정 없이 풍족한 노후를 즐기는 행복한 노년은 소수에 불과하다. 일에서 완전히 해방되는 실질 은퇴연령(남성 기준)에서도 한국은 71.4세로, OECD 국가 중 멕시코(71.5세) 다음으로 높다. 이웃 나라 일본은 69.3세, 미국은 65.2세, 독일은 61.9세다. 프랑스(59.1세)에서는 환갑도 되기 전에 완전히 일손을 놓는다.

더욱이 우리나라 근로자의 평균 퇴직연령(53세)은 세계에서 가장 낮은 편이다. '삼팔선'에 '사오정', '오륙도'라는 말이 그냥 나온 게 아니다. 부모 부양하고, 자식들 뒷바라지하느라 제대로 노후 준비도 못한 상태에서 직장에서 밀려나다 보니 무슨 일이든 해야 한다. 노인들을 위한 취업박람회장마다 인산인해(人山人海)다. 그러나 재취업은 하늘의 별 따기다. 너도나도 자영업에 뛰어들지만 십중팔구 쪽박이다.

OECD 국가 중에 노인 빈곤율(45%) 1위, 노인 자살률(10만 명당 81.8명) 1위가 대한민국 노년의 암울한 현실을 대변한다.

특히 우리나라 노인 자살은 심각한 사회문제로 대두되고 있다. '황혼의 고독'이 노인들을 죽음으로 내몰고 있는 것이다. 노년의 외로움을 견디지 못해 자살하는 노인이 늘고 있다. 통계청에서 발표한 2011년 사망원인통계에 따르면 65세 이상 노인 자살자는 2001년 1,448명에서 2011년 4,406명으로 10년 사이에 세 배로 증가했다(국가통계포털, 2011). 하루 평균 12명의 노인이 스스로 목숨을 끊는다는 것이다. 이는 앞서도 언급한 대로 OECD 국가 가운데 가장 높은 수준이다. 2009년 OECD가 조사한 65~74세까지 노인 자살률(10만 명당 자살자)에서 한국은 81.8명으로 1위였다. 미국(14.1명)의 5배, 영국(4.8명)의 20배나 되는 수치다.

또한 이웃에서 죽은 사실조차 모르는 '고독사' 하는 독거노인이 늘어나고 있는 것도 큰 문제다. 자식이 있더라도 돌보지 않거나 가족 없이 홀로 지내는 노인들은 깊은 고독감에 시달릴 수밖에 없다. 독거노인은 2000년 54만 3,522명에서 2010년 105만 5,650명으로 10년 사이에 두 배 가까이로 늘었다. 통계청(2011a)에 따르면 2024년 독거노인 가구 비율은 전체의 10.3%를 차지할 것으로 예측됐다. 열 집 당 한 집은 독거노인이라는 것이다.

한편, 수적 우위를 바탕으로 한 노년층이 이익 단체화하면서 연금 등 사회복지 재원을 두고 벌어지는 세대 간의 갈등이 적지 않을 것으로 예상된다. 실제로 대한노인회와 같은 노인 이익단체는 그 어떤 사회단체보다도 강력한 힘을 보여주고 있다. 가령 최근 기초연금 20만 원을 모든 노인에게 지급하기 위해 국민연금과 기초연금을 통합하고, 기초연금 재원으로 국민연금 보험료 일부를 전용하는 방안에 대한 논란을 들 수 있다. 이는 노년층이 우리나라 그 어떤 계층보다도 결집된 응집력을 갖고 있음을 보여주는 실례이다. 정치적 영향력도 충분하게 발휘해 노년의 권리를 하나둘씩 쟁취해 가고 있다. 반면 젊은 세대는 성장이 정체된 상황에서 취업난을 겪을 뿐 아니라 취직해도 노년층의 연금 재원을 마련해야 하는 형편이 될 가능성이 점차 높아지고 있다.

이렇게 고령화는 모든 세대, 다양한 분야를 넘나드는 대단히 복잡하고 해답이 쉽지 않은 어려운 문제들로 가득 찬 현상이다. 이 현상을 구체적으로 들여다보면, 고령화는 거시적 차원의 문제이자 동시에 미시적이고 개인적인 차원의 문제이다. 사실 고령화 사회는 많은 사람들이 그토록 꿈꾸고 원했던 '장수' 하는 삶이 현실화된 결과라 할 수 있다. 그래서 고령화 현상은 모든 사람들이 환호하면서 선택함으로써 형성된 거시적인 결과이다. 그러면서도 고령화는 동시에 이 사회 안에서 우리가 우리 자신과 소중한 사람들을 어떻게 사랑하고 보살필 것인가 하는 문제에 봉착하게 하는 아주 절실하고도, 개인적인 문제이기도 하다. 그러나 지금까지 우리나라에서 고령화 사회에 대한 접근들은 고령화를 주로 거시적인 경제 문제에만 국한해서 다루어 왔다. 부연하면 거시적 정책 대안들을 제시하면서 정부의 역할에 초점을 둔 접근들은 많이 있었지만, 고령화 사회를 살아야 하는 개인의 입장, 즉 당사자인 노인의 입장을 부각시켜 역동적으로 변하는 사회를 바라보는 접근은 상당히 미흡했다고 본다. 뿐만 아니라 노인을 바라보는 다른 세대들의 인식과 입장이 노인을 보다 더 깊이 이해하는 방향으로 변화하게끔 하는 접근도 크게 부족했던 것이 사실이다.

그런데 고령화 사회의 문제를 개인의 차원에서 보면 역설적이지만 보편적인 측면이 드러난다. 가족들은 오랫동안 함께 살아오면서 서로의 지나온 삶의 과정을 잘 이해하고 있다. 그리고 인생에서 가장 좋았던 순간들을 공유하면서 깊은 친밀감을 형성해왔다. 그런 가족들이 늙는다. 서서히 힘을 잃고 누군가에게 의지해야 할 순간이 다가온다. 그러면 누가 가족을 보살펴야 하는가? 고령화 사회는 젊은 사람들에게는 세대 간 갈등을 일으키는 사회적 · 경제적인 문제이지만 나이 든 사람들에게는 가정 내에서 영향력을 잃어가는 자신의 모습 때문에 슬픔에 빠지는 정서적인 문제이기도 하다(안세민 역, 2011).

심지어 여전히 자본 시장의 고용주와 고객들은 단순히 일할 수 있는 노인과 경제적으로 가치 있는 노인을 냉혹히 구별한다. 솔직히 '활동적(적극적) 노화(Active Aging)' 를 지향해야 하고, '활동적 노화' 의 긍정적 효과가 엄청나기는 하지만, 대부분의 노인들은 활동적이기를 원하지 않거나 활동적일 수 없다. 그래서 인생을 긍정적으로 바라보고 적극적으로 활동하는 것은 자연스럽고 유익하지만 노년을 활력의 시기로 이상화하는 것은 위험하다. 모든 노인들이 적극적으로 활동하는 데 필요한 재력, 기회, 육체적 혹은 정신적 능력, 성향을 지니고 있는 것은 아니기 때문이다. 활기찬 노년이라는 새로운 추세를 쫓아가기에는 너무 병들고 가난하며, 보호 서비스에 의지해야 하는 노인들도 있다.

더욱이 '활동적 노화'[2)]가 일반화되고 지나치게 이상화되면 사회는 그렇지 못한 활력이 떨어지는 노인들을 패배자로 낙인찍으며 이분화된 구조로 만들 수도 있다. 노인들의 활동능력은 그 수준이 천차만별이기 때문에 활력 넘치는 노인의 모습은 흔히 생각하는 허약하고 활기 없고 가난한 노인의 모습만큼이나 비현실적이다. 정작 더 우려되는 일은 노년에 부모 세대보다 더욱 활동적이고 노년에 대한 고정관념에 더욱 저항할 것으로 예상되는 베이비붐 세대가 '활력 넘치는 노인'에 대한 시각을 아무런 비판 없이 수용할까 하는 것이다.

또한 지금은 활발한 경제 활동을 하는 핵심생산인구(25~49세) 3명이 노인 1명을 부양하고 있지만 10년 후에는 2명당 노인 1명, 20년 후엔 1명당 노인 1명을 부양해야 할 것으로 보인다. 2013년 현재 우리나라의 노년부양비는 16.7%로 추정된다. 노년부양비란 생산가능인구(15~64세) 100명당 노년(65세 이상) 인구를 나타내는 비율이다. 생산가능인구 100명이 노인 16.7명을 부양한다는 의미이다(문화일보, 2013. 1. 22.). 하지만 엄밀히 따져보면 이는 현실과의 괴리가 큼을 알 수 있다. 높은 대학진학률 등을 고려하면 20대 초반까지는 대부분 부양 능력이 없다. 평균 은퇴시기를 고려하면 50대 후반과 60대 초반 인구는 경제 활동을 하는 경우가 적다. 이에 따라 핵심생산인구[3)] 100명당 65세 이상 노년 인구를 뜻하는 '실제 노년부양비'를 보아야 한다.

---

2) '활동적 노화'는 WHO에 의해 '노인이 되어서도 삶의 질을 누릴 수 있도록 건강, 참여, 안전의 기회를 최적화시켜 주는 과정'으로 정의된다(WHO, 2002). 즉 노인이 되어서도 노인들이 다양한 영역에서 활동적이 될 수 있게 해주는 과정을 지향하는 것으로서, 사회적 · 경제적 · 문화적 및 시민 활동에 참여할 수 있도록 해야 함을 강조한다.

3) 핵심생산인구란 생산가능인구(15~64세) 중 경제 활동이 가장 활발한 시기인 25~49세에 해당하는 생산 가능 연령인구 가운데 국가경제의 핵심이 되는 경제 활동인구를 말한다(네이버 지식백과).

2013년 1월 현재 핵심생산인구는 1,978만 4,000명인 데 반해 65세 이상 인구는 613만 8,000명이다(통계청 홈페이지 자료실, 2013). 핵심생산인구 3.2명당 노인 1명을 부양하는 셈이다. 이 비율은 10년 후인 2023년에는 52.0%로 예측되어 핵심생산인구 2명당 노인 1명을 부양해야 한다. 22년 뒤인 2035년에는 100.2%로 1명당 노인 1명을 부양해야 한다. 이런 추세라면 세대 간 갈등이 커질 수 있을 뿐만 아니라 세금 부담도 크게 늘어 심각한 사회문제가 될 수 있다.

더욱이 한국금융연구원에 따르면 2008년 금융위기 이후에 60세 이상 연령층의 실업률만 급격히 증가했다. 2009년 1.4%에서 2010년 2.4%로 1.0% 급등했다. 외환위기 당시인 1998년 2.5%와 비슷한 수준이다. 실업률이 외환위기 때의 수준을 유지하고 있는 연령층은 노년층이 유일하다(서울신문, 2013. 1. 23.). 이는 우리나라의 노년층이 노후 준비가 충분하지 않은 상태에서 은퇴하여 경제 활동 참여율은 빠르게 상승했지만 이들을 위한 일자리는 충분하지 못해 실업률이 높아졌음을 의미한다.

뿐만 아니라 고령층 소득 양극화 현상도 큰 문제로 대두되고 있다. 한국은행이 발표한 '중장기 소비구조 전망' 보고서(2012)에 따르면 50 · 40 · 30대 이하의 '소득 5분위 배율'(상위 20% 평균소득을 하위 20%의 평균소득으로 나눈 수치)은 5배 정도인 반면, 60세 이상은 5.5~7배 수준으로 소득불평등도가 높았다. 고령층의 저소득층 비중이 다른 연령층에 비해 높다는 의미다. 특히 2000년대 들어 60세 이상 고령층 가구가 늘면서 저소득층의 비중도 지속적으로 늘고 있다. 정년퇴직이나 실직 이후 새로운 일자리를 찾지 못해 뚜렷한 수입원이 없어 저소득층으로 몰락한 노년층이 늘어나고 있을 뿐만 아니라, 과거 IMF 구제금융 시절에 삶의 기반을 잃고 중산층에서 저소득층으로 내몰렸던 인구들의 고령화와 이전 세대부터 저소득층이었던 인구의 고령화도 전체 노인 중 저소득층이 급격히 늘어나게 하는 요인이 되고 있는 것으로 보인다.

당연한 결과일 수도 있지만 더 큰 문제는 60세 이상 가구의 소비가 둔화되고 있다는 점이다. 2003~2011년 소득 및 지출 증가율을 분석한 결과는 50 · 40 · 30대 이하는 소득이 4.99~5.03% 늘고, 소비지출도 4.58~5.22% 증가했다. 하지만 60세 이상은 소득은 4.77%, 소비지출은 3.28% 증가에 그쳤다. 보고서에 의하면 고령화가 진전되고 소득불평등이 심화되면서 소비활력이 떨어지고 성장잠재력도 약화할 가능성이 있으며 성장잠재력의 확충 노력을 강화해야 함을 알 수 있다. 한편 장기 소비구조를 전망한 결과는 2020년 소비지출은 2011년에 비해 교육 · 교통 비중이 각각 5.3%, 1.7% 늘어날 것으로 전망됐다. 반면 음식 · 숙박, 주거 · 수도 · 광열, 식료품 · 비주류음료, 통신 등 필수재의 비중은 대체로 감소할 것으로 예측되었다.

이처럼 고령화 현상은 다양한 문제들을 발생시킨다. 다시 말하면 노쇠, 질병 및 장애 등의 건강 약화로 인한 개인적 차원에서의 문제들이 나타나며 앞서 부분적으로 언급한 것처럼 노후 생활의 경제적 문제와 노동자의 고령화 및 노동인력 부족 문제, 소득 양극화 등이 심각하게 대두된다. 또한 가족으로부터의 수발 서비스 수급 문제와 배우자 상실과 고독 및 소외 문제, 의료비 및 공적 연금보험료 부담의 증가, 절대적 및 상대적 빈곤노인에 대한 사회적 비용부담 증가, 국가 재정 적자의 증가, 노인의 다양한 삶의 질 향상 욕구 충족을 위한 사회적 비용 증가 등과 같은 문제들이 두드러진다(최성재, 2012).

3 고령화 사회에 대한 시각

고령화 현상은 모든 세대에게 우울한 문제이다. 그래서 고령화에 대한 시각은 전통적으로 부정적인 경향이 대부분이었다. 고령화와 노년에 대한 이와 같은 부정적인 사회통념을 신랄하게 파악해서 펼쳐낸 '조르주 미누아'가 쓴 『고대에서 르네상스까지 서양 역사에 나타난 노년』(박규현 · 김소라 역, 2010)이란 책에 보면, '노년의 황금시대'란 존재한 적이 없었으며, 모든 문명은 이상적인 노인상을 설정하고 그에 따라 노인들을 판단했음을 알 수 있다. 즉, 노인의 현실을 있는 그대로 바라보고 객관적으로 인식하는 태도보다는 노년을 가치 판단의 대상으로 삼아 좋은 것 혹은 나쁜 것으로 규정해 왔으며 거의 대부분은 부정적으로 보았다는 것이다.

'조르주 미누아'는 메소포타미아와 이집트 문명에서 시작해서 '근대의 입구'인 르네상스에 이르기까지 서양 역사에서 노인들의 삶이 어떻게 전개되어 왔는지 조명한 결과, 노년에 대한 이상과 전형이 시대와 사회에 따라 어떻게 변화했으며, 그것이 실제 노인들의 삶에 어떤 흔적을 아로새겼는지를 파악할 수 있었다고 한다. 이러한 노년의 삶에 대한 역사적 고찰은 고령화 사회 한가운데에 있는 우리로 하여금 시대를 초월한 보편적 인간 조건에 대해 성찰하도록 이끈다. 또한 사회와 가족 형태의 변화, 정치 · 경제 · 종교 등 다양한 역사적 요인들을 복합적으로 다룸으로써, 노년이 단순한 생물학적 문제에 그치지 않으며 수많은 요인들이 사회 속의 노년을 결정짓는다는 것을 상기시킨다.

중요한 사실은 어느 시대이건 고령화와 노인에 대한 시각은 전반적으로 부정적이었다는 것이다. 이에 따라 고령화 사회에 대한 오늘날의 시각도 전문가든 일반인이든 상관없이 부정적인 입장인 경우가 거의 대부분인 것만은 틀림없다. 최성재(2012)는 이처럼 고령화 사회를 부정적으로 보는 원인을 다음과 같이 설명하였다.

첫째, 노인에 대한 부정적 편견이 원인이 된다. 노인의 변해가는 외모에 치중하여 노인을 아름답지 못한 모습으로 보거나 노인은 신체적 및 정신적 능력과 건강 등이 약해지고 생각과 태도가 고루하다고 생각하는 등은 과학적 근거가 없거나 불충분한 편견임에도 불구하고 이러한 편견을 그대로 믿기 때문에 노인이 늘어나는 고령화 현상을 싫어하게 되는 것이다.

둘째, 고령화 사회가 됨에 따라 개인적이거나 사회적인 부담이 커진다고 생각하여 부담을 피하고자 하는 의도가 원인이 된다. 고령화로 사회적 부담이 커질 것이라는 것은 하나의 가정에 불과한 것이고 이는 아직도 역사적으로 경험되거나 검증된 바가 없음에도 사회적 부담이 커진다는 하나의 거대한 진리처럼 오도되고 있다. 사회적 부담이 커진다는 논리 뒤에는 노화에 따라 생산성이 하락한다는 편견도 같이 작용하고 있다.

셋째, 고령화의 사회적 부담을 지나치게 극단적이고 자극적인 용어를 사용하여 그 부담의 정도를 크게 부각시키는 것이 그 원인이 된다. 가령 세대 간 형평성 논리를 펴는 사람들은 고령화 사회를 '피할 수 없는 재앙', '인구 지진', '인구의 시한폭탄', '거대한 빚더미' 등의 용어로 표현하여 사회적 부담이나 문제를 사실보다 훨씬 더 크게 부각시키는 것을 말할 수 있다.

넷째, 대중매체들이 고령화 사회의 영향을 부정적으로 크게 부각시키고 있는 것도 원인이 된다. 가령 언론이나 다양한 미디어 매체 등을 통해 지속적으로 고령화 현상에 대해 부정적인 영향을 과장해서 보도하는 경우가 빈번하기 때문에 일반 대중들은 물론 전문가들까지도 고령화의 영향을 부정적으로 인식하는 경향이 강하게 나타나고 있다.

다섯째, 사회적 부담에 대한 세대 간 갈등을 부각시키는 것도 원인이 되고 있다. 현재 고령화 정도가 심한 선진국의 경우에는 노인이 많아지고 퇴직한 노인들이 연금을 받아 상당히 유복하게 살고 있는 사실에 주목하여 세대 간 갈등을 부추기고 있다.

여섯째, 미래사회에 대한 불확실성과 불안이 원인이 되고 있다. 전반적으로 급속한 사회적 변화로 미래에 대한 예측이 불확실해지고 따라서 미래를 전반적으로 불안하게 인식하는 경향이 나타나고 있다. 고령화를 특히 청년층과 중년층에게 예측하기 어려운 미래사회에 대한 불안을 가중시키는 현상으로 부각시키고 있다.

바로 여기에서 고령화 시대에 노인으로 살아가게 될 우리 모두에게 과연 진정한 노년이란 무엇이고 사회는 노년의 문제에 어떻게 대처해야 하는가라는 묵직한 질문을 던져 볼 필요가 있다.

간과해서는 안 될 것은 고령화가 피할 수 없는 분명한 현실이라면 고령화를 극복할 수 있는 새로운 패러다임이 모든 세대에 걸쳐 전 사회 구성원들에게 인식되어야 한다는 점이다. 노인이 '기존의 노인과 같은 개념' 속에 사는 존재가 아니라 보다 활동적이며 적극적인 삶을 사는 주체로 받아들여져야 할 필요가 있다. 그러면서도 동시에 모든 노인이 활동적이고 적극적인 삶을 살아가는 주체가 될 수 없는 현실도 받아들여야 한다. 그래서 활동적인 노인에 대한 인식을 추구하면서 아울러 노인의 다양성을 인정하고 그들 각자가 나름대로의 방식으로 삶의 주체로 살아가는 능력이 있다는 것도 수용해야 한다. 즉, 노인에 대한 개념을 앞서 언급한 대로 두 가지 차원을 통합적으로 정리하는 패러다임으로 바꾸어야 한다. 노인을 활동적이며 적극적인 존재로 보는 시각과 노화로 인해 연약해진 모습이지만 나름대로 주어진 상황 속에서 다양한 모습으로 살아가는 노인들도 있을 수 있다는 '다름의 공존'이 펼쳐질 수 있는 노인에 대한 패러다임으로 바뀌면 노인들도 지금보다는 더 당당하게 지낼 수 있게 될 것이다. 늙어간다는 것은 문제가 있는 현상이 아니라 자연스런 인생의 한 과정이며, 그 과정은 노인마다 다를 수 있으며 그 자체를 하나의 개성으로 인식하는 패러다임이 요구되는 것이다. 이렇게 노인에 대한 패러다임이 변화하면 얼마든지 노인들도 젊은이들과 함께 어울릴 수 있으며, 사회 각계각층에서 자신의 삶을 당당하게 표현하며 살아갈 수 있을 것으로 본다.

그렇다면 노인들이 우울하게 지낼 필요가 전혀 없다. 더욱이 의학의 발달, 공중보건 프로그램, 건강관리에 관한 지식의 보급 덕분에 누리게 된 고령화는 분명 인류 최고의 행운이라는 점을 잊지 말아야 한다. 실제로 활동적이고 건강하며, 바쁘게 사는 노인들이 늘고 있다. 또한 늙어가지만 오히려 그 늙어감을 즐기며 유쾌하게 받아들이고, 노화의 중심에서 과거 그 어느 때보다도 삶을 의미 있고, 행복하게 채워나가는 노인들이 많아지고 있다.

예를 들어 보면, 노스캐롤라이나 대학교의 토머스 헤스(Thomas Hess)는 60~70대 노인들 간의 기억력을 실험해 보았다(Hess, 2009). 첫 번째 집단은 나이가 들었기 때문에 결과가 안 좋을 것이라는 말을 듣고 나서 미리 준비된 항목에 응답하는 설문지로 실험을 치렀다. 이 실험은 노인 수험생에 대해 고정관념을 가지고 있다는 인상을 주기 위해 기획되었다. 헤스는 이렇게 설명했다. "이러한 상황은 노인들이 일상생활에서 흔히 경험하는 일이랍니다. 노인들이 일하면 성과에 부정적인 영향을 미친다고 우려하는 것처럼 말입니다. 그래서 잠재적으로 자신도 모르게 부정적인 고정관념을 더욱 강화하게 됩니다."

두 번째 집단에 대해서는 그런 인상을 전혀 주지 않았다. 놀랍게도 첫 번째 집단은 두 번째 집단에 비해 점수가 떨어졌는데 특히 교육 수준이 가장 높은 집단에 있는 실험 대상 간의 차이가 가장 컸다. "이 실험의 긍정적인 측면은 나이를 호의적으로 바라보는 상황에 있는 사람들이 인상적일 정도로 높은 수준의 기억력을 보여주었다는 것입니다. 이것이 전해주는 메시지는 부정적인 사회적 요인이 노인들의 기억력에 부정적인 영향을 미칠 수 있다는 겁니다."

예일대학교 심리학자인 베카 레비(Becca Levy)와 동료들은 70~96세의 미국 노인들을 3년간 연구하고 나서 노인들 각자의 노화에 대한 고정관념이 그들의 감각에 영향을 미치는 정도에 대해 놀라운 사실을 발견하였다(Levy, Slade, & Gill, 2006). 즉,

노인들이 청각상실을 한탄하는 것은 당연하다는 것이다. 청각상실은 노년에 가장 흔하게 나타나는 곤경 중 하나임에 틀림없지만 예일대학교 연구팀은 노화에 가장 비관적인 생각을 가진 실험 대상자들이 36개월 동안 가장 심한 청각상실을 겪고 있다는 사실을 파악하였다. 동시에 레비는 부정적인 고정관념이 덜하고 노인들을 더욱 존중하는 곳에 사는 다른 문화권의 노인들을 살펴본 결과로는 청각상실을 겪고 있는 노인들이 상대적으로 많지 않다는 사실을 알게 되었다.

하버드대학교의 애미 커디(Amy Cuddy) 연구팀은 미국 내 24개의 서로 다른 사회적 집단(아시아인, 장애인, 홈리스 등)이 노인들을 바라보는 태도를 조사했다. 여러 집단에서 노인들을 매우 따뜻한 사람으로 여겼지만, 전반적으로는 노인들을 무능한 사람으로 여기고 있었다. 바로 장애인 집단, 지적 능력이 떨어지는 사람들의 집단과 노인 집단을 동일하게 보고 있었다.

나이와 관련된 고정관념의 핵심은 나이가 들수록 능력이 부족해진다는 것이다. 중요한 사실은 노인들을 따뜻하고 상냥한 사람으로 바라보는가? 혹은 무기력하고 무능한 사람으로 바라보는가는 우리의 행동을 지배할 수 있다(Cuddy, Norton, & Fiske, 2005)는 것이다. 노인을 바라보는 관점은 너무나도 다양하고 때로는 상이하기까지 하다. 노인들을 바라보는 관점에서 드러나는 이런 모순을 어떻게 생각해야 하는가? 모두가 옳다. 사람만큼이나 노인들은 다양한 집단이다. 노인도 사람이다.

당장 노년 · 노인에 대한 고정관념을 시급히 바꿔야 한다. 신체적 나이를 노년과 관련된 고정관념, 예를 들면 아프고 가난하고 외롭다는 말과 연결 짓는 습관부터 버려야 한다. "내가 노인이라고 생각하며 살지 않았다."고 말하는 노인들이 크게 늘어나게끔 해야 한다. 나이에 대한 고정관념을 버리는 것과 함께 사회정책의 기본 틀도 크게 바뀌어야 한다. 지금까지 노인 관련 제도나 정책은 의료 외에 빈곤한 노인의 생계를 위한 일자리 정책 정도에 그쳤던 것이 사실이다. 일자리만 해도 앞으로는 임시

생계수단 정도가 아니라 20~30년 이상을 이어가며 자아실현에 나설 수 있는 방향으로 준비해야 한다.

이런 맥락에서 생애 첫 직업(1커리어)을 은퇴 이후의 직업(2커리어)과 구분할 필요가 있다. 1커리어는 기존 직업처럼 안정적 소득과 연금 납입 등 노년을 위한 기반을 다지는 것으로 제도화 해나가야 한다. 2커리어는 생계 걱정에서 벗어나 자아실현과 사회공헌, 여가 등이 결합된 형태가 되어야 한다. 여기에 맞춰 연금제도나 일자리 정책이 변화해야 함은 당연하다.

당연히 노년층 스스로의 변화도 요구된다. 은퇴 이후에는 낮은 자세와 함께 개방적인 의식이 필요하며 나이와 경력을 따지며 원하는 일자리와 사회적 대우를 찾기만 해서는 안 될 것이다. 재정적 준비도 충실하게 해야 한다. 우리나라의 50대 이상은 자산 축적은 부족한데 은퇴 후의 시간은 길다. 많이 모으는 것도 중요하지만 은퇴 후에 축적된 돈을 운용하고 쓸 때도 치밀한 전략을 세워야 한다. 고무적인 일은 지금의 은퇴 · 고령자들은 과거와 다르다는 것이다. 일할 의욕과 건강이 넘치고, 경륜과 재능도 뛰어나다. 이러한 노인들의 역량을 강화시켜 나가고 자신감과 용기를 북돋아주며 건강하게 생활할 수 있도록 지원하면 앞으로 고령자들이 활발하게 오래 일하거나 자아실현을 하게 될 것이다. 그 결과로 노인들이 오히려 사회에 큰 활력을 불어넣을 것이며 나아가 경제성장을 촉진하게 될 것이다.

결국 고령화 사회에 대한 부정적 시각은 노화 과정과 노인의 능력에 대한 편견, 비과학적 상식과 편향된 가치관을 전제로 하고 있기 때문이라 할 수 있다. 사람의 전 생애 과정을 통한 성장과 발달 가능성, 의학과 과학발전에 의한 건강한 장수 현상의 보편화, 생산 기술의 발전 가능성을 생각하면 고령화 사회로의 발전은 당연한 결과이며 인류 사회 발전의 위대한 승리라 할 수 있다. 고령화 사회는 80세의 평균 수명을 넘어 100세까지 생존이 가능하고 고령에도 능력 발휘가 가능한 사회가 될 수 있다.

그러므로 기존의 인생 60~70년을 전제로 한 전통적 사회제도의 틀에서 완전히 벗어난 새로운 사회의 틀을 만들어 가야 할 것이며, 그러한 새로운 사회는 충분히 가능한 인류 사회의 새로운 도전이 될 수 있을 것이다. 즉, 장수시대에 살아가는 노인들에게는 노령기 생활에 대한 새로운 인식과 각오가 있어야 한다. 더 이상 노년기는 가난과 질병, 소외와 고독의 시대가 아니며, 본인의 준비와 노력에 따라 새로운 모험과 자아실현의 시기이다.

신체적으로는 노쇠하고 있지만 지적 · 정서적 · 인격적 · 영적으로 계속 성장 발달하는 과정에 있음을 인식하고, 보다 적극적이고 창조적인 삶을 살아가는 생활태도와 노인문화가 정립되어야 하는 것이다. 이를 위해서는 노인 스스로의 생각은 물론 지역사회의 노인에 대한 인식의 전환도 필요하다. 노인문제는 노인들만의 문제는 아니다. 젊은이들의 문제이기도 하다. 오늘의 젊은이들은 곧 내일의 노인이 되기 때문이다. 젊은이들도 노후생활에 대한 이해와 준비를 해야 행복한 여생을 가질 수 있기 때문이다. 그리고 노인복지는 정부의 지원이나 노력만으로는 한계가 있다. 국민 모두가 동참해야 한다.

Chapter 2

노화와 노인에 대한 이해

1 노화의 의미 변화

2 노화의 다양한 측면

3 노인의 개념

4 노인에 대한 새로운 인식

노화(aging)란 생명체에게 있어서는 예외 없이 나타나는 현상으로, 생명이 지속되는 동안 생리적이고 행동적인 기능에서 일어나는 순차적인 변화이다. 노화는 일차적 노화(primary aging)와 이차적 노화(secondary aging)로 구분되며, 이러한 구분은 노인복지정책과 실천에 있어서 매우 중요한 의미를 갖는다(박광준, 2004).

일차적 노화란 모든 사람들에게서 진행되는 점진적이고 불가피하며 보편적으로 일어나는 노화를 말한다. 이것은 질병으로 말미암아 발생하는 것이 아니라, 모든 생명체가 경험하는 것이다. 또한 일차적 노화는 인간의 힘으로 해결할 수 있는 문제가 아니며, 따라서 사회문제가 아닌 불가피한 현상이다. 이차적 노화란 일차적 노화가 일어나는 속도에 영향을 미치는 것이다(Hickey et al., 1997). 직업과 관련된 스트레스, 유해한 환경에서 오랫동안 노출되는 것, 질병, 흡연과 과도한 음주 등이 노화 과정의 속도를 가속시키는 이차적 노화 요소의 예이다. 그러므로 노인복지의 입장에서 보면 이러한 이차적 노화가 왜, 그리고, 어떻게 다양한 계층 간에 다른 형태로 나타나는가 하는 문제가 주요한 관심사가 된다.

결국 노화는 출생에서 시작하여 죽음으로 끝을 맺는 유기체의 퇴행적인 변화이자 인간의 정상적인 성장발달의 한 부분으로 생물학적 · 심리적 · 사회적 변화과정을 포괄한다(Birren, 1964). 오늘날 고령화 속도가 급속도로 빨라지고, 베이비붐 세대의 노년기 진입을 앞두고 있는 상황과 맞물려 노화에 대한 관심이 크게 증가하고 있다(이준우 · 서문진희, 2009).

특히 베이비붐 세대의 고민과 염려는 매우 큰 것으로 나타나고 있다. 실제로 베이비붐 세대를 기준으로 살펴보면 이전 세대들은 경로효친(敬老孝親), 장유유서(長幼有序) 등 어른을 공경하고 대우하는 사회적 분위기에서 성장하였기 때문에 노인이 되는 것에 대한 부담이 적었던 반면, 산업화 이후에는 속도와 경쟁사회에서 적응한 베이비붐 세대들에게 '늙음'은 곧 탈락과 좌절을 의미하여 노인이 되는 것을 편하게 받아들이지 않는다는 것이다(오희철 외, 2010). 이에 따라 노화는 일반적으로 생활의 거의 모든 면에서 쇠퇴, 상실, 죽음 등과 연관하여 부정적인 인식으로 고착되어 가고 있다.

이런 경향 속에서 전통적인 노화의 개념을 극복하려는 움직임이 일각에서 활발하게 일어나면서 노화에 대한 긍정적인 시각이 부각되었다. 그 결과로 정리된 노화의 개념 중에 하나가 바로 '성공적 노화'이다.

1 노화의 의미 변화

과거에는 은퇴 후의 삶은 죽음을 기다리는, 죽음을 향해 나아가는 시간을 의미하였다. 그러나 최근에는 수명증가와 고령화 사회가 가속화되면서 노년은 또 다른 인생의 시작으로 새로 부여받은 시간을 의미하게 되었고, 한 개인이 앞으로의 인생을 어떻게 꾸려나가느냐의 문제는 노년의 삶의 질과 깊은 연관성을 갖게 되었다. 노인에 대한 관점이 병리, 질병, 결핍으로 인해 자신을 돌볼 수 없는 사람으로 여기던 데서 벗어나 커다란 도전과 고통에 맞서 생존해 온 사람으로서 변화, 변형, 기대의 가능성을 만들기 위한 신체적 · 감정적 · 인지적 · 대인적 · 사회적 · 영적 에너지의 방대한 저장소라는 인식으로 변화하고 있다(Saleebey, 1992).

로와 칸(Rowe & Kahn, 1987)은 기존의 노화 연구들에 대한 비판과 함께 노화의 과정을 병리적 노화와 성공적 노화로 구별할 것을 제안하면서 성공적 노화를 위해 필요한 것은 유전적이고 생물학적인 요인이 아니라 개인의 선택과 노력이라는 점을 강조하였다.

성공적 노화는 생물학적 · 심리적 · 사회적 노화 과정과 관련해서 '건강한 노화', '적응적 노화', '생산적 노화'의 세 가지 영역으로 구성되어 있는데, 특히 사회적 영역에서 성공적으로 노후생활을 영위하려면 사회관계망 유지, 노후소득 준비, 사회활동 참여가 중요함을 강조한다(김경호 · 김지훈, 2009; Bowling, 2010; 권중돈, 2010).

성공적 노화 모델은 노화에 대한 부정적인 편견을 없애고 노년의 잠재력과 삶의 질 향상에 기여했다는 점에서 평가를 받고 있지만, 동시에 여러 측면에서 한계점들이 지적되고 있다(정경희 외, 2006). 특히 성공적 노화에 대한 논의 자체가 '가치 개입' 적이고 규범적이라는 점에서 근본적인 비판의 대상이 되고 있는데, 기준에 미치지 못하는 많은 노인들을 주변화하고, 노화에 따른 상실의 복합적인 의미에 대해 방관하며, 지나치게 개인의 책임을 강조함으로써 사회구조적 측면을 간과하고 있다는 것이다(한경혜, 2000; 한경혜 · 윤성은, 2007).

이후 세계보건기구(WHO)와 국제연합(UN)에서는 고령사회에 대처하기 위한 논의의 초점을 단순하게 건강하고 성공적인 삶을 위한 노인 개인과 관련된 의제가 아닌 새로운 형태의 노년사회를 맞이하는 사회 구성원 전체의 의제로 바꾸었다(WHO, 2002). 세계보건기구(WHO)는 2002년 '제2차 세계 고령화 회의' 를 준비하면서 '활기찬 노화' 라는 개념적 틀을 발표하였는데 '활기찬 노화' 란 고령사회 정책과 프로그램 개발을 위한 하나의 접근방법으로 구체적으로 노화과정에서의 삶의 질을 높이기 위하여 건강, 참여, 안전을 위한 기회를 최대화하는 과정을 말한다.

'활기찬 노화' 는 노인들이 그들의 욕구에 따라 사회에 참여하고 생애주기를 통한 신체적 · 정신적 · 사회적인 안녕을 위해 스스로의 잠재력을 인지할 수 있도록 지원해 주는 것으로, 노인의 인권과 국제연합(UN)이 1991년 채택한 노인을 위한 5가지 원칙(United Nations Principles for Older Persons)인 독립, 참여, 보호, 존엄과 자아실현에 기초하고 있다(최희경, 2010).[1)]

이는 과거의 정책이 노인들을 수동적 대상으로 간주하는 욕구기반 접근(need-based approach)이었다면 이제는 노인들의 권리를 인정하는 권리기반 접근(rights-based approach)으로의 정책 변화를 강조한다. 활기찬 노화는 개인, 가족 그리고 국가를 둘러싼 다양한 결정요인들에 의해 영향을 받는데 문화적 가치와 전통, 성(gender), 경제적 요인, 개인적 요인, 건강과 사회 서비스, 사회적 요인, 행동적 요

1) '노인을 위한 5가지 원칙' 은 본 저서의 제3장 '노인복지정책' 에서 자세하게 제시하고 있다.

인, 물리적 환경 등 복합적인 요인들에 의해 결정된다(박영란, 2011).

이제는 노인들을 활동적인 참가자로 볼 뿐만 아니라 발전의 수혜자, 능동적 기여자로 바라보는 패러다임이 필요하다. 이는 노인들의 그동안의 기여에 대한 인식과 더불어 보호받고 안전할 권리에 대한 인식을 포함하며, 세대 간 상호존중과 지지를 인지하고 평생학습과 함께 사람들로 하여금 노인들이 주체가 되어 만들어내는 활동적 노년사회를 받아들일 수 있도록 하는 방향전환이 필요하다(오희철 외, 2010).

노화의 의미변화 한눈에 보기!

첫째, 노화란 인간에게 있어 생리적이고 행동적인 기능에서 일어나는 순차적인 변화이다.

둘째, 노화는 일차적 노화(primary aging)와 이차적 노화(secondary aging)로 나뉜다.

셋째, 노화에 대한 긍정적인 개념으로 로(Rowe)와 칸(Kahn)은 성공적 노화를 제시하였다.

넷째, 이후 세계보건기구(WHO)는 노인을 위한 5가지 원칙(독립, 참여, 보호, 존엄, 자아실현)에 기초하여 활기찬 노화라는 개념을 발표하였다.

2 노화의 다양한 측면

노화에는 다양한 측면이 있다. 무엇보다도 노화가 진행되면 신체적 · 정신적으로 많은 변화가 일어난다. 과거에는 노화로 인한 이러한 변화에만 초점을 맞춰서 노화를 부정적으로 바라보려는 경향이 매우 강하였다. 하지만 노화를 사회문화적인 관점에서 보게 되면 보다 긍정적이고 활동적인 노화의 개념을 정립할 수 있다.

1) 노화에 따른 신체적 변화

"죽음이라는 것은 일생 동안 진행되어 온 죽음 과정의 결과이다."라는 말은 노화가 인간이 태어나서 죽을 때까지의 전 과정을 통하여 이루어지는 신체적 변화를 의미함을 강하게 암시하고 있다. 신체적인 변화란 곧 신체기능의 점진적 저하를 의미한다.

노화와 더불어 신체용모의 변화가 일어난다. 주름과 검버섯이 생기고 키도 줄어든다. 남성은 30세에서 50세 사이에 키가 약 1.3cm 줄어들고, 50세에서 70세 사이에 2cm 정도 줄어든다. 여성의 경우는 보다 심하여, 25세에서 75세 사이에 5cm 정도 줄어드는 것으로 나타난다. 이것은 앉은 자세의 변화, 척추 내 연골의 압축, 나이에 따른 뼈 칼슘의 부족과 관련이 있다.

나이가 들어감에 따라 심장은 피를 적게 뿜어내고, 허파는 공기를 조금 밖에 저장하지 못한다. 위액의 분비도 적어지고 신장의 여과율도 반으로 줄어든다. 또한 심장병을 걱정하게 된다. 나이는 심장병의 첫 번째 위험 요인이다. 남성의 경우에는 전립선이 비대해질 가능성이 더욱 커진다. 남성들은 이로 인해 밤새 푹 자지 못하고 화장실에 자주 가야 한다. 피부의 변화를 느끼기 시작한다. 피부가 얇아지며 체액을 유지하고 외부 병균의 침입을 막아내는 장벽의 기능을 상실하기 시작한다. 체온을 유지하는 능력이 서서히 상실되면서 저체온증이나 고열에 시달리기 쉽다. 암에 걸릴 가능성이 더욱 높아진다. 청력이 감퇴되기 시작한다. 걸음걸이가 느려지기 시작한다. 건강한 노인들의 걸음 속도는 대체로 젊은 사람의 1/5 정도로 느리다.

특히 70대가 되면 배설물 통제가 어려워진다. 요실금이 진행될 수 있다. 시력과 청력은 더욱 악화된다. 더욱이 80~90대까지 살아 있게 되면, 피부 바로 밑에 있는 지방까지 손실되어 피부는 얇아지고 축 처지며 쉽게 멍이 든다.

이렇듯 노화는 신체적인 변화의 입장에서만 보면 가차 없이 늙어가는 모습으로 나타난다.

2) 노화에 따른 정신적 변화

노인은 신체적 기능 저하와 더불어 지적인 기능도 저하한다. 실제로 노화가 진행되면 기억력이 현저하게 떨어지고, 정보를 수용하거나 파악하고 처리하는 속도도 크게 둔화된다. 치매에 걸릴 가능성도 점점 더 높아진다. 그러나 계산하는 능력이나 새로운 것을 기억하는 능력을 나타내는 소위 '유동성 지능' 은 저하되지만 축적한 지식이나 경험을 바탕으로 하여 사물을 판단하는 능력은 거의 변화하지 않는다는 보고도 있다.

노인의 생활기능은 신체능력과 정신능력에 의해 좌우되는데, 양자 모두 노화에 따라 저하된다. 특히 교통기관을 이용해서 이동하는 것, 금전관리나 서류작성, 쇼핑 등은 단순히 신체를 움직이는 것뿐만 아니라 자신의 상황을 판단하는 정신적인 능력을 필요로 하는 활동이다. 이러한 일상생활 상의 여러 활동들이 제약을 받게 된다.

더더욱 중요한 사실은 노화에 따른 정신적 변화에서 가장 중요한 측면은 노화에 적응하지 못함으로 발생하는 고독감을 어떻게 해결하느냐이다. 여기에서 고독이란 두 가지 의미가 있다. 하나는 감정적 고립이며, 다른 하나는 사회의 유대관계의 부재에서 오는 사회적 고립이다. 노인에게는 이러한 고립에의 적응이 요구된다. 노화는 흔히 생물학적 노화, 심리적 노화, 사회적 노화를 포함하는 과정인데, 이 세 가지 영역은 서로 상호의존적이다. 신체적인 기능 저하가 사회적 행동에 영향을 미치기도 하고, 반대로 사회적인 노화가 심리적 · 신체적 노화를 촉진하기도 한다. 그것은 다음의 글에서 잘 나타나고 있다.

> 사회적으로 고립된 노인은 음식섭취를 적절하게 하지 않기 때문에 영양실조 증상을 나타내며, 그에 따라 지적 능력도 저하된다. 청각장애를 가지게 되는 것은 타인을 의심하게 하고, 타인에게 짜증을 유발시키며, 그들과 사귀는 것을 꺼리게 함으로써, 그를 사회에서 더욱 격리시켜 버릴 수 있다. 아내를 잃고 슬픔에 젖어 있는 홀로 된 노인은 정신분열증이 생기게 되고 그의 직업을 잃게 된다(Butler & Myrna, 1973; 박광준, 2004 재인용).

노인들은 자신을 둘러싸고 있는 사회경제적인 상황의 변화에 적응해야 하며, 자기 자신의 내부 변화에도 잘 적응해야 한다. 감각기관의 무뎌짐, 외모상의 변화, 신체 반응속도 저하, 식사 중에 음식을 흘리거나 쏟는 일의 빈번한 발생 등과 같은 여러 가지 변화에 대해 나름대로 적응해야 하는 것이다. 어쩌면 이것은 상실에 대한 적응이라고 할 수 있다.

한편, 상실에 대해 적응하는 것 외에, 지나온 인생에 대한 성찰이나 자기정체감을 다시 검토해 보는 일 등이 노년기의 또 하나의 과제이다. 즉, 자신의 생을 되돌아보고, 성공 및 실패 여부를 평가해 보면서 죽음에 대해 심리적으로 준비해야 하는 자신의 정체감을 형성하는 것이다. 이러한 적응에 실패했을 경우에 노인은 불행해 하거나 우울해 하든지, 심하면 자살이라는 극단적인 방법을 택하기도 한다.

3) 사회문화적 관점에서의 노화와 성공적 노화

(1) 사회문화적 관점에서의 노화

활기찬 노화를 둘러싼 가장 큰 결정요인은 문화이다. 모든 개인들과 인구 집단을 에워싸고 있는 문화는 활기찬 노화의 다른 모든 종류의 결정요인들에 영향을 미치기 때문에 우리가 늙어가는 방식을 규정한다. 문화적 가치와 전통은 우리 사회에서 노인과 노화 과정을 어떻게 바라볼 것인가를 결정한다(오희철 외, 2010).

이는 문화적 맥락에서 노화를 보는 관점과 연결된다. 보부아르(Beauvoir)는 노년을 총체성 안에서만 이해될 수 있고, 단지 생물학적 현상이 아니라 문화적 현상이라고 주장하였다(홍상희 · 박혜경 역, 2002). 블레이크모어(Blakemore)는 문화적 · 인종적 요인들이 노화경험과 정책입안자의 노인에 대한 욕구 인식이 매우 의미 있는 영향을 미친다고 제시하였다(Blakemore, 1997). 이때 문화는 구별되는 생활방식의 모든 것을 받아들일 수 있다. 윌리건(Willigen)과 루이스(Lewis)는 문화적 노화의 핵심을 한 사람이 삶을 경험하는 생애과정이고 삶에 의미를 부여하고 이해하는 것이라 파악하여, 문화적 맥락에서의 노화는 개인의 삶과 사회적 기능의 상황적 틀 속에서 의미를 이해하는 것이라 하였다(Willigen & Lewis, 2006; 장경은, 2009).

문화적 맥락에서 설명되어지는 노화는 문화를 구성하는 요소인 관념, 신앙, 관습, 규범, 제도 등에 의해 규정지어지고, 개개인의 사회문화적 체계는 그 구조와 조직에 있어 현저하게 다르다. 따라서 문화적 가치에 따라 성공적 노화에 대한 인식은 매우 달라질 수 있다. 성공적 노화에 대한 미국노인과 홍콩노인의 인식을 비교 연구한 결과에 의하면, 미국노인들은 지역사회에서 스스로 독립적으로 살면서 자신을 지속적으로 돌보는 것을 중요시한다면(Rowe & Kahn, 1997), 홍콩노인은 가족들이 자신의 욕구를 만족시켜주는 것을 중요시하는 것으로 나타났다(Keith, Fry, & Ikels, 1990). 따라서 노인들이 오랜 세월에 걸쳐 살아온 자신의 상황과 경험 그리고 지배적인 고유의 가치관에 따라 노화, 노후생활을 다르게 인식하고 이해할 것이라고 전제한다.

(2) 성공적 노화

노화로 인하여 변화하는 환경에 잘 적응함으로써 얻어지는 것이 '성공적 노화(successful aging)'이다. 질병이나 신체장애를 가지지 않는 것, 높은 신체적 · 인지적 능력을 유지하는 것, 생활에 계속적 · 적극적으로 참여하는 것 등이 성공적 노화의 조건이다.

성공적 노화(successful aging)는 노인들의 소득, 건강, 가치, 생활 패턴 및 개인의 경험 등이 매우 다양한 양상을 보이고 있다는 점에서 출발하였으며, 공식적으로는 1986년 미국 노년사회학회 연례회의에서 처음 소개되었다(Fisher, 1995).

이후 생물학을 비롯한 사회과학, 행동과학, 의학 등 각각의 학문 영역 안에서 성공적인 노화에 필요한 요인이 무엇인지 규명해 내는 데 연구를 집중해 오고 있다. 심리학적 관점에서는 노인의 심리적 욕구와 그 욕구를 충족시키는 방법에 대해 관심을 가져왔으며(Baltes & Baltes, 1990), 사회학적 관점에서는 활동이론을 중심으로 노인의 적절한 사회활동을 강조해 왔다(Mannell & Dupuis, 1996; Stone, 1996). 물리적 환경 관점에서는 노인의 주거환경을 중심으로 한 물리적 측면에서의 변화를 다뤄 왔으며(전명숙, 1994), 경제적 관점에서는 소득과 자산의 소유와 분배 그리고 직업 등을 성공적 노화의 지표로 삼아왔다(Chou & Chi, 2002; Torres, 2002; 성혜영 · 유정헌, 2002).

이와 같이 각 학문별로 성공적인 노화의 요인을 찾아내려는 연구 경향은 노년기의 삶을 통합적으로 이해해야 한다는 인식에서 '다학문'적으로 연구되어야 한다는 시각으로 전환되어 왔다(Thayer, 1999). 이러한 연구 경향의 변화에 따라 노년학자들은 삶의 질, 안녕, 복지, 생활만족도, 인생만족도, 행복 등의 개념을 사용하여 성공적 노화의 다양한 요인을 제시할 뿐만 아니라 요인들 간의 상호 관련성을 강조한다(Rowe & Kahn, 1998; 홍현방, 2001; Chou & Chi, 2002; Crosnoe & Elder, 2002).

3 노인의 개념

노인(the aged, the elderly, older person)이란 어의상 '늙은이' 또는 '나이 많은 자'로 평범하게 사용되는 용어이면서도 그 개념을 정확하게 정의 내리기가 매우 어렵다. 노인에 대한 정의는 노인이 처하고 있는 사회 문화적 상황 및 개인적 상황 등에 따라 다양하기 때문이다. 일반적으로 노인이란 생리적 · 신체적 기능의 퇴화와 더불어 심리적인 변화가 일어나서 개인의 자기 유지 기능과 사회적 역할 기능이 약화되고 있는 사람으로 정의할 수 있다(서혜경 · 정순둘 · 최광현, 2006).

여러 학자의 정의 중에 가장 널리 쓰이고 있는 버렌(Birren, 1983)은 생물학적 · 심리적 및 사회적 노화를 겪고 있는 사람을 노인으로 보았다. 즉, 노인이란 생리적 및 생물학적인 면에서 퇴화기에 있으면서 심리적인 면에서 정신기능과 성격이 변화되고 있는 사람이고, 동시에 이러한 요인들로 인해 사회적인 면에서 지위와 역할이 상실된 사람을 말한다.

1951년 제2회 국제 노년학회에서는 노인을 다음과 같이 정의하였다(이은희, 2009 재인용).

- 환경의 변화에 적절히 적응할 수 있는 조직기능이 감퇴되고 있는 사람
- 인체의 자체 통합능력이 감퇴되고 있는 사람
- 인체의 기관, 조직, 기능에 쇠퇴현상이 일어나는 시기에 있는 사람, 인체의 적응능력이 점차로 결손되고 있는 사람
- 조직의 예비능력이 감퇴하여 적응이 제대로 되지 않는 사람

한편, 우리나라에서는 이상과 같이 노화 현상에 따라 노인으로 바라보기 보다는 단지 65세라는 연령으로 노인을 규정하려는 경향이 강하다. 이는 대체로 퇴직 연령

이 일반 기업체의 경우 55세, 일반 공무원은 60세이므로 은퇴의 시기를 노년기의 시작으로 보는 것이다. 또한 전통적으로 만 60세가 회갑으로 이때부터 노령기에 접어들었다고 사회적으로 인식하고 있으며 노인 자신이 노인생활의 시작 시기를 65세로 생각하고 있는 점 등 때문이다(서혜경 · 정순둘 · 최광현, 2006).

이렇게 노인에 대한 개념적 정의는 노화의 복합적인 측면이 고려되어야 하며, 그러므로 노인에 대한 정의도 다양할 수밖에 없다. 그렇기 때문에 노인복지정책이나 실천을 구현하고자 할 때에는 불가피하게 노인에 대한 조작적인 정의가 선행되어야 한다. 이러한 노인에 대한 조작적 정의는 실제로 관찰하여 노인으로 규정하기에 편리하도록 된 정의로, 사회과학적 조사나 연구 시에 실질적인 편의를 제공해 주며, 정책 및 행정적 편의를 위해서도 널리 쓰이고 있다(이은희, 2009).

먼저, '개인의 자각(self-awareness)에 따른 노인' 을 말할 수 있다. 이는 개인 스스로 주관적으로 판단하여 노인이라고 생각하는 사람을 노인으로 규정하는 것이다. 이 정의는 노화의 생물학적 · 사회적 및 심리적 측면을 어느 정도 내포하고는 있지만, 개인의 주관에 따라 다양한 면이 있어 객관성이 크게 결여되기 때문에 보편적으로 사용하기 힘든 정의다.

둘째, '사회적 역할상실에 따른 노인(사회적 노인)' 이다. 이는 주요한 사회적 지위와 역할이 상실된 상태에 있는 사람을 노인으로 보는 것인데, 사회적 직업 활동에서 퇴직한 상태 또는 가정에서 주부의 지위와 역할을 이양한 상태에 있는 사람이 여기에 해당된다. 이러한 정의는 노인을 사회적 역할 면에서만 본 것으로, 사회적 지위와 역할이 분명하지 못한 사람이나 그러한 사회적 역할을 수행하지 않는 상태에 있는 사람(특히 여성의 경우)에게는 적용하기 힘든 정의다. 우리나라에서는 거의 대부분의 경우 55세에 정년퇴직하고 그 후에는 거의 사회적 지위와 역할이 주어지지 않고 있는 상태이므로 55세 이후에 사실상 많은 사람들이 사회적인 노인이 되는 것으로 볼 수 있다.

셋째, '역연령(歷年齡, chronological age)에 따른 노인'이다. 현재 대부분의 산업사회에서는 65세 이상을 노인으로 규정하고 있는데, 이는 1889년 세계 최초로 제정된 독일의 노령연금법에서 노령연금 수혜자격 연령을 65세로 규정한 전통을 따르고 있는 것이다. 그러나 65세부터 89~90세가 넘는 고령까지를 동일한 노인집단으로 취급함으로써 노인의 개인적 및 사회적 특성이 무시되는 문제를 지니고 있다(이은희, 2009).

우리나라의 경우는 남녀의 평균수명이 80세 가까이에 이르고 있고 70세를 고희로 축하하고 있는 점을 고려하여 60~69세를 연소 노인, 70~74세를 중고령 노인, 75~84세를 고령 노인, 85세 이상을 초고령 노인으로 구분하는 것이 좋을 듯하다.

하지만 노인복지법상에는 65세로 규정하고 있고, 국민연금법상에는 정상 연금수급 연령을 60세로 규정하고 있기 때문에 60세 이상을 노인으로 규정하는 것이 현실적으로 더 타당하다고 한다면 정책적 및 인구 통계학적 의미에서도 60세 이상을 노인으로 보아야 할 것이다. 이에 따른 노인인구 비율, 부양 지수 등도 상당히 높아질 것이며 이것이 갖는 의미도 클 것이다. 또한 노령인구를 통계적으로 제시하고 파악할 때에 60세 이상과 65세 이상을 병행하여 비교할 수 있도록 한다면 더욱더 의의가 커질 것이다.

넷째, '기능적 연령(functional age)에 따른 노인'이다. 노인을 역연령에 따라 일괄적으로 규정하는 것은 개인적인 차이, 특히 어떤 특수한 일을 수행할 수 있는 능력의 개인차를 무시한 것이다. 이에 반하여 기능적 연령에 따른 노인은 개인의 특수한 신체적 및 심리적 영역에서의 기능의 정도에 따라서 노인을 규정하는 것이다. 이는 특히 산업노년학(industrial gerontology)에서 관심을 갖고 발전시키고 있는 노인의 정의이다(Sheppard, 1990).

기능적 연령에 따른 노인은 노화가 가져온 다른 능력의 감퇴에도 불구하고 어떤 특수한 신체적 · 심리적 및 사회적 영역에서의 업무를 수행할 수 있다는 전제 하에서 개인이 특수한 업무를 적절히 수행할 수 없는 경우에 노인으로 규정된다. 이러한 정의는 개인 및 개인 간의 노화의 특성이 다름을 감안한 장점이 있으나, 실제 이러한 판단에 시간이 많이 걸리므로 편의성이 약한 것이 큰 단점이다.

4 노인에 대한 새로운 인식

이 세상은 점점 늙어가고 있다. 이는 세상에서 살아가고 있는 많은 사람들이 그냥 나이를 먹는다는 뜻이 아니라 늙는다는 말이다. 60대가 넘어가면 늙어감의 징후가 노년의 때에 처한 모든 사람에게 일어난다. 삶을 뒤바꾸는 사건들이 줄줄이 일어난다. 예를 들면 직장 생활이 종료된다. 가족이라는 울타리가 텅 빈다. 배우자, 친구들, 친척들이 아프거나 죽는다. 몸과 마음이 쇠락한다. 가정이나 사회에서의 지위와 권위가 추락하고, 돈이 떨어지며 인생에서 남은 날이 적어짐을 하루하루 느끼게 된다.

괴테는 73세의 나이에 19세 소녀인 울리케를 열렬히 사랑했다고 한다. 그는 그녀의 마음을 얻기 위해 집요하게 곁을 맴돌았고, 급기야 청혼까지 했지만 결국 거부당하고 말았다. 괴테는 그 실연의 아픔을 바탕으로 '마리엔바트의 비가' 라는 명작을 남겼다. "꽃이 모두 져버린 이 날 / 다시 만나기를 희망할 수 있을까? / 천국과 지옥이 네 앞에 두 팔을 벌리고 있다 / 사람의 마음은 얼마나 변덕스러운지! / 더 이상 절망하지 말라! 그녀가 천국의 문으로 들어와 / 두 팔로 너를 안아주리라." 청년의 심정과 다를 바 없는 노년의 괴테. 마음은 여전히 청춘인데 몸은 마음 같지 않다. 그래서 더 아프고 서글픈 것이다(중앙선데이, 2013. 2. 10.).

현실적으로 노인들이 젊은이들과 똑같을 수는 없다. 마음이 아무리 청춘이라도, 얼굴이 아무리 동안이라도 나이가 들수록 신체적 기능이 쇠퇴해 가는 것은 부인할 수 없는 사실이다.

하지만 시각을 바꾸면 늙어감으로 인해 오히려 새로운 세계가 열릴 수도 있다. 시간이 확장되고 사회가 더 커지고 새로운 욕망이 뿌리내린다. 가정과 직장의 그토록

무거웠던 책임과 의무에서 해방되어, 노년에 달콤한 청춘의 재림을 누릴 수도 있다. 쇠약해야 마땅할 사람들이 디스코 파티를 할 수도 있다. 1970년대 댄스 음악과 춤에 빠져들거나 심지어 밴드의 일원으로 공연에 참여할 수도 있다.

많은 노인들이 젊은 세대와 소통하기 위해 스마트폰 사용법을 열심히 배우고 은퇴 후에도 원하는 일을 얻기 위해 노력한다. 그래서 우리나라가 취업자 통계를 낸 1963년 이후 처음으로 60대 남자의 취업자 수가 20대 남자의 취업자 수를 앞섰다(경인일보, 2013. 1. 29.). 실제로 요즘의 활동적이며 적극적인 노인들은 자신을 실제 나이보다 10~15세 정도는 더 젊게 인식한다.

그러므로 이제는 노인을 부정적으로만 보기보다 오히려 적극적이며 당당한 노년에 대한 관점을 받아들인 가운데 노인을 '부러워' 하기까지 할 수 있는 개념으로 변화되어야 한다. 노인의 생애의 족적에 대한 '축하' 와 얼마 남지 않은 죽음 너머의 또 다른 세계를 향한 금의환향에 대한 '존경', 그리고 그들이 경험해 나간 삶의 경력과 연단에 대한 '가치부여' 로부터 노인에 대한 올바른 이해가 시작되어야 한다. 이것은 흔히 노인복지에서 말하는 '부양' 이나 '원조' 또는 '관리' 와는 질적으로 다른 개념이다. 이러한 기존의 개념들은 노인들을 더욱 비참하게 만들 수 있다. 노인을 이해한다고 하면서 말하는 '노쇠,' '고독,' '소외,' '단절,' '빈곤' 등과 같은 용어들은 노년을 불쌍한 세대로 낙인을 찍어서 절망과 허무로 이끌어갈 가능성이 높다.

따라서 노년을 설명할 때, '여전히 소중한 존재', '여전히 새로움을 추구하시는 분', '참으로 아름다우신 어르신', '지혜로우신 어르신', '후손에게 꿈을 물려주시는 분', '풍성한 결실을 맺게 해 주시는 분' 등과 같은 말들을 사용하는 것이 좋을 것이다.

다시 한 번 강조하건대, 사람은 누구나 늙는다. 늙는다는 데서 자유로운 사람은 어디에도 없다. 하지만 젊음에 대한 욕망이 과도해지면서 '노화' 는 기를 쓰고 타도해야 하는 대상이 되었다. 여기저기서 늙지 않으려고 아우성이다. 하지만 고령화 시대에 무조건적인 '노화 거부'는 이제 더 이상 대안이 될 수 없다. 어떻게 하면 잘 늙을 수 있을지, 어떻게 하면 인생의 후반을 멋지게 살 수 있을지에 대해 고민해야 한다. 이제는 정말 '잘 늙기'를 생각해야 한다. 그러면 어떻게 해야 잘 늙을 수 있을까? 여러 학자들과 전문가들의 의견을 종합해 보면 대략 다섯 가지의 조건을 충족시켜야 한다는 것으로 정리되는 것 같다.

첫째는 신체 건강이고, 둘째는 정신 건강, 셋째는 좋은 이웃과의 관계이다. 그리고 넷째는 돈이며, 다섯째는 봉사이다. 신체와 정신 건강은 이래저래 말할 필요도 없이 우리 모두가 다 공감할 수 있을 것이다.

세 번째 이웃과의 관계는 조금은 구체적으로 설명할 필요가 있을 것이다. 신은 인간의 행복을 혼자서는 누릴 수 없도록 만들었다. 그래서 행복은 이웃이 있는 사람만이 누릴 수 있는 특권이다. 사람은 나이가 들수록 주위 사람들과 더불어 살아야 한다. 주위 사람들을 칭찬하고 자신도 이웃에게 필요한 사람으로 살아야 노년이 아름다워진다고 한다. 솔직히 나이가 들면 모든 것을 초월한 것 같아도 실제로는 가슴속 한가운데 외로움이 더 커진다고 한다. 그래서일까? 단명한 사람과 장수하는 사람의 가장 큰 차이는 '친구의 수'라고 한다. 인생의 희노애락을 함께 나눌 수 있는 친구가 많고, 그 친구들과 보내는 시간이 많을수록 더 건강한 삶을 살 수 있다는 것이다.

다섯 번째 봉사하는 삶이란 나이를 티내지 않고 다른 사람을 섬기는 자세를 말한다. 봉사의 최대 수혜자는 이웃이 아니라 바로 나 자신이다. 섬김을 통해 이웃의 아픔을 함께 나누므로 그들과 하나됨을 느끼며 자신을 되돌아볼 여유를 갖기 때문이다.

하지만 네 번째 '돈'은 좀 생각해 보아야 한다. 돈만으로는 인생이 행복해질 수 없다. 이 사실을 하루라도 빨리 깨달아야 노년의 삶이 풍요로워진다. 건강과 함께 무언가 몰입할 수 있는 일거리와 이웃이 있어야만 목표가 생기고 하루하루가 새로워지는 법이다. 그 목표란 특별한 것이 아니다. 이웃에게 베풀고, 이웃과 더불어 따뜻한 정을 나누며 사는 삶이다.

이미 평생 현역 시대가 성큼 시작된 이 때에 스포츠와 마찬가지로 진정한 승부는 인생 후반에 판가름이 난다고 한다. 그러므로 나이가 많다고 섣불리 포기하거나 낙담할 일이 아닌 것이다. 실제로 아무리 생각해보아도 노화는 선택이다. 스스로 노력하기 나름이다. 잘 살펴보라. 의학 사전에는 '노인병' 이라는 병명이 없다. 많은 사람이 치매(인지증)를 걱정하지만 75세까지 치매 발병률은 3.1%에 불과하다. 노력하면 노화 증상의 70%를 생의 마지막 단계까지 예방할 수 있다. 또한 병이나 허약 체질, 소위 노인병으로 일상생활을 영위할 수 없는 사람은 75세 이상 고령자 중에 5% 미만이다. 따라서 75세 고령자의 95%를 허약한 노인으로 취급해서는 안 된다. 의학적으로 보더라도 85세는 되어야 진짜 노인이라 할 수 있다. 그러니까 평균 수명 100세 시대에 나이로 인한 차별은 가당치 않다.

이런 점에서 고령화 사회는 오히려 축복이다. '에이징 파워(Aging Power)' 란 나이가 들수록 능력이 더욱 강력해지고 원숙미가 한층 충만해지는 역동적인 개념이다. 다가오는 고령화 충격을 이기기 위해서는 나이 드는 것에서 희망을 찾아야 한다. 해가 지면 달과 별이 밤하늘을 장식하는 것과 같은 이치다. '발랄한' 노인이 우리나라의 희망이다. 나이 든다고 우울해하지 말고 햇빛 속으로 걸어 나와야 한다. 찬란한 인생이 노인들을 기다리고 있기 때문이다. 목말랐던 공부와 하고 싶었던 일을 하고 모아둔 돈으로 여유를 즐기는 노년이 되어야 한다. 바로 그 노년기에 진정한 인생의 황금기를 누릴 수 있어야 한다.

Chapter 3

노인복지정책

1 노인복지정책의 이념과 개념

2 노인 소득보장

3 노인 의료보장정책

4 노인 주거보장정책

5 노후 사회 서비스보장정책

노인복지는 사회복지정책과 서비스의 틀 속에서 노인의 특성을 고려하여 적절한 정책 프로그램과 서비스를 계획하고 실천하는 활동이다. 따라서 노인복지란 노인이 신체적 · 정신적 · 사회적으로 행복한 상태가 되도록 하기 위하여 자기가 속한 가족과 사회에 적응하고 통합할 수 있도록 필요한 자원과 서비스를 제공하는 데 관련된 공적 및 사적 차원에서의 조직적 제반 활동대책을 의미한다(김명 · 고승덕 · 서미경 · 서혜경, 2004).

1 노인복지정책의 이념과 개념

1) 노인복지정책의 이념

노인복지정책은 사회 구성원이 노인문제를 사회적 문제로 인식하고 이슈화하여 국회 등의 정책결정 과정을 거쳐 법제화된다. 그리고 법제는 행정이라는 활동과정을 통하여 실천된다. 그런데 이러한 노인복지정책의 단계로 진입하기 위해서는 무엇보다도 정책결정을 둘러싸고 있는 사회복지환경의 신념체계를 이해할 필요가 있다. 즉, 노인복지의 이념을 파악해야 하는 것이다. 왜냐하면 결국 정책이라고 하는 개체는 그것을 실천하는 당사자인 정책주체와 객체가 가지고 있는 관념 혹은 관점에 따라 정책형성 단계에서부터 실천 단계에 이르기까지 영향을 받게 되기 때문이다.

우선 우리나라의 노인복지법 제2조(기본이념)에서는 '① 노인은 후손의 양육과 국가 및 사회의 발전에 기여하여 온 자로서 존경받으며, 건전하고 안정된 생활을 보장받는다. ② 노인은 그 능력에 따라 적당한 일에 종사하고 사회적 활동에 참여할 기회를 보장받는다. ③ 노인은 고령에 따르는 심신의 변화를 자각하여 항상 심신의 건강을 유지하고 그 지식과 경험을 활용하여 사회의 발전에 기여하도록 노력하여야 한다고 규정하고 제3조(가족제도의 유지 · 발전)에서는 국가와 국민은 경로효친의 미풍양속에 따른 건전한 가족제도가 유지 · 발전되도록 노력하여야 한다.' 고 명시하고 있다.

한편 국제연합(UN) 총회에서 채택된 '노인을 위한 UN 원칙' 은 오늘날 우리나라 노인복지의 이념으로 널리 활용되고 있다. 그 구체적인 내용은 다음과 같다(한국노인문제연구소, 1997; 김명 · 고승덕 · 서미경 · 서혜경, 2004; 고수현 · 윤선오, 2006).

(1) 자립(독립)의 원칙(the principle of independence)

노인은 기초적인 서비스(적절한 식량, 물, 주거, 의복 및 건강)와 보호를 받아야 하고, 일하며 소득을 얻을 수 있는 기회가 마련되어야 한다. 또한 능력에 따라 직장에서 물러날 수 있는 결정에 참여할 수 있으며, 적절한 교육과 훈련 프로그램에 접근할 수 있는 기회가 마련되어야 하고, 안전한 생활환경 하에서 가능한 한 오랫동안 가정에서 거주할 수 있도록 지원을 받아야 함을 의미한다. 즉, 노인은 경제적 · 신체적으로 자립할 수 있어야 하며, 자신의 활동에 대하여 명확한 의사결정에 참여할 수 있어야 한다.

(2) 참여의 원칙(the principle of participation)

노인은 사회에 통합되어야 하고 자신들의 복지에 영향을 미치는 정책의 형성과정에 참여하며 그들의 지식과 기술을 젊은 세대에 공유할 수 있어야 한다. 동시에 지역사회 봉사를 위한 기회를 찾고 개발하여야 하며, 그들의 흥미와 능력에 알맞은 자원봉사자로서 봉사할 수 있어야 한다. 그들의 권익보호를 위한 결사의 자유를 갖는다.

(3) 보호의 원칙(the principle of protection)

노인은 각 사회의 문화적 가치체계에 따라 가족과 지역사회의 보살핌과 보호를 받아야 하며, 그들의 자율과 보호를 고양시키는 보건과 사회 및 법적인 보호를 받으며, 인간적이고 안전한 환경에서 보호, 재활, 사회적 · 정신적 격려를 제공하는 적정 수준의 시설보호를 이용할 수 있어야 한다. 즉, 신체적 · 정신적 · 정서적 안녕의 최적 수준을 유지시키거나 회복하도록 도와주고 질병의 예방 및 지연에 접근할 수 있도록 도와주어야 한다.

(4) 자아실현의 원칙(the principle of self-fulfillment)

모든 노인은 자신들의 잠재력을 완전히 개발하기 위한 기회를 추구하여야 한다. 그리고 사회의 교육적 · 문화적 · 정신적 · 여가적인 자원을 이용할 수 있어야 함을 의미한다. 즉, 자신들의 잠재력을 완전히 개발하기 위한 기회를 추구할 수 있게 하여야 하는 것이다.

(5) 존엄성의 원칙(the principle of dignity)

모든 노인은 착취, 육체적 · 정신적 학대를 받지 아니하고, 나이, 성별, 장애나 지위에 관계없이 공정하게 대우받고 존중받아야 함을 말한다. 그들의 경제적인 기여와 관계없이 평가되어야 한다. 다시 말해 존엄과 안전 속에서 살 수 있어야 하며 착취와 신체적 · 정신적 학대로부터 자유로워야 한다.

2) 노인복지정책의 개념

노인복지정책은 문자적으로 '노인복지' 와 '정책' 이라는 두 단어가 합쳐진 의미를 갖고 있다. 먼저 노인복지는 노인의 '생활의 질'을 향상시키기 위한 국가의 활동이다. 다음으로 정책은 '국가적 이념을 효과적이며 효율적으로 실현하기 위한 정부 제도나 방침, 방책 등'으로 폭넓게 정리할 수 있다. 따라서 노인복지정책은 원칙적으로 노인이 가지고 있는 경제적 · 사회적 · 심리적 욕구에 대응한 정부의 시책이라 할 수 있다.

한편, 국가는 그러한 시책을 하나의 법으로 구체화하거나 일정한 원칙에 따라서 수행하는 영역이 있다. 사회보험, 공공부조, 사회복지 서비스와 복지 관련제도 등은 노인복지체계를 구성하여 독자적 영역을 차지하고 있다. 그 중에서도 소득보장정책, 의료보장정책, 주거보장정책, 사회 서비스보장정책 등은 핵심 영역이다.

2 노인 소득보장

노인 소득보장은 국가 사회가 노인들이 경제적인 빈곤 상태에 빠지거나 빠질 위험에 있는 노인에 대하여 최소한의 소득을 지원해 주는 사회적 차원의 대책을 의미한다. 즉, 노인에 대한 소득보장은 노인 빈곤에 대한 사회적 대책으로 국가나 사회가 노인을 빈곤 상태에서 벗어날 수 있도록 최소한의 정기적 소득을 확보해주는 활동이다(최성재 · 장인협, 2010).

일반적으로 노인의 소득보장 방식에는 직접적 현금 급여인지 아닌지에 따라 직접적 소득보장제도와 간접적 소득보장제도로 나눈다. 직접적 소득보장제도에는 노인들이 빈곤으로 떨어지지 않도록 미리 예방하는 사회보험(social insurance)과 소득보장 프로그램 가운데 역사가 오래되고 이미 발생한 빈곤문제를 해결하기 위한 공공부조(public assistance), 그리고 흔히 보편적 프로그램이라고 불리는 사회수당(social allowance demogrant) 등이 있다.

현재 우리나라에서 실시되고 있는 직접적 소득보장에는 사회보험 방식으로 운영되고 있는 연금제도(국민연금과 특수직연금)와 경제적으로 빈곤한 노인에게 제공되는 공공부조(국민기초생활보장제도), 그리고 노인복지법상의 경로연금 부분을 연금법으로 대체한 기초노령연금제도가 있다. 간접적으로 소득을 보장해주는 제도로서는 경로우대 등의 비용할인, 고용 증진 및 생업지원제도, 각종 세제감면제도 등이 실시되고 있다(양옥남 · 김혜경 · 김미숙 · 정순둘, 2011).

다음의 | 표 3-1 | 은 우리나라 노후소득보장제도의 구성을 나타낸 것이다. 우리나라의 노후소득보장체계는 3층 구조를 활용하고 있어 흔히 다층적 노후소득보장(multi-pillar old age income security)이라고 일컫고 있다. 1층은 공공부조인 국민기초생활보장제도가, 2층은 국민연금과 특수직연금으로 대표되는 공적연금제도가, 3층은 개인연금 등이 속한다.

표 3-1 현행 노후소득보장제도의 구성

<table>
<tr><th rowspan="2">구분</th><th colspan="3">일반 소득계층</th><th colspan="2">저소득층</th></tr>
<tr><th>공무원, 사학교원, 군인</th><th>피용자</th><th>자영자</th><th>저소득층</th><th>빈곤선 이하 계층</th></tr>
<tr><td>3층</td><td colspan="5">개인연금</td></tr>
<tr><td rowspan="2">2층</td><td rowspan="2">공무원
사학교원
군인연금</td><td>퇴직금
(기업연금)</td><td></td><td colspan="2" rowspan="3">경로연금(약 62만 명)
→ 2008년 1월부터
기초노령연금으로 전환
(전체 노인의 60% 수령)</td></tr>
<tr><td colspan="2">국민연금</td></tr>
<tr><td colspan="4">최저빈곤선</td></tr>
<tr><td>1층</td><td></td><td></td><td></td><td>국민연금
납부 예외자</td><td>국민
기초생활보장제도</td></tr>
</table>

출처 양옥남 · 김혜경 · 김미숙 · 정순둘(2011). 노인복지론. p. 100.

1) 직접적인 소득보장제도

(1) 기초노령연금제도

기초노령연금제도는 노인복지법의 경로연금 부분을 연금법으로 대체한 제도이다. 1991년 도입된 노령수당제도를 기초로 하여 1998년부터 경로연금제도로 변경되었다가 2008년부터 저소득 65세 이상 노인에게 기초노령연금이 지급되고 있다.

기초노령연금의 제도적 특징은 급여 대상자가 일정 연령에 도달했을 경우에 모든 사람에게 지급하는 선진국의 사회수당과는 달리 대상자 선정 기준에 있어서 소득과 재산조사가 이루어지고 있어 사회수당은 아니다. 또한 사회보험상의 공적연금과 같이 보험료를 부담하는 것이 아니라 일반 조세에 의해 재원이 충당되고 있어 연금제도와도 성격을 달리한다. 국민기초생활보장법의 수급자가 아닌 저소득층까지 포함하고 있다는 점에서 엄밀히 말하면 공공부조와도 성격을 달리하는 특성을 가지고 있다(양옥남 외, 2011).

연금지급에는 두 가지 요건이 충족되어야 한다. 즉, 65세 이상인 자로서 소득인정액[1)]이 대통령령으로 정하는 금액 이하인 자이다. 2008년 1월부터 70세 이상 노인에게 지급되었던 것이 동년 7월부터는 65세 이상 노인에게 지급되고 있다. 2013년 기초노령연금 선정 기준액은 월소득 평가액에 재산의 월소득 환산액을 더한 소득 인정액이 월 83만 원~132만 원 이하이며, 연금급여액은 2만 원~약 15만 원으로 연금 수급 노인수와 부부관계에 따라 차등 지급된다. |표 3-2| 는 2013년 기준 기초노령연금 급여 대상 선정 기준 및 급여액을 나타낸 것이다.

표 3-2 기초노령연금 급여 대상 선정 기준 및 급여액(2013년)

구분	선정 기준액	월 연금 지급액	
		최저액	최고액
단독가구	830,000원	20,000원	94,600원
부부가구(1인 수급)	1,328,000원	20,000원	94,600원
부부가구(2인 수급)	1,328,000원	40,000원	151,400원

|출처| 보건복지부(2013b). 기초노령연금사업안내.

* 위 금액은 2012년 4월~2013년 3월까지의 연금액이며, 2013년 4월~2014년 3월까지의 연금액은 2013년 3월에 확정될 예정이다.

(2) 국민기초생활보장제도

국민기초생활보장제도는 공공부조의 대표적인 제도로서 소득인정액 기준(수급권자 가구의 소득인정액이 가구별 최저생계비 이하인 경우)와 부양의무자 기준(부양의무자가 없거나 부양의무자가 있어도 부양능력이 없거나 부양을 받을 수 없는 경우)에 따라 수급자가 선정된다. 국민기초생활보장제도는 근본적으로 노후소득보장을 위한 제도는 아니나

1) 소득 인정액이란 월소득 평가액+재산의 소득환산액으로 노인가구의 월소득과 재산가액(부동산 등)에 연리 5%(금융자산은 연리 8%)로 계산한 월액을 합한 금액을 말한다. 지급 대상자의 선정 기준이 되는 일정금액(선정 기준액)은 대통령령으로 정하는 금액으로 국민기초생활보장법의 계산상 최저생계비와 유사하다. 즉, 노인가구의 소득 · 재산 수준과 생활실태, 물가상승률 등을 고려하여 전년도 9월 1일까지 보건복지부장관이 결정 · 고시하는 금액으로 한다. 이 선정 기준액은 매년 4월 1일부터 다음 연도 3월 31일까지 적용한다.

실질적으로 많은 노인들이 국민기초생활보장 대상자인 경우가 많으므로 노인의 경우에는 노후소득보장의 기능을 대신하고 있다.

급여의 종류로는 수급권자 모두에게 제공되는 생계급여, 주거급여[2] 제외 대상자를 제외한 모든 수급자에게 제공되는 주거급여 그 밖에 교육급여, 해산급여, 장제급여, 재활급여, 의료급여 등이 있다. 이 중 노년기에 많이 해당하는 급여는 생계급여와 주거급여가 있으며, 생계급여는 의복, 음식물, 연료비, 기타 일상생활에 기본적으로 필요한 현물을 지급과 주거급여 제외 대상자를 제외한 모든 수급자에 대하여 최저생계비 중 최저주거비를 분리하여 주거급여로 가구별 0원~최저주거비까지 정률급여로 지급하며, '자가 가구 등' 에 해당하는 수급자에게 가구별 현금급여액에 해당하는 금액을 차감한 나머지를 주거 현금급여로 지급하고 있다. 주거급여는 주거급여 제외 대상자를 제외한 모든 수급자에 대하여 현금급여를 제공하고 있다.

앞서 살펴본 국민기초생활보장제도는 최저생활을 보장하기 위한 대표적인 제도이지만 노인만을 대상으로 한 제도는 아니다. 그럼에도 불구하고 이 제도에 대해 관심을 갖고 살펴봐야 하는 이유는 노인 인구가 증가하는 만큼 소득 수준이 낮은 인구의 유입이 동시에 증가하고 있으며, 빈곤한 노인인구가 증가함에 따라 현재뿐만 아니라 앞으로 본 제도의 주요 수급 대상은 노인이 될 것으로 전망되기 때문이다.

보건복지부가 2010년에 조사한 생애주기별 국민기초생활보장 수급자 현황을 살펴보면, 중년기(40~64세)가 35.0%로 가장 높았으며, 노년기(65세 이상) 26.8%, 청소년기(10~19세) 20.6%, 영 · 유아기(0~4세)는 가장 낮은 1.9%인 것으로 나타났다. 그러나 총 인구수 대비 수급자 비율로 살펴봤을 때는 노년기가 7.1%로 가장 높게 나타났다.

2) 주거급여가 불필요하거나, 타 법령 등에 의하여 주거를 제공받고 있는 수급자로서, 의료 · 교육 · 자활급여 특례 수급자 및 보장시설에 거주하는 수급자 등이 포함된다.

표 3-3 생애주기별* 일반수급자 현황 (단위: 명, %)

구분	합계	영 · 유아기	학령기	청소년기	청년기	중년기	노년기
수급자 수	1,458,198	27,106	56,051	301,001	172,868	509,958	391,214
수급자 비율	100	1.9	3.8	20.6	11.9	35.0	26.8
총인구수	50,515,666	2,299,695	2,457,829	6,826,875	15,237,505	18,187,410	5,506,352
총인구수** 대비 수급자 비율	2.9	1.2	2.3	4.4	1.1	2.8	7.1

출처 | 보건복지부(2011b). 2012년 국민기초생활보장 수급자 현황.

* 생애주기는 영 · 유아기(0~4세), 학령기(5~9세), 청소년기(10~19세), 청년기(20~39세), 중년기(40~64세), 노년기(65세 이상)로 분류함.

** 통계청, 주민등록인구(50,515,666명)

이 자료를 토대로 우리는 두 가지를 생각해 볼 수 있다. 첫째, 현재 국민기초생활보장 수급자 중에 노년기는 26.8%로 두 번째로 높은 비율을 나타내지만, 가장 높은 비율을 차지하는 중년기의 수급자 중에 향후 10년 이내 상당수의 인구가 노년기로 접어든다는 사실이다. 그렇다면 꾸준히 노년기의 수급자 수는 증가하게 될 것이다.

둘째, 총인구 대비 수급자 비율이 노년기가 가장 높게 나타났다. 쉽게 말하면, 각 생애주기별로 10명씩의 인구가 있는데 이 중 수급자에 해당하는 인구가 다른 생애주기에는 5명 미만이지만, 노년기는 7명 이상이라는 것이다. 따라서 빈곤층 노인인구에게 최저생활 유지를 보장하며 그들의 자립을 어떻게 촉진할지에 대한 고민을 더욱 치열하게 해야 할 것으로 생각된다.

(3) 연금제도

연금제도는 피보험자의 기여금을 근거로 연금급여가 제공하는 사회보험을 의미하는데 우리나라에서는 특수직역연금과 국민연금이 있다. 특수직역연금에는 공무원

연금, 사립학교교원연금, 군인연금이 있고, 국민연금은 상기 연금에 해당되지 않는 전 국민을 가입 대상으로 하며 사회보험방식으로 운영된다.

이 중 가장 대표적인 노후소득보장체계는 1988년부터 도입된 국민연금제도로서 여기에서는 가장 보편적인 국민을 대상으로 한 국민연금을 중점적으로 소개하고자 한다.

우선 국민연금 가입 대상에 대해 살펴보면 당연히 가입해야 하는 대상과 그렇지 않은 대상에 따라 사업장 가입자, 지역 가입자, 임의 가입자, 임의계속 가입자, 외국인 가입자로 분류된다. 사업장 가입자는 국민연금에 가입된 사업장에서 근로하는 18세 이상 60세 미만의 고용주나 근로자 중 국민연금에 가입된 경우이다. 지역 가입자는 국내에 거주하는 18세 이상 60세 미만의 국민 중 사업장 가입자가 아닌 사람은 지역 가입자로서 국민연금에 가입하게 된다.

이와 같이 선택의 여지가 없이 가입을 해야 하는 대상자가 있는 반면에 본인의 선택 여하에 따라 가입을 해야 하는 경우를 임의적용이라고 하는데, 여기에는 임의 가입자와 임의계속 가입자가 있다. 임의 가입자는 사업장 가입자와 지역 가입자가 될 수 없는 사람이면서 60세 이전인 경우에 본인의 희망에 의해 가입신청을 하면 임의 가입자가 될 수 있다. 여기서 사업장 가입자나 지역 가입자가 될 수 없는 사람은 다른 공적연금에서 퇴직연금(일시금), 장애연금을 받는 퇴직연금 등 수급권자, 국민기초생활보장법에 의한 수급자, 소득 활동에 종사하지 않는 사업장 가입자 등의 배우자 및 보험료를 납부한 사실이 없고 소득 활동에 종사하지 않는 27세 미만인 자를 의미하고, 이들 가운데 가입을 희망하는 경우에 임의 가입자가 될 수 있는 것이다. 임의계속 가입자는 기존에 가입기간이 20년 미만인 가입자가 60세 도달로 국민연금 가입자 자격을 상실하였으나, 가입기간이 부족하여 연금을 받지 못하거나 가입기간을 연장하여 더 많은 연금을 받고자 원할 경우는 65세에 달할 때까지 신청에 의하여 임의계속 가입자가 될 수 있다.

외국인의 경우도 가입과 수급이 가능하며, 국민연금 적용사업장에 종사하는 18세 이상 60세 미만의 외국인인 사용자나 근로자, 또는 국내에 거주하는 18세 이상 60세 미만의 외국인으로서 사업장 가입자가 아닌 자가 가입 대상자가 된다.

보험의 상품이 다양하듯 국민연금도 노령연금, 장애연금, 유족연금, 반환일시금, 사망일시금이라는 종류가 있다. 매월 지급하는 연금형식의 급여에는 노후 소득보장을 위한 노령연금과 장애로 인한 소득감소에 대비한 장애연금, 가입자의 사망으로 인한 유족의 생계 보호를 위한 유족연금이 있다. 일시적으로 제공되는 급여에는 연금을 받지 못하거나 더 이상 가입할 수 없는 경우에 청산적 성격으로 지급하는 반환일시금과 유족연금이나 반환일시금을 받지 못할 경우에 보상적 성격으로 지급하는 사망일시금이 있다. 각 상품에 따라 또 세부적인 지급 조건이 있는데 이를 정리한 표는 아래 |표 3-4|와 같다.

표 3-4 국민연금 종류 및 수급요건

구분		수급요건
노령연금	완전노령연금	• 가입기간 20년 이상, 60세에 도달한 자(65세 미만이면 소득이 없는 경우에 한함)
	감액노령연금	• 가입기간 10년 이상 20년 미만으로 60세에 도달한 자(65세 미만이면 소득이 없는 경우에 한함)
	재직자노령연금	• 완전노령연금수급권자 또는 감액노령연금 수급권자가 65세 이전에 소득이 있는 업무에 종사하는 경우(소득 있는 업무에 종사하지 않으면 완전노령이나 감액노령연금으로 전환)
	조기노령연금	• 가입기간 10년 이상, 연령 55세 이상인 자가 소득 있는 업무에 종사하지 아니하고, 60세 도달 전에 청구한 경우(65세 이전에 소득 있는 업무에 종사하면 재직자노령연금 지급)
	분할연금	• 가입기간 중 혼인기간이 5년 이상인 노령연금 수급권자의 배우자가 60세 이상이 된 경우
장애연금		• 가입 중에 발생한 질병 또는 부상으로 완치 후에도 장애가 있는 자(초진일로부터 1년 6개월 경과 후에도 완치되지 아니한 경우는 그 1년 6개월이 경과한 날을 기준으로 장애 정도 결정)

구분	수급요건
유족연금	• 다음의 자가 사망한 때 – 노령연금수급권자 – 가입자(다만 가입기간 1년 미만인 자가 질병이나 부상으로 인하여 사망한 경우에는 가입 중에 발생한 질병이나 부상으로 사망한 경우에 한함) – 가입기간 10년 이상인 가입자이었던 자 – 장애등급 2급 이상의 장애연금 수급권자 – 가입기간 10년 미만인 가입자이었던 자로서 가입 중에 발생한 질병이나 부상 또는 그 부상으로 인한 질병으로 가입 중 초진일 또는 가입자 자격상실 후 1년 이내의 초진일로부터 2년 이내에 사망한 때
반환일시금	• 가입기간 10년 미만인 자가 60세가 된 경우(단, 특례노령연금수급권자는 해당되지 않음) • 가입자 또는 가입자이었던 자가 사망하였으나 유족연금에 해당되지 않는 경우(가입자 또는 가입기간이 10년 이상인 가입자이었던 자가 사망한 때는 사망 당시 보험료를 2/3 이상 납부하지 않거나 1년 미만 가입자의 경우 가입 중에 발생한 질병 또는 부상이 아니어서 유족연금이 지급되지 않는 경우에 한함) • 국적을 상실하거나 국외로 이주한 경우(국외이주의 경우 거주여권 소지자나 영구영주권 취득자에 한함. 임시영주권 취득자는 해당되지 않음)
사망일시금	• 가입자 또는 가입자이었던 사람이 사망하였으나 유족연금 또는 반환일시금을 지급받을 수 있는 유족 범위에 해당하는 자가 없는 경우
외국인에 대한 연금급여	• 그 외국인의 본국 법에서 대한민국 국민에게 대한민국 반환일시금제도에 상응하는 급여를 지급하는 경우 • 대한민국과 외국인의 본국 간에 반환일시금 지급에 관한 사회보장협정이 체결된 경우 • 출입국관리법 시행령 [별표 1]의 E-8(연수취업), E-9(비전문취업), H-2(방문취업)에 해당하는 체류자격으로 국민연금에 가입한 경우

출처 국민연금공단(http://www.nps.or.kr).

2) 간접적인 소득보장제도

간접적인 소득보장제도는 직접적 소득보장제도가 그 대상자에게 다양한 형태의 급여를 직접 제공하는 것에 반하여 간접적인 방식으로 대상자의 소득을 지원하는 것인데 세제혜택, 고용증진, 경로우대제도 등이 있다.

(1) 세제혜택

지출의 감소를 통해 실질적으로 경제적인 혜택이 돌아가게 하는 방식이다. 재산세의 감면은 노인 소유의 일정 한도의 재산에 대해서 재산세를 감면해 주거나 노인을 모시는 가구에 대하여 재산세를 감면하는 것이다.

(2) 고용증진

경제적인 어려움이 있는 노인들에게 취업의 기회를 제공함으로써 노동을 통하여 소득유지를 돕는 방법이다.

(3) 경로우대제도

경로우대제도는 65세 이상 노인이 전철, 철도, 항공기, 국공립 공원 및 박물관 등을 무료 혹은 할인하여 이용하도록 하는 제도를 의미한다. 뿐만 아니라 목욕, 이발 등과 같은 서비스 업종에서는 자발적으로 경로우대를 실시하도록 권장하는 정책을 쓰고 있다.

3 노인 의료보장정책

의료보장은 현대 복지국가 사회보장의 중심적 프로그램 중 하나로서 국민 개개인이 하나의 시민으로서 신체적 · 정신적으로 건강한 생활을 유지할 수 있도록 국가가 개입하여 보장해 주는 제도이다. 노년기에는 특히 건강과 의료에 관한 사항이 중요하며 인간의 수명연장과 관련하여 해결해야 할 과제 중에 건강과 관련한 과제가 시급하다.

노인의 건강문제는 매우 복합적이고 다양할 뿐 아니라 장기적인 관리가 필요한 특성을 갖고 있는데 건강에 영향을 미치는 주요 요인은 생활습관, 환경, 생물학적 요인 및 보건의료 서비스 전달이므로 최적의 건강(optimal health) 유지에 필요한 대책이 타 연령층보다 매우 어렵다는 근본적인 문제가 있다. 따라서 우리나라가 당면한 노인의 건강과 관련된 문제해결을 위해서는 그 어떠한 문제해결 방법보다도 혁신적이고 전략적일 뿐 아니라 계속적이고 집중적인 관심과 정책 의지가 의료보장의 관점에서 다각적으로 모색되어야 한다.

이런 맥락에서 의료보장정책은 노인들이 사회 구성원으로서 신체적 · 정신적으로 건강한 생활을 할 수 있도록 국가와 사회가 개입하여 보장해주는 제도이다. 그러나 우리나라의 경우는 노인만을 위한 특화된 의료보장제도는 없고 일반 국민 대상의 의료보험과 저소득층을 위한 의료보호의 틀 속에서 노인의 건강을 보호하고 있다.

1) 국민건강보험제도(의료보험)

국민건강보험(의료보험)은 국민의 질병, 부상, 분만 또는 사망 등에 대하여 보험급여를 제공함으로써 국민 보건을 향상시키는 기능을 한다. 급여의 종류에는 요양급여와 임의급여, 건강검진의 서비스가 있으며, 65세 이상의 노인이 외래의 치료나 약국의 처방전에 의한 조제를 받을 경우에 할인혜택을 받는다.

의료보험체계는 국민건강보험시대 이전에는 직장과 지역단위로 설립된 의료보험조합과 의료보험조합연합회를 통하여 운영되었다. 2000년 7월 이후의 국민건강보험시대에는 전국적으로 단일 체계인 국민건강보험관리공단과 별도 요양급여 비용을 심사하고 요양급여 비용을 평가하기 위하여 건강보험심사평가원을 설립하여 운영하고 있다. 보험금의 절약과 합리적인 의료전달체계의 발전을 위하여 간단한 진료 또는 1차 진료(초진)인 경우는 의원급에서 받도록 하고 있고 진료비에 차등을 두나 잘 이루어지지 않고 있다.

2) 의료급여제도(의료보호)

의료급여제도(의료보호)는 빈곤 계층을 위한 공공부조 형태의 의료보장 서비스이다. 1종 의료보호 대상자는 외래 및 입원 비용 전액을 무료로 해주고, 2종 대상자는 외래 진료 시(1차, 2차 기관)에 1,500원을 본인 부담하고(3차 의료기관은 의료급여 비용 총액의 15% 부담), 입원 시에는 총 진료비의 10%만을 부담하게 된다.[3)]

의료보호에 있어서 급여로서 수혜자에게 주어지는 것은 의료 서비스이다. 급여의 종류는 요양(진료)급여로서 의료보험의 요양급여에 해당한다. 진찰, 수술, 치료, 약제급부, 입원, 간호 및 이송 등의 서비스이다. 급여는 실제로 서비스로 제공되지만 서비스의 비용이 의료보호에서 지불되는 것이므로 의료보험에서 부담해 주는 의료비의 정도가 급여 수준이다.

3) 의료급여제도의 의료급여기관은 1차, 2차, 3차로 나뉜다. 제1차 의료급여기관은 의원, 치과의원, 한의원, 조산원, 보건소, 보건의료원, 보건진료소, 약국, 한국희귀의약품센터, 제2차 의료급여기관은 종합병원, 병원, 치과병원, 한방병원, 요양병원, 제3차 의료급여기관은 제2차 의료급여기관으로서 「국민건강보험법」에 의한 종합전문요양기관 또는 「의료법」에 의한 종합병원 중에서 지역적 특성을 고려하여 보건복지부 장관이 지정하는 의료기관이 속한다.

3) 노인건강진단제도

1981년 제정된 노인복지법에 의하여 65세 이상의 노인에 대한 건강진단을 2년에 1회 이상씩 국 · 공립병원 또는 보건소에서 무료 실시하며, 건강진단 결과를 검토하여 필요하다고 인정될 때는 후속지도를 하도록 되어 있는 제도이다. 65세 이상의 전 노인을 대상으로 하지 않고 국가 예산의 범위 내에서 의료보장의 적용 대상자 일부를 대상으로 하고 있기 때문에 일종의 공공부조 프로그램으로 보아야 한다. 노인 건강진단은 2년에 한 번 1차 진료와 2차 진료를 실시한다. 1차 진료는 심전도 검사 외 11개 항목으로 하고, 2차 진료는 정밀검사 외 29개 항목으로 한다. 건강진단 프로그램은 질병의 조기 발견 및 예방에 큰 의의가 있으므로 적어도 건강진단만큼은 65세 이상 노인 전체에게 2년에 한 번씩 국가에서 의무적으로 행해야 한다.

4 노인 주거보장정책

주거보장정책은 노인이 자신의 독립성을 유지하면서 안전하고 안락한 일상생활을 유지할 수 있는 생활공간을 확보하고 유지할 수 있도록 사회적인 차원에서 원조해 주는 제반 활동을 의미한다. 우리나라의 주택보장정책은 재가목적 주거보장정책과 입주보호목적 주거보장정책으로 구분할 수 있다.

1) 재가목적 주거보장정책

재가목적 주거보장정책은 일반 가정에서 생활하는 노인들을 위한 관련 서비스 제도를 의미한다. 구체적으로 실비노인복지주택, 유료노인복지주택, 노인의 집 등 노인용 주택의 건설 및 공급에 의한 직접적 주거보장제도가 있으며, 주택 상속세 공제, 주택자금 할증이원, 주택분양 우선권 부여, 저소득층을 위한 영구임대아파트 입주지원 등과 같은 간접적인 주택보장제도가 있다. 이 밖에도 저소득층 노인을 위한 영구임대아파트가 지원되고 있고, 노인 본인 또는 배우자의 직계존속과 2년 이상 동거하고 있는 세대주의 주택 신축, 매입, 개량자금을 융자해주는 주택자금 할증제도, 무주택자녀가 50세 이상 직계존속을 부양할 경우에 주택청약자격을 부여하는 주택분양 우선권 부여제도 등이 실시되고 있다.

2) 입주보호목적 주거보장정책

노인을 시설에 수용하여 보호하는 것을 목적으로 하는 주택보장 관련 서비스 제도를 의미한다. 입주보호 목적의 주택은 양로시설과 요양시설로 구분되며 일반적으로 수용률은 낮은 것으로 나타나고 있다. 이것은 노인시설에 입주하는 것을 부정적인 낙인으로 생각하는 경향이 아직도 많기 때문이다.

노인복지법에서는 크게 노인주거복지시설(양로시설, 노인공동생활가정, 노인복지주택)과 노인의료복지시설(노인요양시설, 노인요양공동생활가정, 노인전문병원)로 구분하여 제시하고 있는데 이를 구체적으로 살펴보면 다음의 「표 3-5」, 「표 3-6」과 같다.

표 3-5 노인주거복지시설의 유형 및 목적, 이용 대상자, 설치규정

종류	시설	설치목적	입소(이용) 대상자	설치
노인 주거 복지 시설	양로 시설	• 노인을 입소시켜 급식과 그 밖에 일상생활에 필요한 편의를 제공	• 다음 각 호의 어느 하나에 해당하는 자로서 일상생활에 지장이 없는 자 가. 65세 이상으로서 기초생활보장 수급 대상자 나. 부양의무자로부터 적절한 부양을 받지 못하는 65세 이상의 자 ※ 피학대 노인이나 긴급 조치 대상자 등 시장·군수·구청장이 시설보호가 필요하다고 인정하는 경우임 다. 본인 및 본인과 생계를 같이 하고 있는 부양의무자의 월소득 합산액을 가구원 수로 나누어 얻은 1인당 월평균 소득액이 통계청장이 통계법 제17조 제3항에 따라 고시하는 전년도의 평균 가구원수로 나누어 얻은 1인당 월평균 소득액 이하인 자로서 65세 이상인 자 라. 입소자로부터 입소 비용의 전부를 수납하여 운영하는 양로시설 또는 노인공동생활가정의 경우는 60세 이상의 노인	• 시장·군수·구청장에 신고
	노인 공동 생활 가정	• 노인들에게 가정과 같은 주거여건과 급식, 그 밖에 일상생활에 필요한 편의를 제공		
	노인 복지 주택	• 노인에게 주거시설을 분양 또는 임대하여 주거의 편의·생활지도·상담 및 안전관리 등 일상생활에 필요한 편의를 제공	• 단독취사 등 독립된 주거생활을 하는 데 지장이 없는 60세 이상의 자	

표 3-6 노인의료복지시설의 유형 및 목적, 이용 대상자, 설치규정

종류	시설	설치목적	입소(이용) 대상자	설치
노인 의료 복지 시설	노인 요양 시설	• 치매 · 중풍 등 노인성 질환 등으로 심신에 상당한 장애가 발생하여 도움을 필요로 하는 노인을 입소시켜 급식 · 요양과 그 밖에 일상생활에 필요한 편의를 제공	• 노인성 질환 등으로 다음 각 호의 어느 하나에 해당하는 자 가. 노인장기요양보험법 제15조에 따른 장기요양급여수급권자 나. 기초수급권자로서 65세 이상의 자 다. 부양의무자로부터 적절한 부양을 받지 못하는 65세 이상의 자 라. 입소자로부터 입소 비용의 전부를 수납하여 운영하는 노인요양시설 또는 노인요양공동생활가정의 경우 60세 이상의 자	• 시장 · 군수 · 구청장에 신고
	노인 요양 공동 생활 가정	• 치매 · 중풍 등 노인성 질환 등으로 심신에 상당한 장애가 발생하여 도움을 필요로 하는 노인에게 가정과 같은 주거여건과 급식 · 요양, 그 밖에 일상생활에 필요한 편의를 제공		
	노인 전문 병원	• 주로 노인을 대상으로 의료를 행하는 시설 ※ 의료법에 의한 의료기관을 개설할 수 있는 자(치과의사 및 조산사 제외)에 한하여 시 · 도지사의 허가를 받아 설치	가. 노인성 질환으로 치료 및 요양을 필요로 하는 자 나. 임종을 앞둔 환자	• 시 · 도지사 허가

5 노후 사회 서비스보장정책

사회 서비스(social service)는 본래 사회복지, 사회사업(사회복지실천) 그리고 사회정책의 전통적 틀 속에서 사용되어 온 용어로 그 정의는 포함되는 서비스의 범위 및 국가와 사회에 따라 다양하다. 사회 서비스는 다른 사회복지 문제 해결 분야 또는 급여 영역인 소득보장, 의료보장 및 주거보장과는 달리 비정형적이고 비물질적인 심리적 및 사회적 성질의 급여라는 면에서 구분되고 급여의 본질과 기능과 범위가 점차 다양해지고 있다(최성재 · 장인협, 2010).

그런데 사회 서비스는 전통적인 사회복지제도나 사회보장 제도의 틀 속에서 의미하는 비정형적이고 비물질적인 심리적 및 사회적 성질의 급여 외에 다양한 분야(예 교육, 행정, 법률 등)를 포함하는 개념으로 발전하는 경향을 보이고 있다. 또한 복지국가로 발전하는 과정에서 국가의 사회복지 급여가 보편주의로 확대되는 경우에 현금급여 프로그램의 확대보다는 사회 서비스 프로그램의 확대가 바람직하다는 정책 방향을 취하고 있는 점을 감안하면 사회 서비스의 중요성이 강화되고 그 내용이 더욱 확대될 것이다(최성재, 2012).

그렇다면 노후 사회서비스보장정책을 좀 더 구체적으로 살펴보자. 이 부분은 최성재(2012)가 칸(Kahn)이 정의한 사회 서비스의 4가지 기능에 맞춰서 우리나라의 사회 서비스를 검토한 내용을 중심으로 하여 관련 자료를 추가해서 보다 구체적이면서 실제적으로 정리하였다.

1) 당면문제 해결 서비스

(1) 시설보호 서비스

우리나라에서 양로시설과 요양시설이 실제로 구분된 것은 1986년부터인 것으로 보인다. 1981년에 노인복지법이 제정되어 노인시설은 양로시설과 요양시설로 구분되었다. 그러나 실제로 1980년대 중반까지는 노인요양시설에 입주했어야 할 노인들이 양로시설에 같이 입주해 있어서 분리가 쉽지 않았을 것으로 생각된다. 따라서 1981년 노인복지법이 시행된 이후에도 1985년까지 양로시설만 있었고 요양시설은 없었던 것으로 보인다(통계청, 1995). 그러나 1986년 이후로 양로시설보다 요양시설의 증가 속도가 빨라지면서 현재는 요양시설의 수가 훨씬 많다.

(2) 재가노인복지시설(장기요양보험 비적용 저소득 노인보호시설)

재가노인복지사업은 1987년에 처음 민간기관에서 시작된 가정봉사원 파견 사업으로 시작되었고, 1992년 노인복지법에 의한 재가복지사업으로 가정봉사원 파견 시설, 주간보호시설 및 단기보호시설이 저소득층을 위한 일종의 재가 장기요양 서비스 시설의 역할을 해왔다. 2008년 7월부터 일반노인 및 저소득층 대상의 장기요양보험제도가 시행됨에 따라 요양등급 1~3등급에 해당하는 노인만 장기요양보험제도의 재가요양기관(방문요양, 방문목욕, 주야간보호, 단기보호, 복지용구 지급 기관)을 이용할 수 있게 되었다. 요양등급 외 노인(실제 요양등급 4~5등급에 해당)은 종전대로 가정봉사원 파견시설, 주간보호시설 및 단기보호시설을 이용할 수 있다. 그러나 장기요양보호제도의 서비스 대상이 4~5등급까지로 확대되면 이러한 서비스 시설은 없어지게 될 것이다.

(3) 노인복지 상담원 서비스

시 · 군 · 구 단위로 노인복지 상담원(실제로는 공무원이 겸직하는 경우가 대부분임)을 두고 노인의 여러 가지 일상생활 문제를 상담해주고 있다.

(4) 치매상담 서비스

시 · 군 · 구의 보건소에서 치매상담센터를 두고 치매예방 및 치매관리를 위한 상담 서비스를 제공하고 있다.

(5) 노인 돌봄 종합 서비스

2006년에 시작된 노인돌보미 바우처 서비스와 독거노인 생활관리사 파견 서비스를 2009년부터 통합한 서비스이다. 혼자의 힘으로 일상생활이 어려운 노인에게 가사 및 활동 지원 서비스를 제공하는 것인데 노인장기요양보험의 등급판정 기준에 의해 요양등급 점수 40~55점인 경우(경증인 경우), 소득 수준(최저생계비의 50~100% 사이)과 월 희망하는 서비스 시간(27~36시간 사이)에 따라 정부의 바우처와 본인의 부담 부분을 달리하고 있다. 월평균소득이 최저생계비의 120% 이하인 경우는 서비스 내용의 대부분을 정부가 바우처로 부담하고 이용자가 월 18,000~24,000원을 부담하도록 하고 있고, 최저생계비의 120% 이상 150% 이하의 경우는 이용자가 36,000~48,000원을 부담하도록 하고 있다.

(6) 실종노인 신고

노인복지법(제39조의 10)에 따르면 누구든지 정당한 사유 없이 사고 또는 치매 등의 사유로 보호자로부터 이탈된 노인을 경찰관서나 지방자치단체장에게 신고하지 않은 채 보호해서는 안 되도록 되어 있다. 현재 실종노인 찾기 업무를 민간 기관에 위탁하여 수행하고 있으며, 실종노인의 신고는 경찰청 182센터 및 실종노인상담지원센터(02-777-0182)로 신고하도록 하고 있다.

(7) 보건복지부 희망의 전화상담(국번 없는 129)

보건복지부에서는 희망의 전화상담을 위해 보건복지 콜센터를 설치하고 보건복지 관련 각종 서비스에 대한 상담업무를 실시하고 있다. 업무시간(평일 오전 9시~오후 6시)에는 상담원과 바로 연결되어 상담이 가능하며, 그 외 시간에는 일반상담은 0번으로 상담을 예약하고 학대, 자살, 응급의료 신고 등으로 상담을 원할 경우에는 1번으로 전문상담원과 연결할 수 있다.

(8) 이용시설 편의 증진 서비스

장애인, 노인, 임산부 등의 편의증진보장에 대한 법률에 의해 노인이 생활을 영위함에 있어서 이동과 시설이용의 편의를 도모하고 정보 접근을 쉽게 하기 위해 공공건물에 필요한 시설과 설비를 갖추어야 함에 따른 서비스이다. 실제로는 보건복지부의 노인복지 서비스로 거의 인정되지 못하고 있다.

2) 발달욕구 해결 서비스

(1) 고령자 고용증진 서비스

① 고령자 우선고용 및 직종 지정 및 고용

고령자(55세 이상) 및 준고령자(50~54세)에게 적합한 직용(우선고용직종)을 선정 발표하고, 정부 및 공공기관은 이들을 우선적으로 고용하도록 하고 있다.

② 고령자 등 고용차별 금지

사업주가 근로자를 모집, 채용 및 해고함에 있어서 원칙적으로 연령차별을 금지하고 있다.

③ 고령자 취업 지원

정부는 고령자에 대한 구인 · 구직 정보를 수집하여 제공하고, 고령자에 대한 직업능력 개발훈련을 실시하며, 사업주에 대한 고령자 고용을 지도하고 고령자 교육과 훈련 및 작업환경 개선에 대한 지원을 제공하고, 고령자 취업알선 기능을 강화하며, 고령자의 취업지도와 직업알선 등의 업무를 효율적으로 수행하기 위해 필요한 지역에 고령자 고용정보센터를 운영하고, 고령자 인재은행 및 중견전문인력 고용지원센터 지정 등을 하도록 하고 있다.

④ 고령자 고용촉진 지원

고령자를 고용하는 고용주에게 보조금을 지급하는 프로그램으로 고령자 고용연장 지원금, 임금 피크제 지원금, 고령자 고용환경 개선자금, 정년퇴직자 재고용 지원, 퇴직 예정자 구직 활동 지원 등이 있다.

⑤ 정년연장

사업주가 정년을 60세 이상이 되도록 노력하고 정년연장 계획서를 제출하도록 하고 있다.

⑥ 노인일자리사업

노인에게 적합한 일자리를 개발하여 교육 및 훈련을 시행하고(한국노인인력개발원), 노인의 사회적 경험과 지식을 활용하여 지역사회에서 일자리를 창출할 수 있도록 하고 있으며(지역사회 시니어클럽), 대한노인회에 취업지원센터를 설치하여 구직희망 노인의 취업상담 및 알선을 하도록 하고 있다. 노인일자리사업에 대한 자세한 내용은 제10장을 참고하면 된다.

⑦ 노인일자리 취업박람회

광역 및 기초자치단체가 노인인력을 구하는 단체들이 일정기간(1~2일간), 일정한 장소에서 공공으로 취업정보 제공, 취업상담 및 취업을 알선하는 행사를 마련하고 있다.

(2) 노인 여가 복지시설

① 노인복지관

노인복지관은 노인의 교양 · 취미생활 및 사회참여 활동 등에 대한 각종 정보와 서비스를 제공하고, 건강증진 및 질병예방과 소득보장 · 재가복지 그밖에 노인의 복지증진에 필요한 서비스를 제공함을 목적으로 하는 시설을 말한다. 노인복지관은 노인복지법에 의한 여가복지시설이지만 2004년까지는 지방자치단체예산으로 설립 · 운영되었는데 지방자치단체의 재정능력에 따라 복지관의 규모 및 프로그램 구성에도 차이가 나타났다. 2005년 이후는 기초 자치단체 각각에 적어도 1개 이상의 노인복지관을 설립하기로 하고 중앙정부에서 분권교부세를 배정하여 지방정부의 노인복지관 설립 · 운영을 지원하고 있다. 현재 노인복지관에서 제공되는 서비스는 크게 노인, 가족, 지역사회, 노인복지관 조직 네 가지로 구분되며 자세한 세부 프로그램은 | 표 3-7 | 과 같다. 2013년 2월 현재 노인복지관은 전국에 249개소가 있다(한국노인종합복지관협회, 2013).

표 3-7 노인복지관 사업 구분

대상	사업			세부 프로그램
노인	1	평생교육 지원		• 한글교실, 외국어교실, 교양교실, 정보화 교육, 역사교실, 예비노인은퇴준비 프로그램 등
	2	취미여가 지원		• 음악(노래교실, 민요 · 풍물교실, 댄스교실 등), 미술(서예, 수공예, 풍선아트), 원예, 다도교실, 연극, 레크리에이션, 운동, 바둑, 장기, 당구, 탁구 등
	3	고용 지원		• 노인일자리사업, 고령자취업알선, 취업자 사후관리, 공동작업장, 은퇴준비교육 등
	4	건강생활지원	기능회복 지원	• 물리치료, 양 · 한방진료, 작업치료, 운동재활, ADL 훈련 등
			건강증진 지원	• 건강교육, 건강 상담, 건강교실(건강 체조, 기체조, 요가 등), 독거노인지원사업(기존 재가사업), 이 · 미용, 노인건강운동 등
			급식 지원	• 경로식당(중식 서비스), 밑반찬 · 도시락 배달, 푸드 뱅크 등
			요양 서비스	• 치매 · 중풍환자 프로그램, 주간 · 야간 · 단기보호, 그룹홈, 장제 서비스 등
	5	정서생활 지원		• 접수상담, 노인문제상담, 복지정보 및 상담, 전문상담(경제, 법률, 성 등), 심리상담, 종교행사, 죽음준비교육, 노인 자살예방사업 등
	6	사회참여 지원		• 노인 자원봉사 활성화사업, 지역봉사 활동, 교통안전봉사, 동아리 · 활동 지원, 교통편의 서비스 등
	7	경로당혁신 프로그램		• 경로당활성화사업, 경로당임원리더십강화사업, 경로당주거환경개선사업 등
	8	주거 지원		• 주택수리사업, 주거환경 개선사업(도배 등) 등
	9	소득 지원		• 후원금 연결, 은퇴 후 경제생활 적응, 경제교육 등
	10	취약노인 지원		• 남자독거노인 신체건강 지원, 사별 노인 치유, 사회관계 증진 프로그램 등 자립 지원 사업, 취약노인 핫라인 연계 구축 사업
가족	11	가족기능 지원		• 가정봉사원 파견, 방문간호, 노인돌봄 서비스사업 등
	12	가족통합 지원		• 가족상담, 가족관계 프로그램, 가족캠프, 세대통합 프로그램 등
지역사회	13	지역 자원 개발		• 자원봉사자 발굴 · 관리, 후원자 개발, 외부 재정지원기관 사업 수탁 등
	14	지역복지연계		• 지역복지기관 연계, 지역협력사업(경로행사, 나들이 등) 등
	15	노인권익증진사업		• 정책건의, 노인인권 옹호, 노인인식개선사업, 편의시설 설치, 노인소비자피해예방교육 등
노인복지관 조직	16	운영관리		• 인사관리, 재정관리, 시설관리 등
	17	사업관리		• 프로그램개발, 실행, 점검, 평가, 보완 등
	18	연구개발		• 사업기획, 조사연구, 실습지도, 출판, 홍보, 자문(운영)위원회 등

출처 보건복지부(2013a). 2013 노인보건복지 사업안내.

② 경로당

경로당은 지역노인들이 자율적으로 친목도모 · 취미 활동 · 공동작업장 운영 및 각종 정보교환과 기타 여가 활동을 할 수 있도록 하는 장소를 제공함을 목적으로 하는 시설로서 2011년 현재 61,537개소가 있다(보건복지부, 2011c). 그러나 거의 대부분의 경로당에서 시행되고 있는 프로그램이 비체계적이고 비조직적이어서 노인들에게 별로 도움이 되지 못하기 때문에 정부에서는 노인복지관과 연계한 경로당 활성화 사업을 시행하여 우수경로당을 선정, 포상하는 방법으로 경로당 프로그램을 혁신하도록 하고 있다.

③ 노인교실

노인교실은 노인의 사회 활동 참여욕구를 충족시키기 위하여 건전한 취미생활 · 노인건강유지 · 소득보장 기타 일상생활과 관련한 학습 프로그램을 제공함을 목적으로 하는 시설이다.

(3) 사회복지관(사회복지사업법상의 시설) 서비스

일반 사회복지관은 노인을 포함한 다양한 연령계층을 위해 다양한 서비스를 제공하고 있는데 한글교실, 노인상담, 자원봉사 활동 조직화 등의 서비스를 제공하고 있는 복지관이 많이 있다.

(4) 지역봉사지도원 위촉

국가 또는 지방자치단체는 신망과 경험이 있는 노인이 지역봉사를 희망하는 경우에 이를 지역봉사지도원으로 위촉할 수 있다. 지역봉사지도원의 역할로는 국가나 지방자치단체가 행하는 업무 중 민원인에 대한 상담 및 조언, 도로 교통정리, 주 · 정차 단속 보조, 자연보호 및 환경침해 행위 단속의 보조와 청소년 지도, 충효사상 및 전통의례 등 전통문화 전수 교육, 문화재 보호 및 안내, 노인복지정책 홍보 및 안내, 시설입소 노인에 대한 생활지도, 자원봉사 활동 등이 있다.

(5) 노인 자원봉사 활성화

노인에게 적합한 새로운 자원봉사 활동을 개발하여 노인들이 적극 참여하도록 유도하는 서비스로서 전문 자원봉사 프로그램 지원, 노인 자원봉사 매뉴얼 제작 보급, 전국 노인 자원봉사 대축제 개최, 노인 자원봉사 사진 및 수기공모, 자원봉사 전문인력 양성, 노인 자원봉사 홈페이지 구축 운영, 노인 자원봉사 전문지원단 구성 및 운영 등의 사업을 보건복지부, 지방자치단체 및 민간단체들이 협력하여 수행하도록 한다.

(6) 효문화진흥 활동

'효행 장려 및 지원에 관한 법률'(2008년 8월 시행)에 의해 효문화진흥원을 설치하고 효행에 관한 교육, 효문화진흥 전문인력 양성, 효문화진흥 관련 단체를 지원하고, 효행 우수자 표창 및 부모 부양자에 대한 필요 비용도 지원할 수 있도록 하고 있다.

3) 노인권익 옹호

(1) 노인 학대 예방 · 신고 · 조사

노인복지법(제39조 5~9), 가정폭력범죄의 처벌 등에 관한 특례법(제4~8조)과 가정폭력방지 및 피해자보호 등에 관한 법률(제4~8조)에 의해 노인보호전문기관을 설치하여 노인 학대 예방에 대한 교육과 홍보를 시행하고, 학대 행위자를 신고 또는 조사하여 필요한 경우에 일시보호 조치를 취한다. 노인 학대 해결 서비스는 당면문제 해결 서비스도 되는 동시에 노인의 인권과 권익을 옹호하는 서비스도 된다.

(2) 노인보호 전문기관

노인 학대 예방, 상담 및 문제해결을 위해 중앙 및 광역자치단체(특별시, 광역시, 자치도 및 도 단위)에 노인보호전문기관을 설치하여 노인 학대의 예방, 홍보, 신고 접수, 현장조사와 응급보호 조치 및 상담을 실시하고 있다.

노인복지법 제1조의 2와 제39조의 9에 규정한 노인 학대의 정의와 노인에 대한 금지 행위를 바탕으로, 노인 학대의 유형을 구분하면 다음 |표 3-8|과 같다.

표 3-8 노인 학대의 유형

유형	정의
신체적 학대	• 물리적인 힘 또는 도구를 이용하여 노인에게 신체적 손상, 고통, 장애 등을 유발시키는 행위
정서적 학대	• 비난, 모욕, 위협 등의 언어 및 비언어적 행위를 통하여 노인에게 정서적으로 고통을 주는 행위
성적 학대	• 성적 수치심 유발 행위 및 성폭력(성희롱, 성추행, 강간) 등 노인의 의사에 반(反)하여 강제적으로 행하는 모든 성적 행위
경제적 학대 (착취)	• 노인의 의사에 반(反)하여 노인으로부터 재산 또는 권리를 빼앗아가는 행위로서 경제적 착취, 노인재산에 관한 법률권리 위반, 경제적 권리와 관련된 의사결정에서의 통제 등을 하는 행위
방임	• 보호자 또는 부양의무자로서의 책임이나 의무를 의도적·비의도적으로 거부, 불이행 혹은 포기하여 노인의 의·식·주 및 의료를 적절하게 제공하지 않는 행위(필요한 생활비, 병원비 및 치료, 의·식·주를 제공하지 않는 행위)
	• 자기방임 : 노인 스스로가 의·식·주 제공 및 의료 처치 등의 최소한의 자기보호 관련 행위를 의도적으로 포기 또는 비의도적으로 관리하지 않아 심신이 위험한 상황 또는 사망에 이르게 하는 행위
유기	• 보호자 또는 부양의무자가 노인을 버리는 행위 • 월별 입소 비용 미납 등의 사유로 노인에 대한 특별한 보호 조치 없이 퇴소시키는 행위

|출처| 보건복지부(2013a). 2013 노인보건복지 사업안내.

(3) 노인보호구역 지정

노인보호구역 지정 및 관리에 관한 규칙(행정자치부령, 2007년 5월 시행)에 의해 광역 및 기초 자치단체장은 관할 구역 내의 노인복지시설 설립 운영자의 건의에 따라 지방경찰청장이나 경찰서장은 노인보호구역을 지정할 수 있다.

(4) 노인권익 옹호 민간단체 지원

정부에서는 대한노인회, 노인유권자연맹, 노인복지단체협의회 등을 지원하여 이들이 건전한 노인 인권 및 권익옹호 활동을 할 수 있도록 하고 있다.

4) 각종 정보 제공 및 서비스 접근 촉진

(1) 노인일자리 정보 제공

한국노인인력개발원, 지역사회 시니어클럽, 대한노인회 취업지원센터, 노인일자리 박람회 개최를 통해 취업정보를 제공하고 있다.

(2) 노인복지 서비스에 대한 종합적 정보 제공

정부에서 직접 서비스 제공 및 접근 촉진을 하기보다는 지원하는 민간단체(한국노인의 전화, 노인복지관, 노인교실, 사회복지관 등)를 통해 노인복지에 대한 각종 정보를 제공하고 있으나 지역별로 체계적이고 종합적인 정보를 제공하는 기관은 없다고 할 수 있다.

Chapter 4

노인장기요양보험제도

1 노인장기요양보험제도의 개관

2 추진과정

3 주요 내용

1 노인장기요양보험제도의 개관

최근 우리나라는 급속한 고령화로 인해 치매, 중풍 등 장기요양이 필요한 노인이 급증하고 있다. 우리나라 치매유병률은 현재 약 8.8%로 65세 이상 노인인구 중에 약 47만 명이 해당된다. 뿐만 아니라 핵가족화, 여성의 사회 활동 증대, 보호기간의 장기화 등으로 개인이나 가정에 의한 노인의 장기보호가 한계에 도달한 상황이다. 만성 질환 노인의 증가로 인해 개인 및 가족이 감당해야 하는 노인 의료비는 큰 폭으로 증가하고 있는데, 우리나라 국민건강보험 중에 노인 의료비가 차지하는 비중은 2002년 기준 20.1%에서 2011년 현재 33.3%로 약 13%가 상승하여 개인 및 가족이 감당해야 하는 의료비도 경제적인 부담으로 다가오고 있다. 뿐만 아니라 노부모를 부양하는 세대의 인식도 변화되고 있어 노인의료시설이나 요양시설에 입소하는 경우가 확대되고 있는 추세이다(국민건강보험공단, 2011).

이런 현실 속에서 우리나라는 과중한 노인부양부담을 경감하고, 증가하는 노인 의료비에 대응하기 위해 노인들을 위한 노인장기요양보험문제를 사회보험 방식인 노인장기요양보험제도로 해결하고자 도입되었다.

이를 위해 2000년 노인장기요양보호정책기획단을 구성하여 노인장기요양보험의 모형을 개발하고 2007년 4월 27일 노인장기요양보험법을 제정하였다. 이후 3년간의 시범사업을 거쳐 2008년 7월부터 본격적으로 노인장기요양보험제도가 시행되고 있다.

노인장기요양보험제도는 고령이나 노인성 질병 등으로 일상생활(목욕, 집안일 등)을 혼자서 수행하기 어려운 노인들에게 신체 활동, 가사 지원 등의 서비스를 제공하여 노후생활의 안정과 그 가족의 부담을 덜어주기 위한 사회보험제도이다. 즉, 노인장기요양보험제도는 질병의 치료(cure)보다는 고령이나 노인성 질환 등으로 일상생활에 어려움을 겪는 노인에게 요양 서비스(care)를 제공하는 제도이며, 노인의 건강증진과 생활안정 도모, 부양가족의 부담경감을 통한 국민의 삶의 질 향상에 목적을 둔 제도이다(권중돈, 2012).

노인장기요양보험제도가 갖는 특징[1)]은 크게 두 가지로 살펴볼 수 있다.

첫째, 노인장기요양보험제도는 기존 국민건강보험제도와는 큰 차이를 두고 있다는 점이다. 국민건강보험은 질환의 진단, 입원 및 외래 치료, 재활 등을 목적으로 주로 병의원 및 약국에서 제공하는 서비스를 급여 대상으로 하는 반면, 노인장기요양보험제도는 고령이나 노인성 질병 등으로 인하여 혼자의 힘으로 일상생활을 영위하기 어려운 대상자에게 요양시설이나 재가 복지 · 요양기관을 통해 신체 활동이나 가사 지원 등의 서비스를 제공하는 제도이다.

둘째, 노인장기요양보험제도와 기존 노인복지 서비스 체계와의 차이이다. 기존 노인복지법 상의 노인요양은 주로 국민기초생활보장수급자 등 특정 저소득층을 대상으로 국가나 지방자치단체가 공적부조방식으로 제공하는 서비스 위주로 운영되어 왔으나 노인장기요양보험법상 서비스는 소득에 관계없이 심신기능 상태를 고려한 요양 필요도에 따라 장기요양 인정을 받은 자에게 서비스가 제공되는 보다 보편적인 체계로 운영되고 있다. 이를 위해 다음 |표 4-1|은 노인장기요양보험제도와 기존 노인복지 서비스 체계를 비교한 것이다.

1) 노인장기요양보험제도가 갖는 특징은 국민건강보험공단 노인장기요양보험 사이트(http://www.longtermcare.or.kr)를 참고하였다.

표 4-1 노인장기요양보험제도와 기존 노인복지 서비스 체계 비교

구분	노인장기요양보험제도	기존 노인복지 서비스 체계
관련법	• 노인장기요양보험법	• 노인복지법
서비스 대상	• 보편적 제도 • 장기요양이 필요한 65세 이상 노인 및 치매 등 노인성 질병을 가진 65세 미만자	• 특정 대상 한정(선택적) • 국민기초생활보장 수급자를 포함한 저소득층 위주
서비스 선택	• 수급자 및 부양가족의 선택에 의한 서비스 제공	• 지방자치단체장의 판단(공급자 위주)
재원	• 장기요양보험료+국가 및 지방자치단체 부담+이용자 본인 부담	• 정부 및 지방자치단체의 부담

| 출처 | 국민건강보험공단 노인장기요양보험 사이트(http://www.longtermcare.or.kr).

2 추진과정

노인장기요양보험제도의 추진과정은 다음 | 표 4-2 | 와 같이 살펴볼 수 있다.

표 4-2 노인장기요양보험제도 추진과정

구분	연도	내용
「노인요양보장 제도」 도입 발표	1999. 12.	• 정책연구단 발족
	2000. 1.	• 실무작업반 구성 • 명칭을 보건복지부 노인장기요양보호정책기획단으로 변경 후 본격적 활동 시작
	2001. 8. 15.	• 대통령 경축사에서 노인요양보장제도 도입 제시
	2002. 7.	• 노인보건복지종합대책 발표: 노인요양보험제도 제안
	2003. 2.	• 대통령 공약사항에 포함
시행 준비체계 구축	2003. 3. ~ 2004. 2.	• 공적 노인요양보장추진기획단 설치 및 운영
	2004. 2.	• 추진기획단 「공적 노인요양보장체계 최종보고」 발표 및 제도 기본 골격안 제시
	2004. 3. ~ 2005. 2.	• 공적 노인요양보장제도 실행위원회 구성 및 운영
	2005. 5	• 당 · 정 협의 「노인요양보장제도 기본안」 확정
입법추진	2005. 10. 19. ~ 11. 8.	• 노인수발보장법 입법예고
	2006. 2. 16.	• 노인요양보험법안으로 정부입법 국회제출
	2007. 4. 2.	• 국회통과(부대결의 내용 포함) – 국무회의 의결(4. 17.)을 거쳐 4월 27일 공포, 2008년 7월 1일부터 시행 – 1단계 시행령 시행규칙: 2007년 10월 1일 시행 – 2단계 시행령 시행규칙: 2008년 7월 1일 시행
시범사업 추진	2005. 7. ~ 2006. 3.	• 1차 시범사업 실시 – 6개 시 · 군 · 구: 65세 이상 기초생활보장 수급노인 대상 – 시범지역: 광주 남구, 강릉, 수원, 부여, 안동, 북제주
	2006. 4. ~ 2007. 4.	• 2차 시범사업 실시 – 8개 시 · 군 · 구: 65세 이상 노인 대상 – 시범지역 추가: 부산 북구, 전남 완도
	2007. 5 ~ 2008.	• 3차 시범사업 실시 – 13개 시 · 군 · 구: 65세 이상 노인 대상 – 시범지역 추가: 인천 부평구, 대구 남구, 청주, 익산, 하동
시행 단계	2008. 7. 1	• 노인장기요양보험제도 전국적 시행

3 주요 내용

1) 대상

노인장기요양보험의 적용 대상은 전국민으로 노인장기요양보험 가입자(국민건강보험 가입자와 동일함)와 의료급여 대상자가 포함된다. 장기요양보험료를 납부해야 하는 대상자는 국민건강보험료 납부 대상자이다. 하지만 장기요양보험에 가입하였다고 해서 모두가 노인장기요양급여를 받을 수 있는 것은 아니며, 장기요양 인정신청을 하여 1~3등급을 판정받은 자여야만 한다.

노인장기요양보험제도에서 실제 서비스를 받을 수 있는 대상자는 가입자격과 연령조건의 자격을 동시에 갖추어야 하는데, 소득 수준과 상관없이 노인장기요양보험 가입자와 그 피부양자, 의료급여 수급권자로서 65세 이상 노인과 64세 이하 노인성 질환이 있는 자다. 장기요양 수급 대상자는 노인성 질환으로 6개월 이상의 기간 동안 혼자서 일상생활을 영위하기 어렵다고 장기요양등급판정위원회에서 1~3등급 판정을 받은 65세 이상 노인이나 노인성 질환을 가진 65세 미만의 사람이다.

2) 인정조사 및 등급판정

노인장기요양보험 급여를 받기 위해서는 노인 본인, 가족이나 대리인 등이 국민건강보험공단 지사에 장기요양인정 신청서, 의사소견서를 제출하여 장기요양인정 신청을 해야 한다. 인정 신청을 받은 국민건강보험공단은 신청인을 직접 방문하여 장기요양인정 조사표에 따른 심신의 기능 상태, 서비스 욕구 정도, 수발상황 등을 조사한다.

조사항목으로는 기본적 일상생활 활동(ADL), 인지기능, 행동변화, 간호처치, 재활 영역 등 요양욕구 5영역(52개 항목)의 기능 상태와 환경적 상태, 서비스 욕구 등을 종합적으로 조사한다.

장기요양인정을 위한 등급판정은 시 · 군 · 구 단위로 설치된 등급판정위원회에서 인정조사 결과와 신청인이 제출한 의사소견서 등을 고려하여 등급판정 기준에 따라 등급을 판정하게 된다. 등급판정위원회는 장기요양인정 및 장기요양등급 판정을 위한 심의기구로서, 위원장을 포함한 15인으로 구성되며, 그 자격요건으로는 의료인(의사, 한의사, 간호사), 사회복지사, 시 · 군 · 구 공무원, 법학이나 장기요양에 관한 학식과 경험이 풍부한 사람으로 제한하고 있다.

등급판정위원회는 신청일로부터 30일 내 등급판정이 가능하도록 월 1회 이상 개최되며, 신청인에 대한 인정조사 결과와 특기사항, 의사소견서, 기타 심의자료 등을 종합적으로 검토, 심의하여, 심의 기준에 따라 신청인의 심신 상태 및 장기요양이 필요한 정도를 결정하도록 한다. 이때 신청인이 6개월 이상 동안 일상생활을 혼자서 수행하기 어렵다고 인정되는 경우에 장기요양을 받을 자(수급자)로 결정하고 심신 상태 및 장기요양이 필요한 정도에 따라 장기요양등급을 판정한다.

등급판정은 "건강이 매우 안 좋다", "큰 병에 걸렸다" 등과 같은 주관적인 개념이 아닌 "심신의 기능 상태에 따라 일상생활에서 도움(장기요양)이 얼마나 필요한가?"를 지표화한 장기요양인정 점수를 기준으로 한다. 장기요양인정 점수를 기준으로 다음 |표 4-3| 과 같은 3개 등급으로 판정한다.

표 4-3 장기요양이 필요한 기능 상태와 수준

등급	기능 상태 수준	점수
최중증 (1등급)	• 와상 상태로서 거의 일상생활이 불가능한 상태 – 하루 종일 침대 위에서 생활하는 자로 스스로 움직일 수 없는 와병 상태 – 일상생활 활동의 식사 · 배설 · 옷 벗고 입기의 모든 활동에서 전적으로 다른 사람의 도움 필요	• 95점 이상
중증 (2등급)	• 일상생활이 곤란한 중증의 상태 – 휠체어를 이용하지만 앉은 자세를 유지하지 못함 – 식사 · 배설 · 옷 벗고 입기 등에서 다른 사람의 완전한 도움이 필요 – 하루 중 대부분의 시간을 침대 위에서 지내는 경우가 많음	• 75~94점
중등증 (3등급)	• 상당한 장기요양보호가 필요한 상태 – 식사 · 배설 · 옷 벗고 입기 등에서 다른 사람의 부분적 도움이 필요	• 55~74점
등급외 (경증)	• 상당한 장기요양보호가 필요한 상태 – 식사 · 배설 · 옷 벗고 입기 모두가 대체로 자립이 가능하나 생활 관리능력이 저하하는 등으로 가끔 지원 필요	• A형(54~45점) • B형(44~40점) • C형(40점 미만)

3) 장기요양 서비스 이용 및 급여의 종류

장기요양인정서가 도달한 날부터 장기요양급여를 받을 수 있다. 단, 돌볼 가족이 없는 등 대통령령이 정하는 부득이한 사유가 있는 경우에는 장기요양인정 신청서를 제출한 날부터 장기요양인정서가 도달되는 날까지의 기간 중에도 장기요양급여를 받을 수 있다.

장기요양 이용 지원 대상은 1~3등급의 장기요양인정을 받은 자로서, 급여의 종류는 재가급여, 시설급여, 특별현금급여로 나눌 수 있다.

(1) 재가급여

재가급여에는 장기요양기관에서 제공하는 방문요양, 방문목욕, 방문간호, 주 · 야간보호, 단기보호 및 복지용구 등을 제공하는 기타 재가급여의 6종류로 구분되어 있다.

① 방문요양

장기요양요원이 수급자의 가정을 방문해서 목욕, 배설, 화장실 이용, 옷 갈아입기, 머리감기, 취사, 생필품 구매, 청소, 주변정돈 등을 도와주는 장기요양급여를 말한다.

② 방문목욕

장기요양요원이 목욕설비를 갖춘 차량을 이용하여 수급자의 가정을 방문하여 목욕을 제공하는 급여를 말한다.

③ 방문간호

장기요양기관 소속의 간호사 등 장기요양요원이 의사, 한의사나 치과의사의 지시서(방문간호 지시서)에 따라 수급자 가정 등을 방문하여 간호, 진료보조나 요양에 관한 상담 또는 구강위생 등을 제공하는 장기요양급여를 말한다.

④ 주 · 야간보호

수급자를 하루 중에 일정시간 동안 장기요양기관에 보호하여 신체 활동 지원 및 심신기능의 유지 · 향상을 위한 교육 · 훈련 등을 제공하는 장기요양급여를 말한다.

⑤ 단기보호

수급자를 보건복지부령이 정하는 범위 안에서 일정기간 동안 장기요양기관에 보호하여 신체 활동 지원 및 심신기능의 유지 · 향상을 위한 교육 · 훈련 등을 제공하는 장기요양급여를 말한다.

⑥ 기타 재가급여

복지용구를 제공하거나 가정을 방문하여 재활에 관한 지원 등을 제공하는 장기요양급여(휠체어, 침대, 욕창방지 매트리스 · 방석, 욕조용 리프트, 이동욕조, 보행기 등)를 말한다.

(2) 시설급여

장기요양기관이 운영하는 노인의료복지시설(노인전문병원은 제외) 등에 장기간 동안 입소하여 신체 활동 지원 및 심신기능의 유지 · 향상을 위한 교육 · 훈련 등을 제공하는 장기요양급여를 말한다.

(3) 특별현금급여

장기요양급여는 재가 · 시설급여의 현물급여를 원칙으로 하고 있다. 대신 보완적으로 현금급여를 두고 있는데 이는 현물 서비스를 이용하기 어려운 경우와 부득이 가족의 서비스가 필요한 경우에 한하여 예외적으로 인정하고 있다.

① 가족요양비

장기요양기관이 현저히 부족한 지역(도서 · 벽지)에 거주하는 자, 천재지변 등으로 장기요양기관이 실시하는 장기요양급여 이용이 어렵다고 인정된 자, 신체 · 정신 · 성격 등의 사유로 가족 등이 장기요양을 받아야 하는 사람에게 지급한다.

4) 재원조달

노인장기요양보험제도의 급여와 운영에 소요되는 재원은 장기요양보험료와 국가부담금, 이용자의 본인 부담금으로 비용이 충당된다. 노인장기요양보험료는 보건복지부장관 소속의 장기요양위원회에서 결정하게 되는데, 위원회의 구성은 위원장 1인, 부위원장 1인을 포함한 16인 이상 22인 이하의 위원으로 구성된다.

노인장기요양보험 가입자는 국민건강보험 가입자와 동일하며, 보험료는 건강보험료액에 노인장기요양보험료율을 곱하여 산정한다. 장기요양보험료율은 제도 시행 초기에는 4.05%로 평균 보험료가 약 2,700원 수준이었으나 2013년 노인장기요양보험료율은 6.55%로 인상되었다.

국가는 매년 예산의 범위 안에서 당해 연도 장기요양보험료 예상 수입액의 20%에 상당하는 금액을 지원하며, 의료급여수급권자의 장기요양급여 비용, 의사소견서 발급 비용, 방문간호 지시서 발급 비용 중에 공단이 부담하여야 할 비용 및 관리운영비 전액을 부담하여야 한다.

이용자의 본인 부담금은 재가급여를 이용할 경우에는 장기요양급여 비용의 15%를, 시설급여를 이용할 경우에는 장기요양급여 비용의 20%를 부담하여야 한다. 다만 의료급여 수급권자, 소득 · 재산 등이 장관이 고시하는 일정 금액 이하인 자, 천재지변 등으로 보건복지부령으로 정하는 사유에 인하여 생계가 곤란한 자는 대통령령으로 정하는 바에 따라 본인 일부 부담금의 50%를 경감할 수 있으며, 국민기초생활보장법에 의한 수급자는 이용자 부담이 면제된다. 다만, 시설급여 이용자는 식사 재료비, 상급 침실이용 추가 비용, 이 · 미용비 등은 장기요양급여가 적용되지 않는 비급여 항목으로 본인이 전액 부담하여야 한다.

5) 관리운영기구

노인장기요양보험제도는 중앙 및 지방정부, 국민건강보험공단, 장기요양기관이 각각 역할을 분담하여 운영되고 있다.

국민건강보험공단은 노인장기요양사업을 위한 보험 가입자, 피부양자 및 의료급여 수급자의 자격관리, 장기요양보험료의 부과 및 징수, 요양인정신청인에 대한 조사, 요양등급 판정, 장기요양인정서 작성 및 표준장기요양이용 계획서 제공, 요양급여의 관리 및 평가 등의 업무를 관장한다.

장기요양기관은 재가급여나 시설급여를 제공할 수 있는 기관으로서 장기요양기관을 설치 · 운영하고자 하는 자는 소재지를 관할 구역으로 하는 시장 · 군수 · 구청장으로부터 지정을 받아야 한다. 장기요양기관에서 노인에게 요양 서비스를 제공하는 인력을 장기요양요원이라 하는데, 장기요양요원은 요양보호사, 간호사, 간호조무사 및 치과위생사 등을 말하며, 자격이 없는 장기요양요원은 서비스를 제공할 수 없다. 다음 |표 4-4|는 장기요양급여 종류별 장기요양요원의 범위를 나타낸 것이다.

표 4-4 장기요양급여 종류별 장기요양요원의 범위

구분	급여종류	장기요양요원의 범위
재가급여	방문요양	• 요양보호사 – 1급: 신체수발, 일상가사 지원 – 2급: 일상가사 지원
	방문목욕	• 요양보호사 1급
	방문간호	• 간호사: 2년 이상 경력자 • 간호조무사: 3년 이상 경력과 소정의 교육 이수자 • 치과위생사: 치과방문간호
	주 · 야간보호	• 요양보호사 1, 2급, 간호사, 간호조무사
	단기보호	• 요양보호사 1, 2급, 간호사, 간호조무사
시설급여		• 요양보호사 1, 2급, 간호사, 간호조무사

Part 2

'삶' 다운 노후생활을 향한 사회복지실천 방법과 기술

Chapter 5

사례관리

1 사례관리의 개념

2 사례관리의 과정

3 노인복지실천과 사례관리

사례관리(Case management)가 사회복지실천 영역에 도입된 배경은 지역사회 내에서 장기간에 걸쳐 보호를 받아야 하는 인구가 점차 증가함에 따라 다양한 욕구를 가진 장기보호 대상의 서비스이용자들에게 지역사회 내의 다양한 서비스를 그들의 욕구에 적합하도록 제공해 주기 위해서였다. 장기간의 보호를 필요로 하는 인구는 다중의 문제를 가진 가족이나 퇴원환자 혹은 정신장애인 등을 포함하여 주로 노인과 장애인인데, 인구 고령화와 더불어 해당 대상자 중에서 특히 노인이 폭발적으로 급증하고 있는 추세이다.

따라서 사례관리는 지역사회 중심의 보호 연결망 속에서 노인들에게 매우 중요한 서비스 전달체계로 자리매김 되었다. 실제로 사례관리는 포괄적이면서도 개별화된 욕구에 대하여 여러 전문가들이 파편적인 대응을 함으로써 서비스의 일관성이 약해지는 상황을 개선하는 데에 매우 유용하였다(교남소망의집, 2004).

그럴 수밖에 없는 것이 사례관리란 서비스이용자를 위한 모든 원조 활동을 조정하는 절차이기 때문이다. 이러한 절차는 기관에서 일하는 많은 사회복지사가 전문적인 팀을 만들어 다양하게 제공하는 서비스를 조정할 수 있게 해주고 서비스의 범위도 넓혀준다. 특히 상이한 전문가, 기관, 대인 서비스 프로그램이 필요한 서비스이용자에게 유용하다. 따라서 사례관리는 서비스 분절화(파편화), 서비스 제공자(전문가) 교체, 제공되는 서비스를 부적절하게 조정하면서 겪을 수 있는 문제를 최소화하는 중요한 방법으로 대두되어 오늘날 점차 보편화되고 있다(이준우 · 임원선, 2011).

더욱이 2008년부터 경기도에서 본격적으로 추진한 무한돌봄사업은 그야말로 사례관리를 공공과 민간이 연계한 실질적인 위기개입 실천 모델로 자리매김하는 데에 결정적인 기여를 하였고, 마침내 '희망복지지원단'이라는 모습으로 사례관리가 전국적인 사회복지서비스 전달체계의 하나로 설정되도록 기여하였다. 이제 바야흐로 사례관리는 노인복지실천에서는 말할 것도 없고, 모든 사회복지 영역에서 가장 보편적인 서비스 전달체계이자 동시에 실천방법으로 활용되고 있다.

물론 사례관리는 우리나라에서부터 먼저 활용된 것은 아니다. 사례관리는 이미

1970년대에 미국에서 개발되기 시작하여 영국과 일본 등으로 확산되었고, 일본에서는 1980년대 중반부터 그 필요성이 대두되어 개호보험의 도입으로 인해 보다 활성화되었다. 우리나라의 경우에는 2008년부터 노인장기요양보험제도가 실시됨으로써 노인수발과 요양관리가 체계적으로 이루어져야 할 상황 속에서 미국과 영국, 일본으로부터 사례관리 시스템을 도입하여 한국적 모형으로 적극 개발해 적용함으로써 이제는 사례관리가 노인복지관과 노인요양시설을 포함한 노인복지시설과 재가노인복지 서비스 분야 모두에서 보편화되었다. 그리고 이는 앞서 언급한 경기도의 무한돌봄사업 등과 같이 사회복지 전 영역에 파급되는 토대로서의 역할을 하였다고 본다.

여하튼 2008년부터 노인장기요양보험제도가 실시된 이후에 기존의 노인복지 서비스는 두 개의 큰 흐름으로 재편성되고 있는 것으로 보인다. 첫째, 요양보호가 필요한 노인을 대상으로 하는 노인의료복지시설과 같은 입소시설과 재가노인복지시설 등을 통해 노인부양과 수발에 집중되고 있다. 둘째, 건강한 노인들을 대상으로 하는 노인복지관이나 대한노인회, 민간 노인대학(교실) 등을 통해 건강보장과 여가문화 및 평생교육, 상담, 노인일자리사업 등과 같은 건강 · 교육 · 복지적 기능을 수행하는 프로그램이 활성화되고 있다.

과거 '가족부양이 어려운 건강한 노인이 주된 서비스 대상인 양로원'을 주축으로 하는 노인주거복지시설과 '무료 · 실비 · 전문 · 유료' 등 다양한 형태의 요양 서비스를 필요로 하는 노인들을 대상으로 하는 요양원이 대다수를 차지하는 노인의료복지시설 등이 있었다. 그런데 노인장기요양보험제도 실시 후에 '무료 · 실비 · 전문 · 유료' 등의 개념이 사라지고, 건강기능 정도에 따라서 서비스이용자가 결정되도록 하였으며, 그 결과로 주로 요양보호에 치중된 서비스가 대세를 이루게 되었다.

이로 인해서 노인 요양원을 중심으로 하는 노인입소시설에서 생활하는 노인의 경우에 건강기능의 향상은 효과적으로 이루어지고 있으나 신체적 돌봄 이상의 심리사회적 · 교육적 문제에 대한 서비스이용자의 욕구는 실제적으로 다루어지지 못하고 있는 것으로 보인다. 이런 현상이 나타나는 근본적인 이유로는 우선 예산의 문제가 있다. 구체적으로 말하면 노인장기요양보험에서 수가로 인정해 주는 것이 주로 신체적 수발에 국한되고 있기 때문이다.

즉, 돌봄 서비스와 병행될 필요가 있는 심리사회적 · 교육적 서비스 등을 수행하기 위한 구체적인 프로그램 개발 및 운영에 관한 예산이 장기요양급여 수가에 포함되지 않고 있기 때문인 것이다. 다음으로는 전문성을 갖춘 사회복지사의 '기획 · 관리 · 감독(수퍼비전)' 없이 단순히 요양보호사 중심의 일방적인 서비스 제공자 위주의 보호 서비스에 한정되어 있으므로 체계적이면서 다양한 노인복지실천 프로그램의 계획과 개발, 실행이 제대로 안 되는 것이다.

가령 요양기관들의 난립과 무분별한 요양보호사 자격 남발로 인해 '의료도 보건복지' 도 아닌 부실한 요양 서비스가 확산됨으로써 요양 서비스의 전반적인 질의 저하 현상이 가속화되고 있는 것 등을 들 수 있다. 그러면서 동시에 치열한 경쟁 속에서 노인복지시설들의 수익성 창출 중심 경영은 요양보호사의 인권보호(예 서비스이용노인에 의한 성추행과 성폭행 등)나 처우(예 열악한 저임금 등) 등과 같은 문제들을 방치하는 심각한 현상을 낳게 함으로써 결과적으로 요양보호사의 전문성을 저해하거나 유능한 요양보호사를 지속적으로 현장에 공급하지 못하게 하는 요인이 되기도 한다.

이러한 맥락에서 우리나라 노인복지실천의 현황에서 나타나는 가장 중요한 문제를 세 가지 정도로 요약하면 다음과 같다. 첫째, 서비스를 제공하는 전문가의 자질과 능력의 부족, 둘째, 노인복지실천 프로그램의 개발과 개입실천을 수행해야 하는 노인복지시설이 갖고 있는 실질적인 자원의 한계, 셋째, 여러 관련 기관과의 연계망 구축의 미흡 등으로 정리할 수 있다. 나아가 이 세 가지를 또 다시 요약 종합하면, 결국 인적 · 물적 자원의 부족이 핵심적인 문제라고 할 수 있다.

이와 같은 현실 속에서 한정된 자원을 최대한 활용하면서 중복 · 누락을 최소화하며 서비스를 효과적으로 연계하고 조정해 나가는 체계적인 서비스 모델인 사례관리가 노인복지시설의 프로그램 분야에서 가장 기본적인 서비스개입의 토대이자 '틀'이 되어야 할 필요가 있다. 이는 사례관리에서 가장 강조되는 것이 서비스의 지속성과 자원의 연결(정순둘, 2008)이므로 지역사회에서 제공되는 재가노인복지 서비스의 중심적인 역할을 하고 있는 노인복지관과 요양 서비스를 수행하는 노인요양원 및 재가노인복지시설 등이 서비스의 지속성과 효과적 자원연결을 위해 사례관리 실천을 강조할 수밖에 없는 것이다.

그런데 문제는 현재 노인복지실천 프로그램을 수행하고 있는 많은 사회복지사들이 사례관리에 대한 체계적인 교육과 훈련을 받지 못한 채, 현장에서 '당연히 해야 하기 때문에' 사례관리 실천을 하고 있으므로 업무 수행 시 상당한 혼란을 경험하고, 동시에 과도한 스트레스를 받고 있다는 것이다(류명원, 2006).

실제로 대다수 현장 사회복지사들은 전통적인 사회복지실천과의 차별성을 명확히 인지하지 못한 가운데에 좋은 사례관리 실천이 어떤 것인지에 관한 인식의 공유가 부재한 상황에서 실제로 무엇을 해야 하는지도 모르면서 사례관리 실천을 하고 있는 것으로 보인다. 이는 사례관리를 어떻게 해야 하는지에 명확한 지침이 부재함으로써 현재 우리나라 노인복지관과 요양 서비스를 제공하는 노인복지시설에서 이루어지고 있는 사례관리는 거의 사회복지사의 개인적 노력과 전문적 역량에 의해 좌우된다고 해도 지나치지 않을 것이다. 그 결과로 사례관리 실천은 사회복지사의 개인적 이해 수준이나 역량에 따라 다양하게 해석되고, 노인복지시설별로 전문성에 커다란 격차를 보일 뿐만 아니라 사회복지사들 간에도 상당한 혼돈이 존재한다(우국희 · 김영숙 · 임효연, 2007; 이준우 · 손덕순, 2010).

한편, 현실적으로 서비스이용자들은 다양한 욕구를 갖고 있고, 지역사회에는 다양한 서비스들이 있는데, 서비스이용자들은 지역사회의 다양한 서비스들을 자신의 욕구나 현실에 맞도록 조직화하기가 쉽지 않아서 사례관리자의 도움을 필요로 한다는 것이다. 그래서 사례관리자는 서비스이용자가 가진 문제를 정확히 사정하여, 그의 욕구뿐만 아니라 가지고 있는 잠재된 자원들을 확인하여 그에게 적절한 서비스 패키지를 만들어 줌으로써 개별적인 욕구에 적절히 대응해 가야 하는 것이다.

따라서 사례관리는 서비스를 필요로 하는 노인과 사회 자원을 연결해 줌으로써 지역사회에서의 생활이 가능하도록 원조해 주는 것이다. 즉, 사례관리를 통해 노인들이 갖고 있는 비공식적인 자원들을 공식적인 서비스체계와 연결함으로써 노인들로 하여금 전체적인 서비스 연결망에서 소외되지 않고, 보호를 받게 할 수 있어야 한다. 특히 노인들은 점차 노화에 따른 의존적인 욕구의 증가로 인해 더 많은 서비스를 필요로 할 것이므로 지속적인 사례관리를 받음으로써 변화하는 욕구에 맞는 서비스를 제공받을 수 있게 된다.

1 사례관리의 개념

사례관리는 사례와 관리의 합성어로서 '사례별 접근', '사례 중심의 접근', '사례 중심의 포괄적인 접근', '개별 서비스이용자의 포괄적인 욕구에 대하여 일관성 있게 대응할 수 있는 서비스 제공방법' 등으로 정의될 수 있다. 따라서 사례관리라는 용어는 행정적 관리라는 차원에서 이해되어서는 안 되며, 개인의 개별적인 욕구를 가장 잘 충족시키기 위한 체계화된 장치라고 보아야 할 것이다. 이러한 체계화된 장치의 골격은 초기면접(접수), 사정, 계획(계획 수립), 실행과 조정, 점검, 평가, 종결의 단계를 거쳐서 수행된다(교남소망의집, 2004).

하지만 이와 같은 사례관리의 개념은 학자들마다 다양하게 정의되어 왔으며, 최근에 와서야 어느 정도 정리된 개념 정의가 사회복지실천에서 공유되고 있다고 볼 수 있다. 몇몇 주요 학자들의 견해들을 요약해 보면, 바커(Barker, 1987)는 '사례관리는 복잡한 여러 문제와 장애를 가지고 있는 정신질환자가 적합한 형태로 적절한 시기에 그들이 필요로 하는 모든 서비스를 받을 수 있도록 보장하는 것으로, 서비스를 공급하는 접근법의 하나이다.' 라고 정의하였다.

안토니 와 영(Anthony & Young, 1988)은 '사례관리는 체계의 목표에 의해서가 아니라 서비스이용자의 목표에 따라 움직여야 하며, 사례관리 기법은 서비스이용자가 필요로 하고 원하는 서비스를 받도록 지원해 주는 과정으로 보아야 한다.' 라고 주장하였다.

목슬리(Moxley, 1989)는 '사례관리란 복합적인 욕구를 가진 사람들의 기능화와 복지를 위한 공식적 · 비공식적 자원과 활동의 망(network)을 조직, 조정, 유지하는 것' 이라고 정의하였다.

웨일 등(Weil et al., 1995)은 좀 더 구체적으로 '사례관리란 서비스이용자에게 지원 가능하고 효과적이며, 비용-효과의 측면에서 필요한 서비스를 받을 수 있도록 보장해 주는 서비스망(service network) 안에서의 일련의 논리적 단계이며, 상호작용의 과정으로서 서비스 계획과 전달에 책임을 지고, 적절한 서비스 계획을 발전시키고, 서비스에 접근할 수 있도록 하고, 서비스 전달을 점검하고, 환자의 욕구에 대해 옹호하고, 제공된 서비스의 성과를 평가하기 위해서 지속적인 관계를 유지하며, 서비스이용자 및 그 가족과 일하는 사람들에 대해 체계를 조정하는 방법' 이라고 정의하였다.

이상의 내용을 종합하면 사례관리란 '서비스이용자에게 그들이 원하는 서비스를 통합하고 효과적이며 효율적으로 제공받을 수 있도록 보장하는 과정 내지 절차 또는 방법' 이라고 정의할 수 있다. 다시 말해 사례관리는 서비스이용자의 필요(need)를 일시적 혹은 단편적으로 충족시켜 왔던 전통적인 사회복지실천의 한계를 벗어나, 사례관리자가 서비스이용자와 파트너십을 형성하고 서비스이용자의 참여를 독려함으로써 모든 실천과정에서 서비스이용자의 잠재력과 자율성이 충분히 기능하도록 돕는 과정인 것이다. 따라서 사례관리자는 서비스이용자가 수동적인 서비스 대상자로서의 역할에 머무르지 않고, 자신의 문제를 해결해 나갈 수 있는 문제해결자로서 사례관리 과정에 참여하고 이를 통해 자신에게 필요한 서비스와 자원을 직접 이용하고 접근할 수 있는 능력을 함양하도록 도와야 한다(권진숙 · 박지영, 2009).

또한 사례관리 실천과정에 참여하는 대상은 서비스이용자만이 아니다. 서비스이용자의 가족이나 친구 등 서비스이용자에게 의미 있는 사람과 집단, 조직, 더 나아가 그들에게 서비스를 제공하고 있는 다양한 분야의 전문가들도 사례관리자에게 중요한 파트너라고 할 수 있다. 그러므로 사례관리자는 서비스이용자에게 도움을 제공하는 과정에서 서비스이용자뿐 아니라 그들을 둘러싼 환경체계를 재구성하고 '임파워먼트(empowerment)' 함으로써 환경이 환경으로서의 지지적인 기능을 최대한 발휘할 수 있도록 돕는다.

이렇게 서비스이용자의 사회망과 환경체계의 역량을 강화함으로써 사례관리자는 사례관리의 효과성을 지속하고, 서비스이용자의 변화에 대응하며 환경체계의 유지와 안정성을 확보할 수 있다. 그리고 사례관리자는 서비스이용자뿐만 아니라 자신에게 주어진 시간, 에너지, 다양한 형태의 자원들을 효율적으로 활용해야 하고, 그 결과가 서비스이용자에게 효과적으로 유지될 수 있도록 관리해야 한다. 이런 맥락에서 사례관리자는 자원과 관련해서는 경영자나 CEO의 태도와 관리 능력을 실천화하는 전문가라고 볼 수 있다(권진숙 · 박지영, 2009).

결국 여기에서 사례관리의 가장 중요한 개념은 한 사람의 서비스이용자를 위하여 여러 전문가들이 동시에 '다영역 팀' 으로 참여하여 다함께 대안전략을 이끌고, 이로 인해 개별 서비스이용자가 자신이 갖고 있는 실제적 능력을 일(직장), 학교, 생활 및 여가 활동에 그대로 반영시키는 것을 의미한다. 이러한 개념은 서비스이용자를 중심으로 진행되는 것이기 때문에, 사회복지기관 입장에서는 서비스이용자 개개인별로 계획되어지는 서비스를 취합 · 조정 · 진행해가는 데 엄청난 부담감을 느끼게 되며, 결국은 사례관리의 기능을 포기하게 되는 경향이 있다.

이에 따라 사례관리의 개념을 실현시키기 위해 사회복지기관은 나름대로의 강구책을 마련하여야 하는데(교남소망의집, 2004), 첫째, 사회복지기관의 정체성을 명확히 설정하는 것이다. 기관의 기능과 역할에 대하여 단지 먹고, 입고 자거나 기본적인 자원 제공과 같은 일차적 서비스를 제공하는 것인지, 아니면 서비스이용자의 긍정적 변화와 치료, 재활과 자립, 사회적 '지지망'과 '연계망' 등을 지원하는 원조적 서비스를 제공하는 것인지에 대한 방향이 제시되어야 한다.

둘째, 기관 내 조직 구성 및 업무 분장의 설정이다. 개별 서비스이용자에 대한 사례관리를 진행하기 위해서는 사례관리자가 구성되고 업무가 설정되어야 한다. 사례관리자는 기본적으로 서비스이용자를 면접하고 욕구를 확인하고, 다양한 진단을 통한 사정을 하며, 적절한 서비스를 찾아내어 서비스의 활용을 기획하고, 서비스이용자와 자원을 연결하며, 목표 달성이나 바람직한 결과를 위해 과정을 점검하는 책임을 진다.

사회복지기관에서의 사례관리자는 일반적으로 재가복지 영역에 소속된 1~3명의 사회복지사들로 구성되는데, 이들 사회복지사는 간접 서비스(조정자, 대변자, 안내 및 협조자)의 기능과 직접 서비스(상담자, 이행자, 교육자) 기능을 모두 담당하게 된다. 사회복지기관 내 사례관리 담당 부서 내에서는 초기 접수과정에서부터 종결까지의 일련의 과정을 진행할 수 있는 총괄적인 사례관리자를 설정하고, 나머지 인력은 서비스 진행과정의 수행 인력으로 활용하는 것이 바람직할 것이다. 이렇게 체계적으로 업무를 진행해 가지 않으면 직원들의 정체성 혼란과 함께 업무 과중으로 인한 적절한 서비스의 계획 및 진행, 평가를 가로막는 요인으로 작용하여 사회복지기관의 비효과성을 초래할 수 있다.

셋째, 전산화를 통한 기록 업무의 부담을 경감시키는 것이다. 서비스이용자 개개인에 대한 사례관리를 진행하기 위해서는 엄청난 양의 기록이 생산되고 보관되어야 한다. 또한 사회복지기관에서 장기 서비스를 받고 있는 서비스이용자의 경우에는 매년 '사정-계획 수립-서비스 진행-재평가' 등이 반복적으로 작성되기 때문에 몇 년만 지나면 서비스이용자 개인별 파일이 포화 상태에 이르게 된다. 즉, 이러한 기록 업무의 부담을 경감시키고, 사회복지사들이 사례관리 체계에 따라 서비스를 진행하기 위해서는 초기과정에서부터 계획 수립, 진행, 평가까지의 일련의 과정이 전산화되어야 할 것이다.

2 사례관리의 과정

사례관리 실천 개입과정은 기관, 사례관리자에 따라 다르다(Gottesman, 1979; Levine & Fleming, 1985; Monk, 1985; Moxley, 1989; Ballew & Mink, 1999, 권진숙 · 전석균 역, 2001; 권진숙 · 박지영, 2009; 이준우 · 임원선, 2011). 여기에서는 사례관리의 과정을 '사례발견과 접수(초기면접) → 사정 → 계획 → 개입과 조정 → 점검과 옹호 → 평가와 종결' 의 단계를 거쳐서 수행되는 것으로 정리하고자 한다.

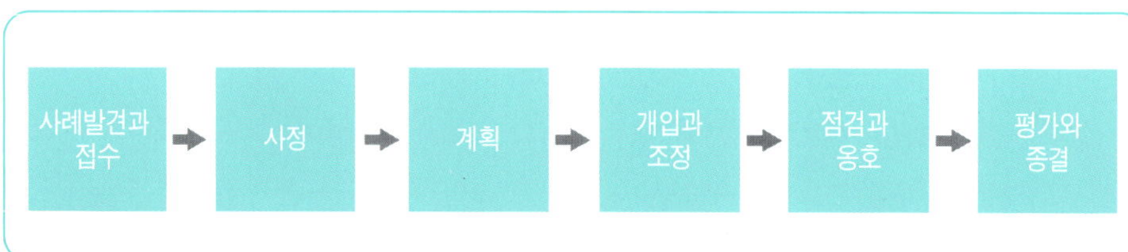

그림 5-1 노인을 위한 사례관리 과정

1) 사례발견과 접수(초기면접)

사례발견과 접수 단계는 서비스이용자가 의뢰되거나 정보를 통해 자발적으로 도움을 요청하는 노인들을 기관이나 현장에서 최초로 접촉하고, 서비스 제공을 위한 계약을 체결하는 단계이다.

이 단계의 중요한 과업은 서비스이용자를 확인하고 신뢰감을 형성하며 앞으로 제공될 사례관리 서비스에 대하여 사례관리자와 서비스이용자 간의 합의를 도출해낸다. 즉 이 단계는 첫째, 사례관리에 적절한 사례를 발견하고, 둘째, 사전 적격 심사를 통하여 서비스이용자를 확인한 후, 셋째, 서비스를 제공할 것을 약속하고 계약하는 과정이다.

특히 이 단계는 사회복지사가 서비스이용자인 노인의 내방을 기다리는 전통적 방식보다는 아웃리치(out-reach)를 통해서 서비스이용자를 발견하게 된다. 그래서 잠재적 서비스이용자 발견을 위한 네트워크 구축과 아울러 출장 지원 방법이 활용될 수 있다. 출장 지원은 원조를 요청하지 않는 서비스이용자에 대해 서비스의 제공과 급여를 권유하고 활용할 수 있도록 하는 원조 방법이지만 서비스이용자의 자기결정권 존중을 위해서 반드시 본인의 동의를 얻어야 한다.

2) 사정

사례발견과 접수를 통해 서비스이용자의 서비스 적격성이 확인되면 사정이 이루어진다. 사정은 일상생활 기능상의 어려움이나 장애 등을 가지고 있거나 장기간 보호를 필요로 하는 서비스이용자 상황의 다양한 측면들을 인식하여 전인적 인간으로서 서비스이용자를 이해하는 과정이다. 즉, 사정은 서비스이용자에게 유용한 지원을 결정하는 데 필요한 자료를 수집하기 위해 서비스이용자의 건강 상태, 심리사회적 기능과 신체기능적인 상태와 욕구를 포괄적으로 평가하는 것이다(Gottesman, 1979; 이준우 · 임원선, 2011).

사례관리자는 우선 서비스이용자의 현재 기능 수준과 욕구(need)에 대한 정보를 수집해야 하며, 그 범위는 서비스이용자의 심리사회적 기능 수준뿐만 아니라, 서비스이용자를 지지할 수 있는 '사회적 지지망(social support network)'과 지역사회 내의 이용 가능한 자원들의 능력까지 포함하는 다차원적이고 광범위한 정보이어야 한다(양옥경 외, 2010).

사정의 목적은 서비스이용자와 그의 사회적 · 물리적 환경의 욕구와 강점을 정확히 파악하는 데 있다. 욕구는 문제점, 요구사항, 해결책, 부족한 부분 등의 여러 가지 측면으로 정의된다. 서비스이용자들은 사례관리에서 어떠한 서비스가 제공될 수 있는지를 모르기 때문에 자신의 욕구를 정확하게 표현하지 못하고, 때로 비현실적인 기대를 하거나 너무 좁은 범위의 욕구만 표현하므로 잘 탐구해야 한다. 사례관리자가 일상생활에서 겪고 있는 서비스이용자의 어려움을 표현하도록 격려하면 쉽게 욕구를 확인할 수 있다. 이때 사례관리자는 가급적이면 개방형 질문을 하고, 서비스이용자의 말을 잘 경청하면서 이해하는 태도를 가져야 하는데, 정신역동적인 해석은 피해야 한다. 만약 서비스이용자인 노인이 스스로 자신의 자원을 동원하여 문제를 해결할 수 있다고 생각하면 그것은 더 이상 욕구가 아니다(김기태 외, 2007).

사정은 서비스이용자와 사례관리자가 익숙하고 편안해하는 환경에서 진행되어야 하는데, 대부분 서비스이용자의 집이 그의 실생활에 대하여 가장 잘 확인할 수 있는 최적의 장소이다. 그러나 어떤 서비스이용자들은 자신의 사생활이 드러나는 것을 싫어하며 다른 장소에서 만나기를 요구한다. 때로 가정방문을 한 사례관리자가 서비스이용자로부터 폭행이나 강간을 당하는 경우도 있으므로 항상 이러한 위험성을 주의해야 하며, 만약 사례관리자가 위협을 느낀다면 사정은 제대로 실시될 수 없으므로 다른 장소를 선택해야 한다. 사정을 하는 동안 주변 환경(소음, 들락거리는 사람 등)으로 인하여 주의 집중력이 떨어지면 제대로 사정을 할 수 없게 된다.

무엇보다도 사정 시에 서비스이용자와 친밀한 다른 사람들을 개입시키는 것이 때로는 도움이 될 수 있다. 어떤 서비스이용자는 가족과 친구들에 둘러싸여 면담하는 것을 선호하는 반면에, 어떤 서비스이용자는 참견 없이 혼자서 자기 이야기를 하는 것을 선호하기도 한다. 이러한 서비스이용자들의 욕구는 존중되어야 하지만, 서비스이용자가 다른 사람들이 사정에 기여하는 것을 적극적으로 방해할 때는 서비스이용자에게 그 이유를 질문해야 한다. 서비스이용자와 그들의 환경은 항상 상호작용하며 역동적인 변화를 하므로 사정은 계속되어야 하고, 수집된 정보는 일정 기간마다 재평가를 받아야 하며, 서비스이용자 외의 다른 사람으로부터도 정보를 수집해야 한다. 사정을 통해 얻어야 하는 자료의 양에는 제한이 없으며 일반적으로 정보가 많을수록 좋다. 다음 |표 5-1|은 사정에서 기본적으로 파악하는 내용들을 정리해 놓은 것이다.

표 5-1 사정 내용

사정 내용	서비스이용자 욕구	서비스이용자 능력	공식적 지역사회 자원체계	비공식적 사회적 관계망과 지지
사정의 단위	① 소득 ② 주택 ③ 고용 · 직업 ④ 건강 ⑤ 정신건강 ⑥ 사회 활동 ⑦ 여가 활동 ⑧ 일상 활동 ⑨ 이동수단 ⑩ 법률 ⑪ 교육	① 신체적 기능 ② 인지적 기능 ③ 정서적 기능 ④ 행동적 기능	① 자원목록 ② 유용성 ③ 적당성 ④ 적절성 ⑤ 수용성 ⑥ 접근성	① 사회적 관계망의 구조 ② 사회적 관계망의 상호작용 ③ 정서적 수단 ④ 수단적 지원 ⑤ 물질적 지원

이와 같이 서비스이용자의 욕구 사정과 함께 서비스이용자의 능력이나 기능에 대한 사정이 이루어져야 하며, 능력 사정에 관한 자료는 욕구사정과 개입 계획 수립에 중요한 근거가 된다. 즉 욕구사정을 통해 개입 영역이 결정된다면, 능력 사정은 구체적인 개입 수준이나 개입의 내용을 결정하는 주요한 근거가 된다. 다음은 노인 분야에서 활용될 수 있는 일상 활동 기능 사정의 예를 | 표 5-2 | 에서 제시하였다.

표 5-2 일상 활동 기능 사정 목록

영역	항목	0 독립적으로 가능	1 조언만으로 충분함	2 약간의 도움이 필요함	3 많은 도움이 필요함	4 전적으로 의존
자기관리	목욕					
	머리손질					
	면도					
	양치질					
	세탁					
	의복관리					
음식준비	장보기					
	음식물 만들기					
	설거지					
주거관리	집안청소					
	건물보수					
	잠자리 정돈					

무엇보다도 사례관리의 실천에 있어서 우선 중요한 것은 서비스이용자의 상황에 대해 정확한 사정이 이루어져야 한다는 것이다. 사례관리에 있어서의 사정이란 적절한 서비스 제공을 위한 욕구나 문제점과 이를 해결하기 위한 자원 등을 종합적으로 파악하는 것이다. 과거의 진단(diagnosis) 개념은 서비스이용자 문제를 병리적인 것으로 보고, 부정적인 측면을 중심으로 이루어져 왔으나 사정(assessment)은 서비스이용자와 가족의 능력과 장점 등을 포함시켜 긍정적인 측면 역시 함께 파악하는 개념이다.

정확한 사정이 이루어지게 되면 서비스이용자 자신이 지니고 있는 잔존능력은 물론 그가 갖고 있는 모든 잠재된 자원들을 확인할 수가 있게 된다. 이것은 결과적으로 노인에게 필요한 서비스의 전반적인 패키지를 구성하는 데 매우 중요한 부분이 되어서 노인은 장기적으로 원활한 서비스를 받을 수 있게 된다. 즉, 노인 자신이 갖고 있는 비공식적인 자원과 사례관리자가 연결해 주는 공식적인 서비스들을 적절하게 연결함으로써 노인의 개별적인 욕구에 원활하게 부응해 갈 수 있게 되는 것이다. 따라서 노인 서비스이용자가 사례관리의 대상이 되었을 때에 어떻게 그가 가진 욕구와 잠재력을 파악하는가가 사례관리에서 매우 중요한 부분이 될 것이다.

다음으로 중요한 일은 사례관리자가 노인의 경제적 상황이나 욕구, 서비스 제공자의 특성이나 요구를 감안하여 케어(care: 돌봄)를 위한 계획을 적절하게 구성하는 것이다. 케어 계획에는 다양한 서비스 공급체계가 관련되어 있기 때문에 사례관리자는 노인에게 제공되는 여러 가지 서비스들이 원활하게 공급되고 있는가를 규칙적으로 감독하거나 점검해 보아야 하며, 주기적인 전화상담이나 방문을 통해 노인의 만족 정도도 확인해 보아야 한다. 결국 사례관리자는 노인을 중심으로 하여 노인에게 제공되는 모든 서비스를 지속적으로 점검하는 역할자로서 기능하게 되는 것이다.

이렇게 노인을 대상으로 하는 사례관리 실천에서 '사정'은 전반적인 욕구 사정을 기본으로 하면서 동시에 케어 계획을 수립할 때에 유용한 정보를 파악하는 데에 초점을 모아야 한다. 이와 같은 노인 대상 사례관리 실천에서 사정을 효과적으로 수행하기 위해서는 사례관리를 수행하는 사회복지사가 다음과 같은 사례관리에 대한 정당성과 기본적인 가치를 가질 필요가 있다.

첫째, 사례관리는 노인들이 갖고 있는 장기적인 보호 욕구에 대응한다는 것이 전제될 수 있다. 즉, 노인들이 갖고 있는 욕구들은 대부분 일회성 서비스로는 해결될 수 없는 것들이다. 노인성 질환에 따른 약물 복용이나 간호문제, 신체적인 허약에 따른 가사 부담 및 외출 시의 어려움, 배우자의 질병에 대응할 수 없는 고령 노인의 상황, 경제적인 취약성 등 많은 욕구들을 갖고 있다. 따라서 사정 단계에서 이들 노인들이 갖고 있는 장기적인 욕구를 구체적이며 정확하게 파악하여 그들이 현재의 생활수준을 가능한 한 지속적으로 유지할 수 있도록 하여 더 의존적인 상태로 떨어지는 것을 방지할 수 있는 개입 계획을 수립하는 데에 유용한 정보를 형성해야 한다.

더욱이 노인들은 서비스에 대해 잘 알지 못하고, 설령 안다고 해도 구체적인 이해가 부족하므로 다양한 서비스 공급주체에 대해 스스로 알아서 신청하는 것이 불가능한 경우가 빈번하다. 결과적으로 노인들은 자기 스스로 공적 서비스를 신청하지 않는 경향을 갖게 되고, 그 때문에 이러한 서비스들을 통합하고 조정하여 상호 연계될 수 있도록 해주는 기능을 가진 사례관리가 가능하게끔 해야 하는데, 사정은 바로 그 역할을 하도록 하는 가장 기초적인 방법이라 할 수 있다.

둘째, 사례관리 실천의 주된 대상은 지역사회에 거주하고 있는 재가노인들이다. 사례관리를 통해 다양한 욕구를 가진 노인들에게 체계적으로 접근하게 되면 서비스의 효과성은 물론 경제적인 효율성도 꾀할 수가 있을 것이다. 특히 노인인구의 증가에 따른 보호 비용의 증가는 많은 국가들이 안고 있는 공통된 문제점이라고 볼 때에 사례관리는 증가하는 노인인구에 대해 효율적으로 대응할 수 있는 서비스로서 보호비용을 줄이는 동시에 효과적인 목적 달성을 이루게 된다.

즉, 공공 부문의 비용을 감소시키려는 목적으로 지역사회 내의 가용 자원을 개발하고 비공식적 지지망을 강화하여 서비스 전달체계의 비용을 억제하는 데에 큰 도움이 된다. 그 결과로 경제적인 비용 효과가 있게 되어 더 많은 노인들을 서비스 대상으로 적용시킬 수 있게 되었으며, 이는 소수의 노인들에 대한 값비싼 시설 중심의 보호보다 더 높은 서비스의 효과성도 기대하게끔 하였다.

셋째, 사례관리는 다수의 노인들로 하여금 자신들이 살아왔던 지역사회 내의 익숙한 환경에서 더 오랫동안 살 수 있는 기회를 줌으로써 노인의 자존감과 독립성을 지켜 줄 수 있게 되었다. 또한 사례관리 서비스의 제공자로서 가족과 이웃, 친구들이 개입되면 노인은 기존의 환경에서부터 더욱 소외되지 않을 것이며, 공식적인 서비스를 통해 얻을 수 있는 정서적인 만족감도 얻을 수 있게 된다. 더욱이 가족 등의 비공식적인 관계망의 구성원들은 그들이 전적으로 노인을 부양해야 하는 부담을 덜 수 있으며, 그 밖에도 자원봉사자들이 봉사를 함으로써 사회적 관계망이 강화되고 세대 간의 보호라는 가치도 정립될 수 있다.

넷째, 서비스이용자의 자기결정과 자립 능력을 향상시킬 수 있다. 이때 서비스이용자와 사례관리자의 관계는 대등한 파트너십을 전제로 하여 서비스이용자는 존엄한 가치를 지닌 인간으로 존중받게 되어 결국 서비스이용자의 삶의 질과 직결된다. 지역사회에 거주하고 있는 대부분의 노인들은 개별적인 존재로서 각각 개별적인 욕구를 갖고 있다. 사례관리는 이러한 요구에 대응할 수 있는 개별화된 서비스를 제공하는 것이므로 훨씬 더 큰 서비스의 효과를 기대할 수 있게 되었다.

3) 계획

계획은 사정에서 얻어진 자료들을 근거로 하여 포괄적이고 구체적인 서비스 제공 방침과 단계, 목표에 대한 개념을 설정하는 단계이다(이준우 · 손덕순, 2010). 이 단계에서는 서비스이용자의 능력과 기술의 개선을 위한 목표, 필요한 서비스들의 활용을 위한 목표, '사회망' 을 통한 개입의 목표 등을 설정하고, 그 목표들을 달성하기 위한 구체적인 개입 계획을 수립하여, 서비스 전달에서 나타날 수 있는 장애 요인 등을 명확하게 분석하여야 하고, 점검과 평가를 할 수 있도록 서비스 효과성에 대한 지침을 정확히 설정해야 한다(Moxley, 1989).

특히, 사례관리 실천과정의 계획에서는 다음의 사항이 기본적으로 고려되어야 한다. 첫째, 안전(safety), 둘째, 자기결정(self-determination), 셋째, 생존욕구(survival needs), 넷째, 구조적인 일(사회적 관계를 유지시켜 주면서 시간의 사용을 구조적으로 할 수 있는 방법을 계획하는 것도 중요하며 구조적인 일에는 직장, 자원봉사, 학교에 참여하거나 친구나 다른 사람과 만나는 일들이 포함됨), 다섯째, 가족의 지지(가족교육이나 적절한 정보에 대한 자문 등을 통해 가족이 서비스이용자를 지지하는 능력을 증가시켜 줄 것임) 등이다.

또한 사례관리 계획을 수립할 때에 반드시 확인해야 할 실제적인 질문들은 다음과 같다(최경익, 1992). 첫째, 서비스이용자의 목표는 무엇인가? 둘째, 서비스이용자 스스로가 어떤 일들을 하는 것이 가능한가? 셋째, 가족의 도움은 무엇이 가능한가? 넷째, 친척, 친구, 동료, 지역사회 자원봉사자로부터 무엇을 얻을 수 있는가? 다섯째, 사례관리자로부터 어떤 서비스를 제공받을 수 있는가? 여섯째, 사례관리자가 속해 있는 기관으로부터 무엇을 제공받을 수 있을까? 일곱째, 지역사회 내의 공공기관, 민간기관, 나아가서는 사회복지기관으로부터는 어떤 서비스가 제공되는가? 여덟째, 결과적으로 서비스이용자는 어떤 상황으로 변한다고 예상할 수 있을까?

무엇보다도 사례관리의 계획 단계에서 중요한 것은 서비스이용자인 노인을 위해 서비스이용자인 노인과 함께 모든 계획을 수립해야 한다는 인식이다(Kanter, 1989). 이에 따라 계획은 서비스이용자인 노인과의 공동 작업을 위한 목표를 확인하고, 목표를 달성하기 위한 활동과 서비스를 개발하는 과정이다. 즉, 사정을 통해 확인된 서비스이용자의 욕구와 잠재능력, 문제를 토대로 서비스와 원조 활동을 위한 계획을 수립하는 것이다. 계획 과정에서 중요한 과업은 목표 설정, 자원 계획 수립, 서비스 계획 수립 등이다. 이를 구체적으로 설명하면 다음과 같다.

첫째, 목표 설정이다. 사례관리의 목표 설정에서 중요한 관여자는 사례관리팀과 서비스이용자인 노인 자신이다. 합리적인 사례관리 계획을 위해서는 일차적 사례관리 계획자가 세운 목표가 사례관리팀에서 검토되는 것이 필요하며, 기관의 여건이 가능하다면 다른 전문직들에 의해 사례회의에서 다루어지는 것이 서비스이용자에게 필요한 다양한 서비스를 계획하는 중요한 방법이 된다. 또한 사례관리의 목표설정에서 중요한 관여자는 서비스이용자인 노인이어야 하며, 노인과 합의되거나 공유되지 않는 목표는 적절히 달성되기 어렵다.

둘째, 자원 계획 수립이다. 자원 계획에서 중요한 사례관리자의 활동은 자원 확인과 자원 목록화이다. 자원 확인과 목록화는 서비스이용자인 노인과 관련된 서비스 자원에 관한 정보를 획득하고 접근이 용이하도록 자료를 조직화하는 기능을 수행한다. 자원목록 작성을 위해 중요하게 다루어져야 할 내용을 제시하면 다음과 같다.

① 기관의 기능

자원으로 활용할 수 있는 기관의 서비스 영역, 주요 사업 내용 등에 관한 조사가 이루어져야 한다.

② 서비스 자격요건

서비스를 받을 수 있는 특별한 자격을 정하고 있는지 파악한다. 아무리 좋은 서비스라도 자격요건이 충족되지 못하면 무용지물이 된다.

③ 서비스 비용

기관이 정하고 있는 서비스 비용과 특정의 서비스이용자가 받을 수 있는 혜택에 대하여 파악한다. 많은 경우에 노인들은 서비스 비용에 매우 민감하다.

④ 서비스 접근성

기관을 이용하기 위한 교통수단이나 서비스 이용 절차들을 파악한다. 노인들은 서비스 접근성이 보장되지 않으면 서비스를 이용하지 못할 때가 많다.

⑤ 서비스 평가

기관에서 제공하는 서비스의 질적 수준과 관련되는 직원들의 훈련 정도, 물리적 공간, 특정 서비스이용자에 대한 우호성 등을 평가한다.

⑥ 주요 접촉인물

기관의 서비스를 이용하거나 의뢰하기 위해 중요하게 접촉해야 할 인물을 파악하는 것은 서비스의 점검이나 지속적인 연계를 위해 매우 중요한 일이다.

⑦ 서비스 장애요인

서비스 기관 이용에 관련된 전반적인 서비스 제공 과정에서 장애요인을 확인하고 이에 관한 해결방안을 모색하도록 한다.

이를 토대로 자원목록 양식을 제안하면 다음의 |표 5-3| 과 같다.

표 5-3 자원목록 양식

서비스 영역	서비스 기관명	주소 및 연락처	주요 사업내용	서비스 자격요건	필요 서류	비용	주요 인물	서비스 평가	서비스 장애요인

셋째, 서비스 계획 수립이다. 서비스 계획은 사정을 통해 설정된 목표를 달성하기 위한 구체적인 전략으로서, 서비스 계획의 작성은 목표와 함께 제시되는 것이 사례관리 실천을 일목요연하고 체계적으로 정리하는 데에 도움을 준다. 서비스 계획에서 구체화되어야 할 항목들을 정리해보면 다음의 |표 5-4| 와 같이 제시해 볼 수 있다.

표 5-4 서비스 계획 양식

문제	장기 목표	단기 목표	서비스 내용	서비스 기관	서비스 담당자	시간 계획	비용	서비스 장애요인

또한 이 단계에서는 전 단계에서 작성된 사정을 바탕으로 하여 원조해 줄 수 있는 내용을 명확히 설정하고, 서비스이용자의 동의를 얻어야 한다. 그리고 서비스이용자를 위해서 문제에 따른 목표 설정과 행동 계획으로 구성된 개별적인 '케어 계획표'까지 마련하게 된다.

전반적인 서비스 개입 계획뿐만 아니라 '케어 계획'은 단순히 서비스를 제공하는 횟수와 일정만을 기술해 놓는 것이 아니라 개별적인 서비스이용자 개개인의 욕구와 문제점을 명확히 하여 그 원인에 따른 개선 방법을 찾도록 하는 것을 말한다. 여기에는 '누가, 언제, 무엇을, 어디서, 어떻게, 왜' 등의 여섯 가지 사항이 구체적으로 나타나야 한다. 이를 위해서는 관련 직종의 '팀 케어', 즉 케어 회의를 통한 공동 계획을 거쳐, 서비스이용자의 의사를 최대한 존중하여, 과학적인 판단 기준에 따라서 비용을 고려한다는 원칙하에 계획이 이루어져야 한다. 이러한 원칙하에 작성된 '케어 계획표'는 서비스이용자와 가족 및 관련 직종의 모든 관계자들과 공유되어야 한다.

4) 개입과 조정

개입은 사례관리자가 서비스이용자와 서비스이용자의 사회관계망과 관련된 서비스 제공자 등을 변화시키기 위해 직접적으로 혹은 간접적으로 관여하는 것이다. 조정은 직·간접 개입에 의한 서비스 및 자원 계획의 수행과 개입과 관련된 서비스 조직들의 상호작용이 적절히 이루어질 수 있도록 관여하는 것이다. 개입과 조정에서 특히 중요한 것은 연계이다. 연계란 서비스 체계와 연결하는 활동으로 필요한 모든 서비스를 제공받기 위해서 서비스이용자를 의뢰하고, 이동시키며, 공식적 · 비공식적 자원들을 연결하여 계속적으로 이용할 수 있도록 하는 것을 의미한다(Monk, 1985). 연계 활동을 수행하면서 사례관리자는 가장 어렵고 복잡한 과업을 수행하게 되는데, 이러한 연계 활동을 해나가는 과정에서의 노력이 사례관리 전체의 성공 여부를 판가름할 수 있는 중요한 과제가 된다.

특히 연계 활동 시에 꼭 필요한 기술은 전문화된 기록(record)이며 기록은 서비스이용자의 욕구를 분명히 하고, 각종 전문직과의 연계를 가능하게 하여 서비스의 일관성 및 계속성을 유지시켜 준다. 또한 기록은 재사정의 자료가 되므로 방문자나 방문 일시, 제공된 서비스 내용이나 상황 등을 정형화된 기록 방법으로 기록해 두어야 한다.

한편, 사례관리에서 조정이란 일종의 오케스트라를 '지휘하는 것'과 같은 것이다. 즉, 개개인의 연주자가 자신의 악기를 어떻게 다루어야 하는가를 알고 연주할 수 있는 수준에 이르렀을 때에 이러한 각각의 연주자들이 하나의 음악을 완성할 수 있도록 서로 연계하고 협조하도록 하는 것, 이것이 사례관리에서의 조정이다. 즉, 조정이란 서비스이용자를 중심으로 다양한 자원체계가 상호 간 협조하여 안정화 단계에 이르기까지의 전 과정을 포함하는 개념이다.

따라서 조정의 동의어로는 협조라는 용어가 자주 사용되고 있으며, 이 단계에서는 서비스이용자가 계획을 실행하기 위한 노력을 시도하고 경험하게 되므로 사례관리자는 서비스이용자와 원조자들의 노력을 유심히 지켜보아야 한다. 가령 중소도시의 경우에 몇 개의 기관이 협력하여 산발적으로 흩어진 서비스이용자를 보호하고 관리한다든지, 자원봉사자를 이용하여 필요시 옆에서 서비스이용자나 가족을 보호해주는 역할을 담당하는 것으로 개인 경호원과 유사한 역할을 하는 일 등을 사례로 들 수 있다(권진숙 · 박지영, 2009).

5) 점검과 옹호

점검은 개입이 이루어진 후에 사례관리자가 서비스이용자에 대한 서비스 계획이 적절히 수행되고 있는지를 추적하는 적극적이고 유동적인 과정으로서, 서비스와 원조 계획이 서비스이용자 주변체계들에 의해 적절하게 수행되고 있는지 확인하는 과정이다(이준우 · 손덕순, 2010).

사례관리에서는 대부분의 실질적인 도움이 자원 제공자들에 의해 이루어진다. 따라서 사례관리자는 그 사실을 먼저 알고 있어야 한다. 점검을 위한 준거 틀은 계획이고, 점검 내용은 서비스 동의서나 계약서가 될 것이다. 점검을 위한 구체적인 활동은 서비스이용자와의 전화, 서비스이용자 방문, 서비스기관 담당 직원과의 전화, 회합 등으로 이루어지며 자원 제공자를 위한 점검은 감사노트, 갈등 상황의 여러 원조자가 있을 때는 사례조정 회의를 통한 감사 표시 등으로 이루어지는 것이 효과적이다. 점검은 일반적으로 일주일에 한 번, 최장의 빈도는 평균 한 달에 한 번 점검하게 된다(권진숙 · 박지영, 2009).

한편, 점검 단계에서 때때로 이루어지기도 하는 재사정은 계획의 기간 만료, 서비스이용자의 욕구 변화 발생 등 일정 간격으로 계획을 수정하고, 제공된 서비스의 효과성을 검토하며 변화된 욕구를 파악하는 과정이다. 또한 이 과정은 서비스이용자의 기능을 재검토하기 위한 정기적인 점검 그리고 서비스 계획과 서비스 변경의 과정으로 이 부분의 핵심은 서비스이용자와 지속적으로 연계를 맺는 것이다(Gottesman, 1979).

그 목적은 계속적으로 서비스이용자의 상태 및 과정을 파악하고 그럼으로써 사례관리 계획을 수행하며 필요하다면 수정하는 것으로, 재사정을 통한 점검 과정은 다음 네 가지 목적을 위해서 주로 수행된다. 첫째, 서비스의 계획이 적절하게 이행되고 있는지 그 정도를 검토한다. 둘째, 서비스이용자에 대한 서비스와 지원 계획의 목표에 대한 성취를 검토한다. 셋째, 서비스와 지원의 산출을 검토한다. 넷째, 서비스 계획의 변화를 요구하는 서비스이용자 욕구의 발생을 알아낸다.

옹호는 서비스이용자가 공평하게 서비스에 접근하지 못하거나 부당하게 적절한 서비스를 받지 못하는 경우에는 서비스이용자의 이익을 주장하고, 바람직한 제도의 변화를 위해 노력하는 과정이다. 서비스이용자에게 서비스를 제공하는 기관이 서비스를 제공하지 않거나 부당한 대우를 하는 경우에 서비스이용자의 권리를 주장하고, 기관의 결정이나 정책을 변화시키기 위해 이루어지는 사례관리자의 적극적 역할이다. 따라서 서비스이용자를 옹호함으로써 사례관리자는 자신이 담당한 서비스이용자를 지지하고, 그들의 욕구에 반응하여 더욱 적극적인 역할을 수행하게 된다(McGill & Surber, 1989).

첫째, 사례관리자는 사례관리 계획을 수행해 나가도록 서비스이용자인 노인을 옹호하며, 치료나 재활 프로그램, 지지 및 지원 서비스들, 혹은 그들의 욕구에 적절한 더 큰 지역사회 내 자원들을 동원함으로써 서비스이용자 집단을 옹호한다.

둘째, 서비스이용자인 노인 스스로의 힘으로 적절한 서비스를 받도록 시도해 보는 과제(task)를 주어서 지원하기도 한다. 예를 들면, 정신보건사회복지사의 경우에는 정신과 의사에게 가서 자신이 경험한 약물 부작용에 대해 효과적으로 말하도록 노인 환자(서비스이용자)를 격려하거나 지원할 수 있고, 낮 병원 등록에 필요한 서류를 작성하도록 하거나 사회보장제도가 제공하는 여러 서비스를 받을 수 있도록 도울 수 있다.

셋째, 서비스이용자인 노인이 다양한 서비스들을 잘 지원받을 수 있도록 지원할 수 있다. 가령 정신보건 영역에서 노인 환자(서비스이용자)들은 자신의 병에 대해 병식이 없거나 치료에 대해 불신하는 경향이 많으므로 사례관리자는 노인 환자(서비스이용자)에게 제공되는 여러 서비스들을 잘 수혜받을 수 있도록 도와주는 것을 사례로 들 수 있다.

넷째, 서비스이용자인 노인들의 욕구에 맞는 서비스들이 아직 제공되지 않는 경우가 있으므로 사례관리자는 지역 내의 다양한 활동들을 프로그램화시킨다.

다섯째, 서비스이용자인 노인들에 대해 효과적인 정보 제공을 수행함으로써 옹호할 수 있다. 예를 들면, 정신보건 영역에서 응급처치나 입원치료를 담당한 치료자들을 정규적으로 만나 노인 환자(서비스이용자)에 대한 정보를 제공하고 치료 계획을 의논하는 것이다.

여섯째, 서비스이용자인 노인의 욕구와 일치되는 프로그램들을 더욱 강화시킬 수 있는 여러 방법들을 개발해야 한다.

일곱째, 법적으로 열악한 여러 서비스들이 서비스이용자인 노인들에게 더욱 유리하게 변화되도록 지속적인 관심을 기울여야 한다.

6) 평가와 종결

사례관리 실천과정에서 평가는 사정만큼이나 매우 중요한 단계이다. 점검이 서비스가 적절하게 수행되고 있는가를 확인하는 과정이라면, 평가는 사례관리자가 제공하고 있는 서비스와 원조 활동이 가치가 있는가를 결정내리는 과정이다. 즉, 사례관리자가 수행하는 서비스가 서비스이용자에게 유익한 것인가를 판단하는 과정이다. 이와 같은 판단에 의해 서비스가 종료될 수도 있다(이준우 · 손덕순, 2010).

평가는 사례관리자와 서비스이용자가 초기에 결정한 욕구와 문제 해결을 위해 수립한 목표를 어느 정도 달성했는가를 확인함으로써 종결 여부를 결정짓는 과정이기도 하고, 다른 한편으로는 사례관리자와 서비스이용자가 좀 더 진보된 다음 단계로 진입하기 위한 점검의 의미를 갖기도 한다. 따라서 평가는 사례관리의 질을 강화하는 과정이라 할 수 있다(권진숙 · 박지영, 2009).

정리하면, 평가는 사례관리자가 제공하고 있는 서비스와 원조 활동이 가치가 있는가를 결정하는 과정으로, 서비스이용자의 욕구와 문제해결을 위해 욕구의 우선순위와 목표를 수립하고, 개입과 점검을 통해 목표가 어느 정도 달성되었는지를 확인하는 과정이다. 이와 같은 평가를 거쳐 종결 단계에서는 서비스이용자에 대한 사회복지사의 개입이 종료된다. 따라서 평가는 두 가지 수준에서 진행될 수 있다. 하나는 서비스를 받은 서비스이용자의 긍정적인 변화를 평가하는 것이며, 다른 하나는 사례관리의 전반적인 체계를 평가하는 것이다(서울복지재단, 2005). 결국 사례관리 과정은 사례발견과 접수(초기면접), 사정, 계획, 개입과 조정, 점검과 옹호, 평가와 종결의 6단계가 순차적으로 일직선상에서 진행되는 것이 아니라 사례의 특성과 상황변화에 적극적으로 대응하도록 6단계가 순환적으로 진행되는 과정이 된다.

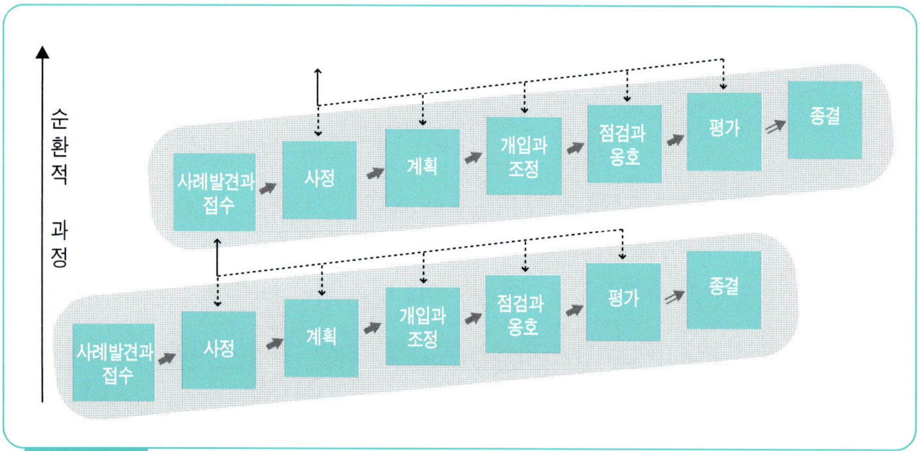

그림 5-2 사례관리 과정의 순환적 진행

3 노인복지실천과 사례관리

이상에서 살펴본 노인을 대상으로 하는 사례관리는 결국 사회복지사의 노인복지 실천 업무를 효과적으로 수행하도록 해주는 효과적인 실천 모델 내지 방법이라 할 수 있다. 사회복지사는 인간과 환경에 관한 다양한 이론적 이해를 토대로 사회복지 실천을 전문적으로 수행하는 사람이다. 사회복지사의 업무는 때로는 심리치료사나 상담사의 일과 유사한 것 같기도 하고, 자원을 연계하거나 동원하는 것 같아 보이기도 할 뿐만 아니라 정책을 분석하고 개선을 요구하며 서비스이용자의 권익을 옹호하는 것 같기도 하다.

그래서 사회복지사가 수행하는 사회복지실천은 무척 다양한 모습으로 표현될 수 있다. 무엇이 '사회복지실천' 인가에 대한 논란이 지속적으로 진행되고 있는 이유가 바로 여기에 있다. 중요한 것은 이상의 업무가 사실 사회복지사가 모두 통합적으로 수행해야 할 사회복지실천 업무라는 것이다. 이런 점에서 사회복지사는 제너럴리스트(generalist) 사회복지실천 전문가이다.

제너럴리스트 사회복지실천은 과거 전통적인 사회복지실천에서 개별사회사업, 집단사회사업, 지역사회 조직과 같은 3가지 주요 실천방법을 제각각 분리해서 사용해오던 경향에서 이들 방법들을 통합한 접근이다. 그래서 제너럴리스트 사회복지실천은 실천방법이 대상과 문제에 따라 다양한 형태를 가질 수는 있으나 사회복지실천에 근간을 이루는 사회복지의 개념, 기술, 과업, 활동에 있어서는 공통적 핵심 요소들이 존재하며, 이러한 공통적 핵심 요소들을 상호 관련성 있게 묶어 새로운 하나의 통합적 실천 준거 틀로 발전시킨 것이라 할 수 있다. 이러한 실천 준거 틀은 사회복지사의 전문적인 업무에서 근본적으로 통합성과 응집성을 반영하고, 또한 이를 쉽게 확인 가능하게 하며 나아가 사회복지실천을 수행하는 사회복지사를 위한 전문적 정체성의 기반을 제공해 준다(Pincus & Minahan, 1973; 문인숙 외 역, 1994; 조휘일 외,

2008).

또한 사회복지사는 다른 휴먼 서비스(Human Service) 전문가들과는 달리 서비스를 이용자에게 일방적으로 제공하는 전문가가 아니다. 사회복지사는 서비스이용자들의 삶 속에 마땅히 있어야 할 나눔, 돌봄 등과 같은 선한 것을 추출하여 복지라는 이름으로 영양제처럼 만들어서 '주는' 사람이 아니다. 사회복지사는 서비스이용자로 하여금 '스스로 얻게' 만드는 사람이다. 다시 말해서 사회복지사는 서비스이용자에게 주는 사람이 아닌 서비스이용자로 하여금 스스로 생각하게 하고, 노력하게 하여 원하는 것을 얻게 하는 사람이다. 서비스이용자를 주체로 세워 선택, 생산, 획득하게 하는 사람이다. 사회복지사란 전문가 혼자서 결정한 방향을 주장하지 않고 사회복지사와 서비스이용자가 '우리' 라고 하는 공유의식 속에서 더불어 함께 방향을 모색하게 하고, 서비스이용자가 그 방향으로 가도록 돕는 사람인 것이다.

사례관리는 이러한 사회복지실천의 독특성을 가장 극명하게 보여주는 실제적인 활동 모델이자 방법으로서 그 역할과 기능을 수행할 수 있는 사회복지사의 사회복지실천 방법이라고 할 수 있다. 그리고 이는 노인복지 분야에서도 고스란히 적용될 수 있다.

다음은 '노인을 대상으로 하는 실제적인 사례관리 과정' 중에 주요 부분을 정리해 제시한 내용이다. 먼저, '사례발견과 접수' 단계에서 'Case Management Intake Sheet' 를 사용한 후, '동의서' 를 사정 단계에 들어가기 전에 받아야 하므로 동의서를 소개하였다.

다음으로 '사정' 단계에서 널리 활용하는 사례관리 사정틀인 '사례관리 사정지' 를 소개하였다.

그런 후에 '계획', '개입과 조정', '점검과 옹호' 단계에서 활용할 수 있는 '사례관리 보고서' 와 특히 '개입과 조정' 단계에서 유용한 '사례개입활동지' 도 제시하였다.

끝으로 '평가와 종결을 위해 유용한 '과정기록지' 를 소개하였다.

노인을 대상으로 하는 사례관리의 실제

재가 서비스를 필요로 하는 와상 환자가족에 대한 개입

1. 사례발견과 면접(초기면접: Intake)

Case Management Intake Sheet

- 접수일시: 20XX년 XX월 XX일(재사정일 XX월 XX일)
- 접 수 자: 권OO (인)

<table>
<tr><td>대상 구분</td><td colspan="8">□ 일반 ■ 노인 □ 장애인 □ 조손자
□ 모자 □ 부자 세대 □ 기타</td></tr>
<tr><td>성명</td><td colspan="2">윤○○(남, 여)</td><td colspan="2">생년월일</td><td colspan="4">19XX년 XX월 XX일(만 73세)</td></tr>
<tr><td>주소</td><td colspan="4">경기도 ○○○</td><td colspan="2">전화번호</td><td colspan="2">1234-5678</td></tr>
<tr><td>학력</td><td colspan="2"></td><td>종교</td><td></td><td colspan="2">비상연락처</td><td colspan="2"></td></tr>
<tr><td>결혼 상태</td><td colspan="8">□ 미혼 ■ 기혼 □ 별거(년)
□ 이혼(년) □ 사별(년) □ 기타( )</td></tr>
<tr><td rowspan="7">가족 사항</td><td>관계</td><td>성명</td><td>연령</td><td>직업</td><td>결혼 상태</td><td>수입</td><td>동거여부</td><td>비고</td></tr>
<tr><td>본인</td><td>윤OO</td><td>74</td><td>X</td><td></td><td></td><td>O</td><td>뇌병변 2급</td></tr>
<tr><td>처</td><td>권OO</td><td>75</td><td>X</td><td></td><td></td><td>O</td><td></td></tr>
<tr><td>딸</td><td>윤OO</td><td></td><td>X</td><td>O</td><td></td><td>X</td><td></td></tr>
<tr><td>딸</td><td>윤OO</td><td>48</td><td>X</td><td></td><td></td><td>O</td><td>정신2급</td></tr>
<tr><td>아들</td><td>윤OO</td><td>43</td><td>X</td><td></td><td></td><td>O</td><td>정신3급</td></tr>
<tr><td>딸</td><td>윤OO</td><td>30대 후반</td><td>동대문에서 장사</td><td>O</td><td></td><td></td><td>X</td></tr>
<tr><td>구분</td><td colspan="8">■ 수급자 □ 차상위(조건부수급자 포함) □ 일반</td></tr>
<tr><td rowspan="4">경제 상태</td><td rowspan="4">월수입</td><td colspan="3">정부 지원금: 800,000원</td><td rowspan="4">월지출</td><td colspan="3">공과금: 150,000원</td></tr>
<tr><td colspan="3" rowspan="2">후원금:</td><td colspan="3">의료비:</td></tr>
<tr><td colspan="3">주 · 부식비:</td></tr>
<tr><td colspan="3">기 타:</td><td colspan="3">기 타:</td></tr>
</table>

건강 상태	건강 정도	□ 양호 □ 보통 ■ 허약	만성질환	□ 무 ■ 유 □ 기타								
	질병명	치매, 몸을 심하게 떰	유병기간	2년 개월								
장애유형	□ 지체 □ 지적장애	□ 시각 □ 정신 질환	□ 청각 □ 내부장애( )	□ 언어 ■ 기타(뇌병변 2급)								
주거상황	□ 자가 □ 기타( )	□ 전세	□ 월세	■ 영구임대								
필요 서비스	급식 서비스		경로식당 서비스		일상생활 지원		경제적 지원		보건의료 서비스		정서 서비스	
	홈헬퍼 파견 서비스		홈헬퍼 파견 서비스		주거환경 개선 서비스		생필품 지원 서비스		물리치료 서비스		효도전화	
	건강음료 서비스		효도전화 서비스		이 · 미용 서비스		차량 지원 서비스		방문진료 서비스			
	나눔의빵 서비스		노인생신 서비스		목욕 서비스		결연후원 서비스		수지침 서비스			
	별미반찬 서비스		치매예방 교실		대형 빨래방 서비스							
	경로식당 서비스				방문 이 · 미용 서비스							
	도시락 지원 서비스				이동목욕 서비스							

2. 동의서

동의서

성명: 윤OO

본인은 20XX년 XX월 XX일부터 S시 OO복지관을 통해서 받은 서비스 및 상담 내용이 본인의 치료적 목적과 전문가 양성을 위한 훈련 및 학문적 목적을 위해서 사용되어지는 것을 허락하고 동의합니다.

본 기관과 사례관리자는 위의 목적 어디에든 개인의 신상이 노출되지 않을 것을 동의합니다.

서 명: 윤 O O (인)
날 짜: 20XX년 XX월 XX일
사례관리자: O O O (인)

3. 사정

사례관리 사정지

■ 서비스이용자: 윤OO 부부 ■ 면접자: 권OO

■ 기관/장소: S시 OO복지관/서비스이용자 가정 ■ 일 시: 20XX. XX. XX.

사정에서 수집된 내용(우선순위화)		원인에 관한 가설적 내용 욕구/요구해결의 장애요소	이론기반 개입 계획 보호 수준 및 내용
배우자 개인 수준의 문제	**1. 제시된 욕구/요구:** "할아버지가 몸을 전혀 움직일 수가 없어 너무 힘이 들어요. 몸에서 냄새도 나는데 내가 힘이 들어 해줄 수가 없어요." **합의한 욕구:** ① S시 OO복지관 이동목욕 서비스 제공을 통해 신체상의 청결 도모(이동목욕 서비스 제공을 위한 의뢰)	**신체/행동:** 치매 및 쇼크로 인한 거동 불편	**자기보호:** 거동이 어려워 자기보호 수준 낮음 **가족보호:** 서비스 이용자의 배우자의 보호수준 높음 **자연적 원조 자원:** **공식 자원보호:**
배우자 가족 수준의 문제	**1. 제시된 욕구/요구:** "요새 너무 힘이 들어 할아버지를 내가 데리고 있을 수가 없어서 어디 시설로 옮겼으면 좋겠는데 좋은 데 없을까요? 너무 멀어도 안 돼. 내가 들여다 봐야 하는데 너무 멀면 갈 수가 없잖아요. 고집은 또 얼마나 센지 도무지 내 말을 듣지를 않아 힘들어 죽겠어요. 치매 때문에 잘 알아듣지도 못하면서 당최 말을 들어야 말이지…" **합의한 욕구/요구:** ① 동사무소에 의뢰하여 시설입소에 필요한 서류 및 절차를 파악하여 정보 제공 ② 치매환자 이해향상 도모 및 배우자에 대한 정서적 지지	**신체/행동:** 치매 및 쇼크로 인한 거동 불편	

<table>
<tr><th colspan="2" rowspan="2">사정에서 수집된 내용(우선순위화)</th><th>원인에 관한 가설적 내용</th><th>이론기반 개입 계획</th></tr>
<tr><th>욕구/
요구해결의 장애요소</th><th>보호 수준 및 내용</th></tr>
<tr><td>배우자 가족 수준의 문제 (계속)</td><td>2. 제시된 욕구/요구: “내가 머리에 혹이 있어서 예전에도 쓰러진 적이 있어요. 나도 건강이 좋지 않은데 저 양반 시중까지 들어야 하니 너무 힘이 들고 불안해요. 내가 언제 또 쓰러질지도 모르고 우리 아들은 장애인이라 아무 것도 하지 못하는데…”

합의한 욕구/요구:
① 효도전화 서비스를 통한 정기적인 안부확인을 통해 안전사고에 대비 및 정서적 지지강화
② 건강에 대해 불안해하지 않을 수 있도록 필요 시 가정방문진료 서비스를 연계하고자 함</td><td>신체/행동: 머리 혹으로 인한 중풍기, 고혈압
정서/정신: 가정의 주보호자로서의 부담감</td><td></td></tr>
<tr><td colspan="4">2) 기타 의미 있는 욕구/요구: 서비스이용자의 가족 구성원 중 장애인 자녀 2명을 서비스이용자의 배우자가 보호해야 하는 것에 대한 어려움
3) 이용한 사정 척도(이용할 계획인 척도):
4) 사후관리(혹은 재사정) 날짜:</td></tr>
</table>

4. 계획, 개입과 조정, 점검과 옹호

사례관리 보고서

- **사례번호:** 1234-
- **사례보고일:** 20XX. XX. XX
- **사례관리자:** 권OO
- **나이:** 74세
- **사례접수일:** 최초접수일 20XX년 XX월 XX일
- **서비스이용자:** 윤OO
- **성별:** 남
- **기타사항:** 기독교, 기타 세대, 수급자 1종

1. 사례요약

1) 서비스이용자 및 가족에 관한 인구학적 내용

① 가계도

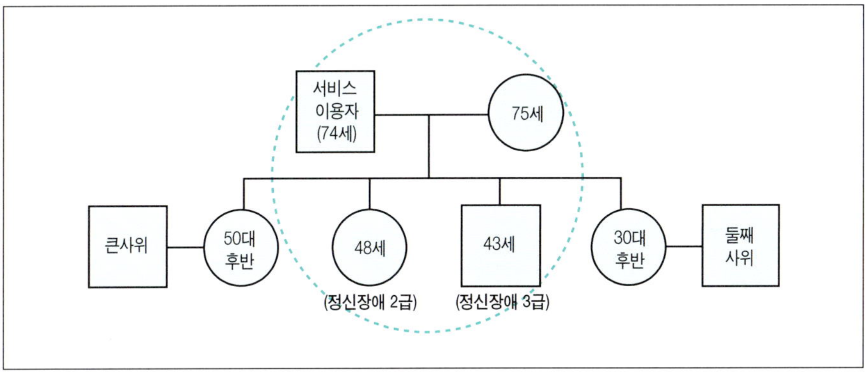

② 가족사항

- 서비스이용자는 XX년도에 XX동에서 이곳으로 이주해 왔으며 수급자로 책정됨
- 서비스이용자는 아내와 1남 3녀의 자녀들을 두었으며 첫째 딸은 결혼하였으나 남편이 의처증이 있어 힘든 생활을 하고 있고, 셋째 딸은 동대문에서 원단장사를 하면서 힘들게 생활하고 있으며 그나마 셋째 딸은 왕래가 있으나 큰딸과는 사위의 의처증으로 인해 왕래 및 전화연락이 용이하지 않음
- 서비스이용자는 둘째 딸과 아들과 함께 생활하고 있는데 둘째 딸은 시집가는 문제로 스트레스를 받아 정신장애 2급이 되었으며 자꾸 왔다 갔다 하고 사고의 위험이 있어 약 6개월 전에 정신병원에 입원시킨 상태이고, 아들도 대학시험 준비를 하던 중 갑자기 장애가 생겨 정신장애 3급 판정을 받았으며 한 1년 정도 정신병원에 입원해 있다가 약 3개월 전에 퇴원하여 서비스이용자와 함께 생활하고 있음

- 서비스이용자는 2년 전쯤 XX병원에서 치매판정을 받았으며 치매로 인해 XX복지관 앞 공원을 간다거나 XX병원에 가서 이유도 없이 앉아 있기도 해 병원에서 연락이 오기도 하며 작년 XX월부터는 기저귀를 착용하고 외출을 하고 있음
- 서비스이용자는 약 한 달 전 집에 오지 않아 경찰에 신고를 하였으나 찾지 못하고 있다가 XX복지관 1층 화장실에서 쓰러진 것을 그 이튿날 경찰에 의해 발견되어 바로 XX병원으로 갔으나 장시간 추운 곳에서 방치되어 있어 콩팥 및 몸에 부종이 생겨 고름 및 소변이상이 생겼고 허리 및 다리의 통증을 호소하였으며, 그 후 2주 정도 병원치료 후 병원비 문제로 퇴원하여 집에서 생활하고 있으며 뼈에 이상은 없으나 거동을 전혀 하지 못하며 목과 팔만 움직이는 상태임
- 서비스이용자는 치매뿐만 아니라 몸은 파킨슨병 환자처럼 심하게 떠는데 젊은 시절(40대)부터 조금씩 떨었다고 함
- 서비스이용자의 아내는 4년 전 갑자기 집에서 약 30분 정도 언어장애가 생겼었으며 그 후 병원진단 결과 머리에 혹이 있어 중풍기가 있다는 판정을 받았으며 그 후 1년 뒤 똑같은 현상이 재발한 적이 있음
- 서비스이용자는 치매약을 정기적으로 XX병원에서 처방받아 복용하고 있으며 서비스이용자의 아내 역시 중풍약, 혈압약을 XX병원에서 처방받아 정기적으로 복용하고 있음
- 서비스이용자는 생계비로 약 100만 원이 조금 안되게 나왔으나 아들이 병원에 입원해 있던 시절 밥값으로 약 12만 원씩 1년 동안 빠지게 되어 80만 원 정도의 생계비가 지급된다고 함

2) 의뢰과정의 내용(20XX년 XX월)

- 서비스이용자의 아내가 방문하였으며 서비스이용자의 이동목욕 서비스를 의뢰하고자 내관함

3) 욕구 및 요구(서비스이용자, 가족)

제시된 욕구	합의된 욕구
• 할아버지가 몸을 전혀 움직일 수가 없어 너무 힘이 들어요. 몸에서 냄새도 나는데 내가 힘이 들어 해 줄 수가 없어요.	• S시 OO복지관 이동목욕 서비스 제공을 통한 신체상의 청결 도모
• 요새 너무 힘이 들어 할아버지를 내가 데리고 있을 수가 없어 어디 시설로 옮겼으면 좋겠는데 좋은 데 없을까요? 너무 멀어도 안되요. 내가 들여다 봐야 하는데 너무 멀면 갈 수가 없잖아요.	• 동사무소에 의뢰하여 시설입소에 필요한 서류 및 절차를 파악하도록 함
• 내가 머리에 혹이 있어서 예전에도 쓰러진 적이 있어요. 나도 건강이 좋지 않은데 저 양반 시중까지 들어야 하니 너무 힘이 들고 불안해요. 내가 언제 또 쓰러질지도 모르고 우리 아들은 장애인이라 아무 것도 하지 못하는데….	• S시 OO복지관 효도전화 서비스를 통한 정기적인 안부확인을 통해 안전사고에 대비할 수 있도록 하고 건강에 다시 불안해하지 않을 수 있도록 필요 시 가정방문진료 서비스를 연계하고자 함

4) 자원/장애물

① 자원: 지역사회복지관, 동사무소, 셋째 딸

② 장애물: 고령, 둘째 딸 · 아들의 장애, 배우자의 와상생활

2. 개입 내용

1) 서비스이용자의 외관상의 청결도모를 위해 이동목욕 서비스 제공
2) 시설입소와 관련하여 동사무소에 신청할 수 있도록 연계

3. 현재 상태 및 개입 계획

1) 서비스이용자는 복지관에서 이동목욕 서비스를 제공받음
2) 서비스이용자의 부인과의 정기적 상담을 통해 서비스이용자의 시설입소에 대한 정보 제공
3) 현재 서비스이용자는 9월에 사망함

4. Team Recommendation

1) 서비스이용자가 사망하였으나 서비스이용자의 가족 중 2명의 장애인 자녀를 서비스이용자의 부인이 고령의 몸으로 양육해야 한다는 문제점이 남음
2) S시 정신보건센터와 상의 후 본 case의 인계 여부를 파악하도록 할 것

5. 재평가일: 20XX년 XX월

5. 개입과 조정

사례개입 활동지

직접 개입		간접 개입	
20XX. XX. XX.	Intake를 위한 가정방문(1시간)	20XX. XX. XX.	이동목욕 제공을 위한 추천서 작성(1시간)

6. 평가를 위한 서비스 진행과정 기록

과정기록지

■ 서비스이용자: 윤OO

※ 직접 서비스(D), 간접 서비스(I)

일시	구분	내용	비고
20XX. XX. XX	I/D	• Intake를 위한 가정방문 • Plan(이하 p): 서비스이용자의 합의된 욕구를 바탕으로 개입 계획 수립	

Chapter 6

위기개입

1 이론적 배경: 일반적 위기개입 모델

2 위기대처 방법: 긴급 지원에 유용한 위기개입 6단계 모델

3 위기대처 기술: 사회복지사의 위기개입 기술

4 위기개입의 실제: 노인 자살예방사업

노인 서비스이용자를 둘러싸고 있는 위기는 개인의 현재 자원과 대처 기제로는 감당하기 어려운 사건이나 상황을 지각하거나 경험하는 것이다. 만약 고통이 사라지지 않는다면 위기는 개인의 심각한 정서적 · 행동적 · 인지적 역기능을 일으킨다(James & Gilliland, 1993; 한인영 외 역, 2001).

특히 위기에 봉착했을 때에 이를 지혜롭게 대처할 수 있는 능력은 매우 중요하다. 그러나 신체적 · 인지적 · 정신적으로 쇠약한 노인은 위기에 신속하게 대응하지 못할 뿐만 아니라 위기라고 판별할 수 있는 의식도 부족하다. 더욱이 인구고령화, 핵가족화, 치매노인의 증가 등에 영향을 받아 최근 기하급수적으로 늘어나는 경제적 문제(생활고), 자기방임, 알코올 중독, 노인 학대, 자살위험 등의 문제는 노인복지 조직이 대처해야 하는 새로운 문제로 생겨나고 있다.

최근 조사 결과에 의하면 우리나라의 전체 노인의 19.2%(186명)가 학대를 경험한 적이 있다고 응답하여 노인 학대 발생률이 낮지 않음을 보여주고 있다(서인균 · 고민석, 2011). 학대 유형에 대한 복수 응답에서는 정서적 학대(15.1%)가 가장 많았고, 경제적 학대(7.7%), 신체적 학대(6.2%), 방임(4.5%), 성적 학대(1.5%), 유기(1.3%) 순으로 나타나 정서적 · 경제적 학대가 차지하는 비중이 20%를 넘는 것으로 나타났다. 그러나 국가인권위원회가 조사한 노인 학대 발생률은 37.8%로 사실상 조사되지 않은 노인 학대 비율이 더 높을 수 있음을 짐작해 볼 수 있다.

뿐만 아니라 노인장기요양보험법이 제정된 후 최근 4~5년 사이에 노인요양시설이 급격히 늘어나면서 노인복지시설 내 치매노인에 대한 학대도 지속적으로 증가하고 있다. 다음 사례는 노인요양병원에서 간호사에 의해 피해를 당한 노인의 사례이다. 사례에서 알 수 있듯이 노인복지시설 내에서의 학대는 외부인에게 알려지지 않을 뿐만 아니라 요양보호사, 간호사 등 일상생활에서 서비스를 받아야 하는 서비스 제공자에게서 일어날 가능성이 높다. 더군다나 인지적으로 장애를 갖고 있는 치매노인의 경우에는 이러한 학대를 분별할 수 없을 뿐만 아니라 가족이나 외부인의 도움을 받아야 하지만 그마저도 쉽지 않을 것으로 보인다.

2011년 12월 서울 도봉구 쌍문동 A노인요양병원에 척추염으로 입원한 박○○ 씨(80세, 여)는 중증의 인지장애를 앓아 움직일 때에 의료진의 도움을 받아야 했다. 그런 박 씨가 화장실에 가겠다며 자꾸 침대에서 내려오려고 하자 담당 간호사 박▲▲ 씨(50세, 여)는 억지로 기저귀를 채우고는 기저귀에 소변을 보라고 강요했다. 환자 박 씨가 계속해서 침대를 내려오려고 하자 간호사는 아예 박 씨의 손과 발을 천으로 된 끈으로 침대 네 귀퉁이에 묶어버렸다. 박 씨가 풀어달라고 사정했지만 소용없었다.

| 출처 | 동아일보(2013. 1. 30.). 손발 묶고 기저귀 강제로 채우고… 무서운 노인 요양병원.

노인 서비스이용자들에게 위기라고 볼 수 있는 또 하나의 문제는 바로 자살이다. 한국의 노인 자살률은 1990년 이래로 지속적으로 증가하여 현재 OECD 국가 중에 1위를 차지하고 있으며, 타연령층에 비해 상대적으로 매우 높은 수준을 보이고 있다(조계화 · 김영경, 2008). 전체 자살자 중에서 65세 이상 노인이 차지하는 비율이 1998년 13.5%에서 2009년 26.0%로 두 배 가량 증가하였으며, 평균 자살률이 28.7명에 비해 노인 자살률은 81.9명(2010년 기준)으로 3배나 높게 나타난다.

공식적인 노인 자살 통계는 한국의 사회문화적 특성상 누락되는 부분이 적지 않을 것이므로 실제 노인 자살자는 이보다 더 많을 것으로 추정된다. 더욱이 노인 자살은 청소년들이 경험하는 자살과는 다른 특이성을 갖고 있다. 즉, 노인 자살의 경우에는 오랜 시간 동안 계획하고 치명적인 수단을 사용하며, 자살의도를 주변 사람들에게 덜 알리는 경향(Conwell et al., 1998)이 있으며, 노인 자살의 위험요인으로는 정신과적 장애(우울증, 알코올중독, 불안장애 등), 신체적 질환 및 기능적 장애, 이전의 자살시도, 사별, 상실, 사회적 고립, 경제적 요인, 심리적 요인, 생물학적 취약성 등 매우 다양한 요인이 복합적으로 작용하여 일어나게 된다.

따라서 자살위험에 노출되었거나, 자살생각이 현저하게 많은 노인의 경우에는 기본적인 상담 서비스 이외에 주거, 환경개선 및 경제적 지원, 자활 및 법적 서비스, 의료 서비스 등 다양한 서비스를 제공하는 사회복지기관들의 협력과 연계가 필요하게 된다.

이러한 위기가 사회문제로 대두될 때에 정부는 국가적 차원에서 위기해결을 위한 긴급지원을 구체적으로 해나가게 된다. 우리나라도 사회문제화된 위기상황에 대처할 수 있도록 긴급지원제도를 도입하여 전달체계를 개선하고 민간과의 연계를 위해 노력하고 있다. 하지만 우리나라의 긴급지원제도는 긴급복지지원법 제2조에 '위기상황'[1]을 정의하고 있어 정의된 상황에 대한 지원만을 한정하고 있다.

따라서 정의되지 않은 위기상황에 처한 서비스이용자들에게는 접근이 제한되고 있다는 한계가 있다. 그만큼 이 제도가 지원할 수 있는 서비스이용자의 범위도 좁아지게 된 것이다. 또한 긴급복지지원법이 한시법으로 제정되었기 때문에 제도의 지속 여부에 대한 안정성이나 이 제도에서 지원하고자 하는 지원 대상자의 권리가 약화될 우려가 있다. 또한 우리나라에서 위기상황에 처하여 긴급 지원이 필요한 대상들은 주로 미취업과 실직과 같은 소득 상실의 경제적 어려움 때문인 경우가 많다. 그럼에도 불구하고 지원 내용은 기초생활보장제도와 비슷한 수준의 급여가 단기 지원되는 것이 주가 되고 있다.

국내 · 외를 막론하고 일반적으로 긴급 지원의 내용은 위기상황을 어떠한 관점으로 접근하는가에 따라 다양하게 나타날 수 있다. 집이 필요한 노인에게는 주거공간의 제공이 필요하고, 기초적인 생활에 필요한 돈이 없는 경우에는 최소 생활비를 지원해야 한다. 그리고 아픈 노인에게는 의료 지원이 필요하다. 정서적으로 불안하거나 우울하여 심한 자살충동을 자주 느끼는 노인의 경우에는 그에 적합한 심리 상담과 복지 서비스 연계가 필요하다. 다행스럽게도 긴급지원제도에서 2007년부터 설치 · 운영되고 있는 보건복지콜센터, 2008년 11월부터 시작된 무한돌봄사업 등은 기존의 공공부조에서 겪었던 전달체계의 문제를 개선하기 위한 노력의 일부

1) 긴급복지지원법 제2조에서 말하는 '위기상황'의 정의는 본인 또는 본인과 생계 및 주거를 같이 하고 있는 가구 구성원이 다음 다섯 가지 중 어느 하나에 해당하는 사유로 인하여 생계유지 등이 어렵게 된 것을 말한다. 첫째, 주소득자가 사망, 가출, 행방불명, 구금시설에 수용되는 등의 사유로 소득을 상실하고 가구 구성원에게 다른 소득원이 없는 때, 둘째, 중한 질병 또는 부상을 당한 때, 셋째, 가구 구성원으로부터 방임 · 유기되거나 학대 등을 당한 때, 넷째, 가정폭력을 당하여 가구 구성원과 함께 원만한 가정생활이 곤란하거나 가구 구성원으로부터 성폭력을 당한 때, 다섯째, 화재 등으로 인하여 거주하는 주택 또는 건물에서 생활하기 곤란하게 된 때이다.

이며 계속해서 보다 효과적인 방법이 모색되고 있다.

특히 무한돌봄사업은 위기가정을 '선지원 후심사'로 지원하는 획기적인 복지 서비스이다. 하지만 이 사업은 현금 위주 지원으로, 사례관리가 이루어지지 않고 지원 후 수혜자가 실제 위기를 극복했는지 점검하는 사후관리가 이루어지지 않는 단점이 있었다. 그 두 가지를 보완한 것이 무한돌봄센터이다(최희철 외, 2009).

실제로 2010년부터 경기도에서는 무한돌봄센터가 설치되어 운영되고 있다. 이 센터는 주민의 복지 서비스에 대한 다양한 욕구가 한 번의 방문으로 해결되도록 지원하는 곳이다. 운영은 민·관 협력 방식으로 이뤄진다. 그 때문에 공공이 주도하여 민간기관들의 적극적인 참여가 어렵거나 혹은 민간이 주도하여 공공의 힘을 얻지 못하는 것이 아니라 전문성과 함께 민간의 적극적인 참여와 공공의 힘을 동시에 얻을 수 있다.

이렇게 사회복지 서비스 전달체계가 개편됨으로써 위기노인가정은 과거와 달리 편하게 자신들이 원하는 서비스를 받을 수 있게 되었다. 주민자치센터나 집 근처의 노인복지시설을 방문하여 한 차례의 기본적인 상담을 받고 나면 이 기관 저 기관을 다니면서 상담할 필요도 없고, 직접 어떤 서비스들이 있는지 찾아보지 않아도 되는 것이다.

무한돌봄센터의 서비스를 받게 되면 사례관리자들이 직접 가정을 찾아와 필요한 서비스들을 제공하게 되었기 때문이다. 이 과정에서 지역 단위의 각종 복지 자원들이 연계됨에 따라 사회복지 서비스의 중복 수혜와 사각지대 문제도 저절로 해결된다. 또한 위기를 해결하기 어려워 발을 동동 굴렀던 현장의 사회복지사들과 읍·면·동 공무원들의 업무가 줄어들 뿐만 아니라 사례관리의 전문성과 질의 제고로 복지선진국으로의 도약을 앞당길 수 있을 것으로 예측되었다.

하지만 현실은 예상과 달리 원활한 연계가 기대한 만큼 이루어지지 못하고, 위기상황에 대한 효과적인 개입이 잘 수행되지 못하고 있는 실정이다. 그 이유들 중의 핵심은 바로 임상적 위기개입을 통해 긴급 지원을 해야 할 상황에 대한 대처 전략과 방법에 대한 전문성이 미흡하다는 데에 있다.

나아가 사례관리 과정에서 가장 유용한 위기개입 실천 능력을 발휘할 '수퍼바이저'의 부재와 사례회의에서의 효율적인 위기개입 실천에 대한 실질적인 논의가 크게 부족한 상황을 들 수 있다. 또한 노인의 경우에는 복합적인 복지욕구를 갖고 있거나, 치매나 학대, 자살위험 등에 노출되어 신속하게 서비스 제공과 연계가 필요한 상황에서 경력직 사회복지사보다는 말단의 사회복지사가 투입되어 체계적인 사정과 개입이 이뤄지지 못하는 경우가 발생하기 때문이다.

뿐만 아니라 위기개입 과정에서 노인 스스로가 또는 가족이나 보호자가 서비스를 거부하는 경우도 발생하게 되는데, 이 경우에는 노인보호전문기관이나 노인 자살예방센터, 알코올상담센터에서 일하는 일선 사회복지사들이 개입할 수 있는 과정은 상당히 제약적일 수밖에 없다는 문제가 생긴다.

결국 이는 위기개입 실천의 성패를 좌우할 수 있는 사례회의를 체계적으로 담당해 나가야 할 사례관리자 및 수퍼바이저의 역량에 대한 문제로 귀결된다. 바로 여기에서 지역사회 전문사례관리자의 역할이 주목될 수밖에 없는 것이다. 따라서 위기개입 상황 속에서 전문사례관리자는 사회복지사로서, 사례관리자로서, 수퍼바이저로서의 기능과 역할을 해야 하는 것이다.

최근 한국의 사회복지실천은 개입 대상별, 개입 세팅별로 더욱 세분화 · 전문화되는 추세에 있고, 다양한 영역에서 일하는 사회복지사의 수가 증가하였다. 특히 성폭력, 배우자 학대, 상실, 자살 등의 다양하고 복잡한 문제로 인해 위기상황에 처한 노인 서비스이용자를 돕는 사회복지사가 늘어나고 있다. 다양한 위기상황에 처한 노인 서비스이용자를 만나게 되는 사회복지사에게는 기존의 개입방법이 아닌 전혀 새로운 지식과 개입전략이 요구된다.

여기서 위기개입은 사회복지실천의 혁신적 · 창의적 하위전문 분야로 사회복지사에게 매우 효과적인 개입전략으로 사용될 수 있을 것이다(한인영 외 역, 2001; 장수미 · 이선민 · 문용준, 2006 재인용).

그럼에도 실천 현장에서 발생되는 긴급 지원 케이스에 대한 위기대처 방법으로 위기개입은 그 필요성과 중요성에 비해 실제 활용하기가 용이하지 않다고 판단된다. 그 이유는 위기개입 상황에 처한 사회복지사가 위기개입을 하려고 해도 위기개입에 대한 교육과 훈련을 통해 숙련되어 있지 못하기 때문이다.

따라서 '긴급 지원 케이스 위기대처 방법' 은 상당한 위험을 내포하고 있는 위기상황에서 요구되는 임상 현장에서의 구체적인 사례관리개입 전략과 기술로 매우 중요하다고 하겠다. 무엇보다도 위기상황 속에서 위기개입의 대표적 사업으로 이미 시행되고 있는 무한돌봄사업과 희망복지지원단을 효과적으로 발전시켜 나가야 할 입장에서 더더욱 '긴급 지원 케이스 위기대처 방법' 은 노인을 대상으로 서비스 개입실천을 수행하는 전문 사례관리자들이 이해하고 익혀야 할 중요한 전략이자 실천 기술이라고 판단된다.

1 이론적 배경: 일반적 위기개입 모델

위기이론과 이 이론을 단기 개입실천에 적용시키고자 하는 시도는 1960년대 이후에는 커다란 관심의 대상이 되어왔다. 위기개입 모델과 실제는 린데만(Lindemann, 1944)의 극심한 슬픔반응에 관한 연구와 카플란(Caplan, 1965) 및 동료학자가 수행한 예방정신의학 연구 프로그램 등에 기초해서 1950년대 및 1960년대 걸쳐 급격한 속도로 성장하였다.

1) 위기개입 모델의 이해

자연재해나 갑작스런 생활상의 사건, 발달과정에서 경험하는 스트레스 등으로 인해 격심한 고통의 감정을 일시적으로 경험하고 그 충격으로 유발되는 스트레스로 일상생활 수행에 어려움이 발생하는 경우이며, 이에 대처할 능력과 자원이 부족하여 문제가 생기는 사람들에 대한 관심으로부터 나온 것이 위기개입 모델이다. 따라서 위기개입 모델의 목적은 극심한 스트레스 상황에서 즉각적으로 필요한 서비스의 지원과 격심한 고통 이후에 발생할 수 있는 심각한 심리적 붕괴 현상의 예방에 있다(양옥경 외, 2010). 또한 위기개입은 단적으로 말해 인간의 정상적인 기능을 와해시키는 연속적인 사건들을 차단하기 위한 활동이라고 할 수 있다(이준우 · 임원선, 2011).

(1) 위기개입 모델의 특징

위기개입 모델을 하나의 기법으로 공식화한 전통은 앞서 언급했던 카플란(Caplan, 1965)의 예방 정신의학 저서에서 비롯되었다. 따라서 그 방법론의 기원은 정신보건사업과 질병의 치료보다는 예방에서 찾을 수 있다(서진환 외 역, 2001). 위기개입 모델은 특히 정신보건 분야의 여러 서비스에서 폭넓게 활용되어 왔으며, 최근 우리나라 사회복지실천 현장에서 매우 폭넓게 각광받고 있다(이준우 · 임원선, 2011).

위기개입 모델은 기존 모델들을 절충한 통합적인 형태를 갖고 있으나 이론적 측면에서는 정신역동적 관점에서 나오는 자아심리학의 기본요소들을 사용하고 있다. 따라서 외적 사건들에 대한 정서적 반응은 무엇이며, 어떻게 그 반응들을 합리적으로 통제해야 할 것인지에 초점을 두고 있다(서진환 외 역, 2001).

또한 위기개입에서 강조되는 중요한 사실은 위기에 대해 사람들이 어떠한 정서적 반응을 보이는가 하는 것과, 매일 부딪치는 문제를 다루어 나갈 수 있는 능력에 변화가 일어나서 변화된 능력이 오랫동안 지속되어야 한다는 데에 있다. 이러한 위기개입 모델은 위기개념과 단기개념을 포함한다. 즉, 위기개입은 위급한 상황에의 즉각적인 대처라는 의미를 갖고 있는 것이다. 위기개입 모델의 기본가정은 다음과 같다(Golan, 1986).

첫째, 다양한 상황에서 초래되는 직접적인 스트레스와 위험한 사건에 직면했을 때 겪는 격심한 정서적 불균형과 사회적 해체 현상은 정상적인 것이다.

둘째, 위기상황에서 겪는 격심한 고통은 정상적인 삶의 경험이며, 정상적인 상태에서 겪을 수 있는 일시적인 혼란이다. 위기사건은 위기 당사자에게 모두 파괴적으로 영향을 미칠 수 있는 사건이기도 하지만, 당사자 자신이 전체 삶의 맥락에서 해석하는 의미에 따라 위기일 수도 있고 발전의 기회일 수도 있다.

셋째, 정서적인 불균형을 경험하는 사람은 본능적으로 정서적 균형을 찾으려는 경향이 있다.

넷째, 인간은 정서적인 균형을 회복하려고 노력하는 과정에서 일시적이고 격심한 심리적 유약성을 경험할 수 있다.

다섯째, 심리적으로 현저히 약해져 있을 때에는 일반적으로 사람들은 심리적인 치료 서비스를 수용하는 태도를 갖게 된다.

여섯째, 위기는 부정적인 결과를 가져올 수도 있지만 한편으로는 성장과 발전의 기회가 되기도 한다.

(2) 주요개념

일반적인 위기개입 모델에서 다루어야 할 가장 중요한 개념은 위기에 대한 정의와 위기가 의미하는 상태에 관한 것이다(Golan, 1986; 장인협, 1999; 양옥경 외, 2010).

① 위기의 정의

위기란 위협적 혹은 외상적 위험사건의 경험으로 취약해져 이전의 대처 전략으로는 스트레스나 외상을 대처하거나 경감할 수 없는 불균형의 상태가 되는 것을 말한다. 좀 더 구체적으로 살펴보면 다음과 같다.

첫째, 상황적 위기로 위기 상태를 촉발하는 사건을 중심으로 분류한 것이다. 가령 심각한 질병, 외상, 사랑하는 사람과 사별, 자연재해, 폭력범죄 등 갑작스럽게 발생하는 외부 사건에서 경험하는 위기이다.

둘째, 발달적 위기로 발달 단계, 성숙과정에서 발생하는 생활사건이나 발달 단계에 필요한 발달과업으로 새로운 대처 자원이 필요한 성숙을 향한 위기이다. 예를 들면 청소년의 정체성 위기, 중년의 위기, 노년의 위기 등이 있다.

셋째, 실존적 위기로 목적, 책임, 독립성, 자유, 헌신 등 인간에게 중요한 이슈를 동반하는 내적갈등이나 불안과 관련된 위기이다.

② 위기의 상태

위기가 의미하는 상태는 다음과 같다.

첫째, 혼돈, 걱정, 절망, 분노 같은 감정을 동반한 격심한 정서적 혼란 상태이다.

둘째, 위기에 처한 개인은 심리적으로 취약하고, 방어기제는 위축되어 있으며, 문제해결과 대처능력은 심각하게 와해되었음을 경험한다.

셋째, 격심한 위기 상태는 일시적 상태로, 보통 6~8주 정도 지속된다.

2) 위기개입 모델에 근거한 사례관리의 특징

위기개입 모델에 근거한 사례관리의 특징은 긴박한 심리적 위기에 처한 위기개입 대상자인 노인의 특별한 욕구와 관심을 설명할 수 있다는 것이다. 사회복지실천 현장에서 위기개입 모델에 기초한 사례관리는 개인이나 가족의 기능이 개인적 손상 혹은 비극으로 인해 갑작스럽고 심각하게 영향을 받았을 경우에 적용된다. 이 모델은 그 위기를 불러일으킨 사건 직후 4주에서 6주 동안 활용되며, 특히 개인적 위기로 인해 정상적으로 기능을 못하는 사람에게 제공되는 집중적이며 시간제한적인 개입의 중요성을 강조한다(이준우 · 임원선, 2011).

3) 사례관리에의 적용

(1) 개입원칙

위기개입의 개입원칙은 다음과 같이 간략하게 설명할 수 있다.

첫째, 위기개입 대상자인 노인이 최소한 위기 이전의 기능 수준으로 회복하도록 돕는 것이다.

둘째, 직접적으로 위기상황과 관련된 구체적인 문제에 초점을 두며, 현재 지향적이어야 한다.

셋째, 다른 모델들에 비해 상대적으로 단기접근이다. 위기개입 기간은 4~6주 정도이다.

넷째, 구체적이고 관찰이 가능한 문제가 위기개입 표적이다. 과거를 탐색하는 데 비중을 두지 않고, 과거를 탐색할 경우에는 현재 위기와 직접 관련이 있는 것에 한정한다.

다섯째, 가장 적절한 최선의 치료전략을 세워야 한다. 단순히 차선책으로 접근해서는 안 된다. 위기는 심각하고 적절한 개입 방안을 마련하는 것이 최우선 순위이다.

여섯째, 위기개입 사회복지사는 다른 어떤 실천접근에서보다 적극적이고 직접적인 역할을 한다.

(2) 사례관리 과정

위기개입 모델에 기초한 일반적인 사례관리 과정은 '사정 → 계획 → 개입 → 위기대비 계획'으로 설명할 수 있다(서진환 외 역, 2001).

① 사정 단계

사정 단계에서 유의해야 하는 내용은 다음과 같다.

첫째, 위기개입 대상자인 노인이 왜 오늘 도움을 받으러 왔는지 고려한다. 위기문제로 사회복지사를 찾아올 때에는 보통 위기 발생 후 2주 정도 망설이다가 찾아오기 때문에 빨리 이를 파악해야 한다.

둘째, 위기개입 대상자가 현재 위기와 선행사건을 어떻게 인식하는지 고려해야 한다.

셋째, 위기개입 대상자가 주위의 도움을 받을 만한 자원이 있는지, 지지 수준과 질은 어느 정도인지 고려해야 한다.

넷째, 위기개입 대상자가 과거에 비슷한 문제를 겪은 적이 있는지, 있다면 어떻게 대처했는지 고려한다.

다섯째, 위기개입에서 반드시 고려해야 할 자살, 타살의 위험에 대해 질문해야 한다.

② 계획 단계

위기 때문에 개입 대상자인 노인의 기능은 어느 정도 손상되었는지, 일상생활 수행 능력은 어느 정도 회복될 것인지, 서비스이용자 주변 자원들은 어떻게 반응하고 있는지, 서비스이용자는 어떤 도움을 받을 수 있는지 등을 평가한다. 그 다음으로 가능한 대안들을 고려하고 이들의 장 · 단점을 파악하여 무엇을 수행할 것인지 행동 계획을 세운다.

③ 개입 단계

개입 단계에서 수행해야 할 사항은 다음과 같다.

첫째, 위기개입 대상자인 노인 개인이 자신이 처한 위기에 대해 지적으로 이해할 수 있도록 돕는다.

둘째, 위기개입 대상자인 노인이 표현하기 힘들어하는 감정을 표현하도록 돕는다.

셋째, 대처기제를 탐색한다.

넷째, 서비스이용자가 자신의 사회적 지지체계를 형성하거나 다시 형성할 수 있도록 돕는다.

④ 위기대비 계획

위기개입 대상자인 노인이 미래의 다른 위기에도 대처할 수 있도록 돕는다. 위기개입 마지막 단계에서 위기개입 대상자가 위기를 다루는 과정에서 무엇을 배웠는지 정리한다.

(3) 위기개입 모델의 실제적인 적용 기법

최근 널리 사용되는 위기개입 기술은 위기가 발생한 현장에서 즉시 위기개입하는 것이다. 이는 중대한 사건이 발생한 것을 계기로 겪게 되는 극심한 스트레스와 불안을 현장에서 즉시 다루고, 같은 현장에 있던 사람들이 함께 집단으로 참여하여 좀 더 구체적인 정보와 사실을 토대로 감정을 공유함으로써 응급처치 효과를 가져올 수 있다는 데에서 매우 유용한 실천 개입 기술이다.

위기개입 모델을 사용할 때에 일반적으로 적용되는 기법은 다음과 같다(Golan, 1986).

첫째, 정보 제공 환기

둘째, 상실의 의미를 표현하도록 격려

셋째, 참가자의 정서반응이 정상이라는 것을 재확인시켜 주기

넷째, 집단과 동료의 사회적 지지 제공

다섯째, 사건에 대한 오해와 잘못된 정보 줄이기

여섯째, 참가자의 대처 노력을 격려, 교육, 강화하기

일곱째, 긴장과 불안을 완화하는 방법 사용하기

여덟째, 사건 이전으로 기능회복 돕기

아홉째, 사후관리가 필요한 대상 확인하기

2 위기대처 방법: 긴급 지원에 유용한 위기개입 6단계 모델

제임스(James)와 질리랜드(Gilliland)가 제안한 위기개입 6단계 모델[2)]은 앞서 설명한 일반적인 위기개입 모델에 근거하고 있으면서 위기개입 대상자인 노인에게 닥쳐온 가정폭력 및 가족 학대, 성폭력, 자살충동 등과 같은 매우 긴박하면서도 심각한 위기상황에 보다 더 효과적이며 매우 실제적인 위기개입실천 모델이라고 본다. 동시에 위기개입 6단계 모델은 사례관리 개입실천을 수행해 나가는 데에도 크게 유용한 모델이라고 할 수 있다(James & Gilliland, 1993; 한인영 외 역, 2001).

1) 사정

위기개입 6단계 모델은 사정과 개입으로 이루어진다. 우선 사정을 위해 사회복지사는 위기개입 대상자인 노인에 대해 충분한 검사를 하거나 깊이 있는 정보를 얻을 수 있는 시간이 부족하다. 따라서 DSM-IV의 진단 기준이나 자기보고형식의 측정도구를 사용하여 사정하기는 어렵다. 그래서 6단계 모델에서는 '위기분류사정 양식(TAF: Triage Assessment Form)' 을 주로 사용한다.

위기분류사정 양식은 긴박한 위기상황에서 위기개입 대상자의 정서, 행동, 인지적 영역의 현재기능을 빠르게 파악할 수 있도록 만들어진 도구[3)]이다(James & Gilliland, 1993; 한인영 외 역, 2001). 정서 영역에서는 위기개입 대상자인 노인이 현재 보이는 정서적 반응이 상황을 부인하거나 회피를 하는지, 정상적인 것인지, 충동적 상태나 충격적 상태를 나타내는지 전반적으로 살펴본다. 이때 '분노/적의, 두려

2) 본 저서에서 인용한 위기개입 6단계 모델의 주요 내용들은 한인영 등(2001)이 번역하여 국내에 소개한 것을 장수미 · 이선민 · 문용준(2006)이 일목요연하게 정리한 것을 본 저자가 다소간 수정 · 보완하여 정리하였음을 밝힌다.

3) 한인영 등이 번역한 『위기개입』의 pp. 50~53까지를 참조하기 바란다.

움/불안, 슬픔/침울' 등과 같은 다양한 정서의 출현 여부를 파악한다. 행동 영역에서는 서비스이용자의 행동양상이 접근적인지, 회피적인지, 무력해져서 비유동적 상태인지를 사정한다. 인지적 영역에서는 음식, 주거와 같은 물리적 측면, 자아개념, 정체감 등 심리적 측면, 가족, 친구와 같은 사회적 측면, 가치, 신념체계와 같은 영적 측면에서 어떻게 손상 정도를 인지하는지를 측정한다.

위기개입을 하는 사회복지사는 세 영역에서의 개입 대상자인 노인의 상태를 제시된 전형적 반응 양식에 따라 분류하고, 서비스이용자의 현재 기능 수준을 수치화한다. 즉, 1~10점으로 구분하여 1점(손상 없음), 2~3점(극소의 손상), 4~5점(경미한 손상), 6~7점(중등도의 손상), 8~9점(현저한 손상), 10점(심각한 손상)으로 분류한다. 세 영역을 합하면 3점에서 30점까지 점수가 산출된다. 이때 점수가 높을수록 위기개입 대상자가 평형 및 유동적 상태에 있음을 의미한다. 평형 및 유동성의 정도에 대한 사정은 위기개입을 하는 사회복지사의 개입 활동 정도를 결정해주기 때문에 중요하다. 위기개입 대상자가 비유동적 상태에 있을수록 지시적 개입이 필요하며, 유동적 상태에 있을수록 비지시적 개입을 하도록 한다.

2) 개입

사정이 위기개입의 전 과정에서 진행되는 역동적 활동으로 계속되는 동안 위기개입을 하는 사회복지사는 6단계에 따라 구체적 개입을 실시한다.

1단계는 문제를 정의하는 단계로서 이때 위기개입 대상자의 관점에서 문제를 정의하고 이해하는 것이 중요하다. 위기개입을 하는 사회복지사는 위기상황에서 당황하는 위기개입 대상자의 문제를 재빨리 파악하기 위해서 감정이입, 진실, 수용, 긍정적 관심을 제공하는 경청 기술을 적극적으로 사용하는 것이 좋다.

2단계는 위기개입 대상자의 안전을 확보하는 단계이다. 안전이란 자신과 타인에게 신체적 · 심리적 위험을 최소화하는 것이다. 여기서는 위기개입 대상자의 안전을 두 번째 단계로 하였지만, 안전은 위기개입 전 과정에서 우선적으로 고려해야 할 사항이므로 이 단계를 유연성 있게 적용해야 한다.

3단계는 지지하기이다. 위기개입을 하는 사회복지사는 대상자인 노인에게 '당신에게 진정한 관심을 가진 사람이 여기 있다'는 사실을 확신시켜, 노인이 위기개입을 하는 사회복지사를 무조건적 · 긍정적으로 수용할 수 있도록 해야 한다. 이 단계에서는 위기개입을 하는 사회복지사의 경청하는 자세가 매우 강조된다.

4단계는 대안을 탐색하는 단계이다. 위기에 처한 노인은 실제로 선택의 여지가 없다고 믿는다. 또한 비유동적 상태에서는 최선의 선택이 무엇인지 알기 어려우므로 이 단계에서 위기개입 대상자인 노인에게 적절하고 가능한 선택이 무엇인지 폭넓게 찾아보는 것이 필요하다. 위기개입을 하는 사회복지사는 대상자인 노인에게 많은 대안이 있음을 인식시키기 위해 상황적 지지자, 대처기제, 긍정적 사고 패턴을 찾아낸다. 상황적 지지자란 예전부터 대상자를 잘 아는 사람으로 도움을 제공할 수 있는 사람이며, 대처기제란 위기개입 대상자가 위기를 극복하는 데 사용할 수 있는 행동적 · 환경적 자원을 의미한다. 긍정적 사고 패턴은 개입 대상자인 노인이 스트레스와 불안을 경감시키도록 하는 사고방식으로 문제를 보는 관점을 바꾸도록 한다. 위기개입을 하는 사회복지사는 이 세 가지를 찾아냄으로써 무기력하게 느끼는 위기개입 대상자에게 도움을 줄 수 있다.

5단계는 계획세우기로 이전 단계와 연결된다. 이 단계에서는 즉각 위기개입 대상자에게 지지해 줄 수 있는 사람과 집단, 의뢰 자원을 명확히 하고 대상자인 노인에게 즉각 사용할 수 있도록 대처기제를 제시해야 한다. 중요한 것은 위기개입 대상자가 계획된 사항을 자신의 것으로 느낄 수 있도록 대상자인 노인과 협력하여 계획하는 것이 중요하다. 위기개입 대상자가 해야 할 일을 원조자가 결정하는 경우가 많기 때문에 대상자인 노인이 자율성을 갖고 위기개입을 하는 사회복지사에게 너무 의존하지 않도록 한다.

마지막 6단계는 참여시키기 단계로 계획 단계가 효과적으로 수행되면 참여 단계는 쉬워진다. 이 단계에서는 위기개입 대상자에게 계획한 내용을 요약해보게 하는 것으로 개입 대상자가 위기 이전의 평형을 되찾을 수 있도록 행동 수행에 참여하게 하는 것이다(James & Gilliland, 1993; 한인영 외 역, 2001).

3 위기대처 기술: 사회복지사의 위기개입 기술

위기개입 기술은 위기에 처한 노인의 위기상황의 심각성을 판단하고, 이에 대한 대처를 돕는 여러 가지 기술이나 개입전략이다(김기태, 1997). 전반적 위기개입은 위기개입 대상자인 노인으로 하여금 위기 이전의 수준이나 그 이상으로 자기의 기능을 회복시켜 주거나 향상시켜주는 것이므로 위기개입 기술은 위기상황을 만난 노인과 연결된 사회복지사가 노인에게 나타난 위기상황의 심각성을 판단하고 이들의 위기대처를 돕는 지침이 될 수 있다(James & Gilliland, 1993; 한인영 외 역, 2001).

따라서 사회복지사의 위기개입 기술은 위기에 처한 노인들에게 민감하게 즉각적으로 반응하고, 효과적 개입이 되어야 할 필요가 크다. 이와 같은 위기대처 기술로는 여러 학자들의 다양한 견해들이 있지만 여기에서는 이인숙(2004)이 정리한 다음과 같은 4가지 기술들을 간략하게 설명하고자 한다.

1) 사정 기술

통상 위기에 처한 노인을 신속하고 적절하게 사정하는 것은 사례관리 개입과정에서 가장 중요한 요소이기 때문에 사정은 실질적으로 잘 수행되어야 한다. 사정은 위기개입 시에 중요한 개입 계획을 세우기 위한 필수적인 요소로 개입 계획을 세우는데 필요한 정보 토대를 만드는 중요한 기능을 한다.

위기상황에 처한 노인에 대한 위기개입 사정은 위기의 지속기간, 심각성 정도에 따라 위기로 인해 피해를 당한 노인에 대한 위기분류사정을 먼저 해야 하는데, 이때 최우선적으로 고려해야 할 일은 노인의 안전에 관한 문제이다. 이와 함께 위기를 촉진시켰던 사건의 본질과 개입 대상자인 노인이 그 사건을 어떻게 인식하고 있는지, 그 사건에 대해 어떤 정서적 반응을 보이는지 등을 확인하는 것이 사정에 주요 요소로 포함된다.

이밖에도 위기개입 대상자인 노인의 정서 · 행동 · 인지의 행태를 평가하는 기술과 노인의 자원 · 대처기제 · 지지체계에 대한 평가, 자살이나 타살 잠재성을 사정하는 기술 등이 위기개입 사정에서 유용하게 활용된다. 또한 노인의 위기 이전의 기능에 대한 사정과 노인의 약물경험, 병력, 정신건강 상태 등도 사정에서 파악되어야 한다.

2) 정서적 지지 기술

정서적 지지 기술은 사회복지사들이 위기개입 대상자인 노인이 문제를 해결할 수 있음을 확신시키고, 노인 자신이 가치 있으며 인정받고 돌봄을 받고 있다는 것을 확신시키는 기술이다. 동시에 사회복지사들은 피해를 입은 노인들의 현재 상황을 비심판적이고 수용적인 자세로 대함으로써 노인의 분노, 상처, 공포, 죄의식 등을 해소해 나가야 한다. 또한 위기개입 대상자인 노인들이 자신의 상황을 설명하도록 충분한 시간을 제공해야 한다. 이를 통해 노인들이 자유롭게 자신의 감정을 표현할 수 있게끔 분위기를 조성할 수 있다. 이러한 정서적 지지는 자아존중감을 갖게 하고 통제력을 증가시키며, 스트레스를 감소시키고 소속감과 지지감을 증가시킨다.

3) 합리적 인식 원조 기술

합리적 인식 원조 기술은 위기로 인해 피해를 당한 노인들에게 현실적 대처방안에 관한 정보를 제공함으로써 위기상황에 대한 해결책을 구체적으로 인식하도록 원조하는 기술이다. 이를 통해 위기상황과 이에 대한 긍정적이고 생산적인 사고 행태를 계발하도록 도울 수 있다.

4) 네트워크 기술

네트워크 기술은 통합적 위기개입의 측면에서 의뢰 자원과 네트워크를 개발하는 기술이다. 위기개입을 수행하는 사회복지사의 행동전략에서 노인이 당면한 욕구에 관심을 가지고, 의뢰 자원을 활용하며 관계망을 개발하고 활용하는 것 등이 위기개입의 네트워크 기술로도 적절히 활용될 수 있다. 네트워크 기술을 통해 피해를 당한 노인에게 장기적 지지와 옹호는 특히 중요한데, 지지집단과 도와주는 옹호자가 있는 사람은 그렇지 않은 사람보다 목표를 이루기 위한 서비스의 접근성이 더 높기 때문이다.

위기는 개입 대상자인 노인에게 심각한 병리적 상태를 야기하기 때문에 위험이면서 동시에 고통을 경험하게 한다. 하지만 이러한 위험과 고통이 있기 때문에 도움을 구한다는 점에서 위기는 곧 기회라 할 수 있다. 서비스개입 현장에서 사회복지사와 전문 사례관리자는 다양하고 심각한 위기상황을 만나서 다루게 된다. 그럴 때마다 대상자의 동기 부족, 자원의 부족, 사회복지사의 전문성 부족, 업무량의 과다 등 여러 가지 이유로 인해 효과적으로 위기개입을 하는 것이 쉽지 않다. 하지만 위기는 개입 대상자인 노인에게 도움을 줄 수 있는 최초의 공식적 통로가 되기 때문에 전문적 위기대처 방법을 숙련하여 기회를 최대한 활용해야 할 것으로 본다.

결국 위기개입의 궁극적인 목표는 위기를 당하고 있는 노인의 문제를 해결하게끔 도와서 위험성을 제거하고 위기 이전의 기능을 회복하게끔 하는 것이며, 더 나아가 이전보다 더 높은 수준으로 성장하고 발전하도록 돕는 것이다. 따라서 위기개입은 위기에 처해서 즉각적인 도움을 필요로 하는 노인들에게 문제 상황을 극복하도록 돕기 위한 긴급 지원의 핵심 영역으로 대두되어야 하며, 위기에 처한 당사자와 가족 그리고 당사자와 관계된 집단을 돕는 데에 대단히 중요한 사례관리 개입실천으로 인식되어져야 할 것으로 본다. 따라서 긴급 지원을 단순히 공공부조의 확대로만 볼 것이 아니라 심리사회적 · 정서적 개입실천까지도 포함하는 전문 사례관리 서비스의 하나로 인식되어야 할 것이다.

4 위기개입의 실제: 노인 자살예방사업

노인에 대한 위기개입은 주로 노인복지관, 노인요양시설, 노인보호전문기관, 무한돌봄센터, 노인 자살예방센터 등에서 이뤄지고 있다. 여기에서 소개할 사례는 노인 자살예방센터에서 실제 위기개입을 실천한 사례로서, 사회복지사가 개입한 시간적 순서에 의해 기록하였다.

1) 서비스이용자 위기개입 경위

김○○ 어르신은 보건소 방문간호사에게 의뢰된 사례이다. 방문간호사가 김○○ 어르신을 방문했을 당시에 어르신은 '연탄불을 피워놓고 수면제 20알 먹고 죽겠다' 라고 이야기하였으며, 방문간호사는 다급한 마음에 노인 자살예방센터에 응급연계를 시도하였다. 이 경우에는 사회복지사는 긴급 상담이 있지 않은 경우에 즉시 서비스이용자를 만나러 가는 것이 원칙이다. 따라서 방문간호사로부터 접수된 사례의뢰서를 살펴보고 난 뒤 서비스이용자와 첫 만남을 위한 약속을 잡고 방문을 실시하였다.

2) 인적사항

실제 위기개입의 경우에는 서비스이용자의 인적사항을 위한 사정은 추후에 실시하는 것을 원칙으로 한다. 김○○ 어르신은 수면제(20알)라는 자살도구를 갖고 있었으며, 사회복지사와 주변 지인들에게 자신의 자살 계획을 알렸기 때문에 1차적으로 사회복지사는 수면제를 수거하는 일과 서비스이용자가 어떤 경위에서 자살을 택하게 되었는지를 사정, 탐색할 필요가 있다.

(1) 성명: 김○○(여자, 77세)

(2) 종교: 없음

(3) 학력: 초졸

(4) 주소: ○○도 ○○시 ○○면

(5) 건강

진단병력은 고혈압, 당뇨, 전신불안장애, 현기증, 만성 위축성 위염, 심장 질환, 신장 질환이며, 현재 혈압약과 당뇨약을 복용하고 계셨다.

(6) 경제력

3년 전 국민기초생활수급권이 해지되어 현재 기초노령연금 8만 원으로 생활하고 있다. 비상금으로 50만 원을 가지고 있으나 늘 불안한 심리 상태라고 말씀하셨다.

(7) 심리검사 결과

- 불안우울검사(Duke-ad): 14점/14점
- 자살생각질문지: 4점/6점
- 우울검사 점수(GDS-KR): 29점/30점
- 자살생각검사(SSI): 거부

(8) 사회적 관계 및 지원망

서울에서 살다왔다며 친구가 없다고 하셨다. 하루 종일 먼 산을 바라보는 게 전부이며, 아들 둘이 있으며 큰 아들은 ○○에 거주하고 있고, 작은 아들은 소식이 끊겼다. ○○재가복지센터에서 주 1회 밑반찬 서비스, 방문간호사가 월 1회 방문하고 있으며, 기타 생필품은 간헐적으로 면사무소에서 받고 계셨다.

(9) 첫인상 및 행동특성

지팡이를 의지한 채 부적절하게 걸으시며, 관절이 좋지 않아 오랜 시간 걷지 못하고 2~3분에 한 번씩 쐐액 쐐액 소리와 함께 바닥에 주저앉으신다. 상대방의 눈을 제대로 쳐다보지 못하고 매사에 부정적인 태도를 갖고 있었으며, 상담 3회기까지 툭툭거리는 말투를 보였다. 오랜 시간 사람들과 교류를 하지 않고, 홀로 지내서 나오는 말투인 것 같았으며, 아들에 대한 배신감과 외로움이 담긴 말투 같았다.

3) 가족관계(사회적 지지망)

(1) 남편: 7년 전에 사별함

슬하에 아들 둘을 두었으며, 남편과는 좋은 관계로 지냈다. 지금 거주한 곳으로 이사 오고 난 후 남편을 의지하며 지냈지만, 남편과 사별한 후에 급격히 외로움과 우울감을 보였다.

(2) 큰 아들: 서○○

현재 ○○에 거주하며 하루 5만 원을 버는 일용직으로 근무하고 있다. 3년 전에 큰 아들이 20여 평 되는 아파트를 구입했는데, 이것이 부양의무자 소득으로 잡혀 김○○ 어르신의 수급권이 박탈되었다고 하셨다. 현재 큰 아들은 지인이 운영하는 건설업체에 직장 가입자로 가입이 되어 있으나 실제로는 아무런 소득이 나오지 않고 일도 나가지 않는다고 하였다(단순히 이름이 필요하여 도움을 줬다고 함). 때문에 큰 아들 명의로 직장 가입자 건강보험증이 발급되었으며, 실제로는 일용직 근로자의 삶을 살고 있다고 하셨다. 손자녀가 있기는 하나 큰 아들과 어르신과 서로 왕래가 잦지 않고 요즘은 먹고 살기 바쁜지라 잘 오지 않는다고 하셨다.

(3) 작은 아들: 서△△

5년 전에 연락이 끊겼으며, 현재 작은 아들에 대한 연락처조차 없다. 김○○ 어르신도 작은 아들에게 피해를 주기 싫다며 억지로 찾고 싶지 않다고 하셨다.

(4) 조카딸

김○○ 어르신이 가장 의지하는 상대로 힘이 들면 조카딸에게 전화하여 하소연을 한다고 하셨다. 경제력이 좋지 않아도 용돈을 달라는 말은 못한다며 정서적으로 의지하고 있는 상대였다.

(5) 가계도

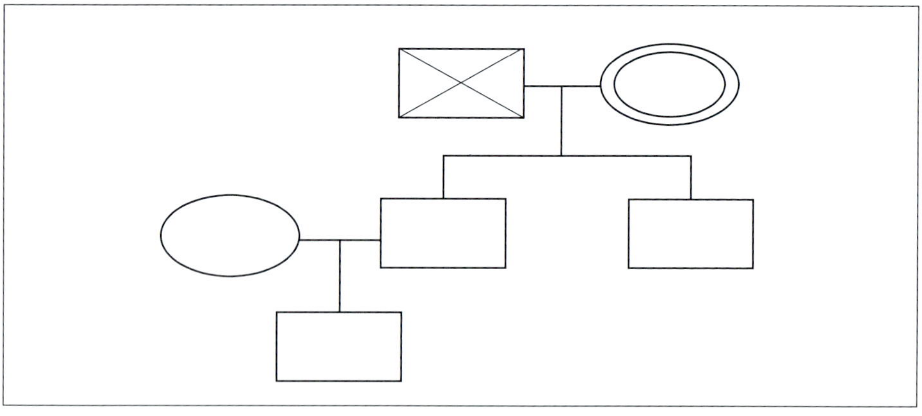

4) 주 호소문제

(1) 늘 불안하고 외롭다

(2) 죽은 남편 곁으로 빨리 가고 싶다

(3) 먹고 살 돈이 없다. 국민기초생활수급권을 만들어 달라. 안 그러면 자살하겠다

(4) 자식도 다 소용없다

5) 김OO 어르신의 자원

(1) 조카딸: 정서적 지원

(2) 복지 서비스 지원: 방문간호사, ○○재가복지센터

6) 사회복지사가 본 서비스이용자의 주요 복지문제

(1) 건강문제

매우 뚱뚱하여 걷는 것도 엉성하고 약을 많이 의지하고 있었다. 집에 두통약이 수북이 쌓여있으며 두통이 잦아 복용하고 있었다.

(2) 경제적 문제

당장 8만 원으로 생활하기에는 의료비가 10만 원 넘게 지출되고 있는 상황이었다.

실제 기초노령연금 통장에도 잔액이 6만 원 정도로 당장 먹고 살기가 어려운 상황이었다.

(3) 심리정서적 문제

심리적 불안정(실제 진단서에 전신불안장애 병명이 기재되어 있음), 자살 계획이 철저하고 자기도 모르게 충동적으로 죽고 싶은 생각이 든다고 하였다. 그때는 나도 나를 모르겠다는 이야기를 털어놓으시며, 먼 산을 바라보고 있으면 죽은 사람들이 자꾸 생각나서 미칠 것 같다고 하셨다.

(4) 일상생활 문제

건강이 좋지 않다보니 하루 12시간을 집 근처에 있는 제사 지내는 마당에 앉아 먼 산을 바라만 보고 있었다.

이상의 4가지 복지문제를 발견하고, 사회복지사는 첫째, 김○○ 어르신이 소지하고 있는 수면제를 수거하고, 우울감에서 오는 불안감을 줄이고, 정신적 안정을 찾는 것을 주된 개입목표로 삼았다. 둘째, 본인이 혼자라는 사실을 직면하되, 주변 사회적 지지체계를 형성하여 김○○ 어르신에게 도움을 줄 수 있는 관계망을 형성하는 방안을 모색하였다. 나아가 셋째, 잦은 우울감으로 인해 자살생각에서 떨치지 못하는 김○○ 어르신에게 6개월 동안 정신과에 내원하여 우울증 약을 복용할 수 있도록 동행해 드리는 방안을 계획하였으며, 넷째, 경제적인 생활고로 인해 지원 가능한 자원을 찾는 방안을 목표로 삼았다.

7) 위기개입 진행과정

표 6-1 위기개입 진행과정

회기	진행과정	비고
1회기	• 긴급 상담: 심리적 불안정, 눈물, 자살생각, 도구 호소 → 도움 제공에 대한 희망을 드리기, 상담 구조화	• 라포 형성 • 불안한 마음 추스르기
2회기	• 면사무소 공무원과 직접 연락 → 의료비, 기초생활수급권 관련 정보를 듣고, 공무원이 개입할 수 있는 여지 마련	
3회기	• 거주 상태 확인, 수면제 수거, 후원물품 제공	• 후원물품 제공 • 수면제 수거
4회기	• 아들이 물적 · 정신적 지지가 되어주지 못함. 건강 챙기도록 권유, 우울증 약 지원	• 정신과 동행
5회기	• 짐 되기 싫은 마음을 이해, 작은 아들이 소식이 끊겼다는 것을 애써 외면하는 내담자, 내담자가 긍정적인 선택을 하도록 유도함	• 재가복지센터 안전망 구축
6회기	• 기대할 것이 생김(틀니, 보건소 지원), 살아가려는 희망을 조금씩 되찾고 계심. 꽃 심기(원예치료)	• '꽃=나'라고 생각하고 정성껏 키우심(긍정성 강화)
7회기	• 우울증 약에 대한 신뢰, 정신과 진료, 또래 어르신들과 대화가 원만하지 않음	• 정신과 동행
8회기	• 급격한 체력약화로 바깥출입이 힘듦, 남편에 대한 그리움 표현, 우울감 완화, 의료비 지원 정보 제공, 긍정적인 생각 떠올리기 숙제 내드림	• 복지사각지대 전국 일제조사 신청
9회기	• 즐거운 것을 떠올리심(옛 추억), 칭찬, 지지	
10회기	• 지원체계 마련(큰 아들 주 1회 통화, 재가복지센터, 방문간호사, 면사무소, 경로당)	

8) 사후관리

총 10회기 개입을 통해 김○○ 어르신은 우울증약 복용과 심리 상담을 통해 마음의 안정을 되찾으신 상태이다. 향후 정신과약 복용을 지속적으로 진행하여 김○○ 어르신이 불안장애에서 벗어날 수 있도록 사후 관리할 예정이다. 이어 김○○ 어르신에게 사회적 지지체계를 형성하기 위해 우선 큰 아들에게 김○○ 어르신의 심리 상태와 기본 상태를 알려드렸다. 큰 아들은 주 1회 이상 김○○ 어르신께 연락을 취할 것을 약속하였으며, 지속적으로 어머니의 안부를 확인할 것을 약속하였다. 또한 면사무소에서 김○○ 어르신에게 , 현재 국민기초생활수급자로 등록할 수 없는 상태임을 확인하고 간헐적으로 지원되는 후원물품 계획을 논의하였다. 이어 재가복지센터 담당자에게도 김○○ 어르신의 자살문제를 함께 논의하여 밑반찬 배달 서비스와 말벗 서비스를 지속적으로 실시할 것이라는 서비스 계획을 확답받았다. 마지막으로 김○○ 어르신은 자신이 서울에서 살다왔다는 이유로 경로당을 출입하지 않으셨는데, 지속적인 상담과정을 통해 경로당에 직접 방문하여 주변 어르신들과 관계를 형성하도록 사회복지사가 동행하였다. 이후 2주에 한 번씩 사회복지사가 전화 상담을 통해 김○○ 어르신을 사후관리하고 있으며, 월 1회 정신과 동행 서비스를 실시하고 있다.

Chapter 7

노인 상담

1 노인 상담의 개념과 특성

2 노인 상담의 목적과 관점

3 효과적인 노인 상담을 위한 기법들

최근 우리나라에서도 서구 선진국들 못지않게 많은 노인들이 적극적인 노년의 삶을 살면서 '성공적 노인' 으로 간주되고 있다. 젊은 세대들로부터도 활발하게 생활하는 노인으로 존경받고 있다. 하지만 반대로 우울감과 고독감을 크게 느끼면서 좌절하고 낙심하며 고통스러운 노년을 보내는 노인들도 적지 않다.

인간은 관계적 존재이기 때문에 좋은 만남을 통해 생명력을 느끼고 세상을 직면할 힘과 용기를 가진다. 반면 관계의 상실은 무력감의 원인이 된다. 어린 왕자로 우리에게 잘 알려져 있는 생텍쥐페리(Antoine Jean-Baptiste Marie Roger de Saint-Exupéy, 1900~1944)는 『전쟁터에서 친구에게 보낸 편지』라는 책에서 관계를 상실한, 즉 사랑을 주고받을 수 없는 대상이 없는 삶을 '난 사랑이 없으면 도저히 살 수 없을 것 같아. 지금까지 애정 없이는 그 어떤 말도, 그 어떤 행동도 하지 않았고, 글조차 쓰지 않았다' 라고 표현하고 있다. 결국 나이가 많든 적든 관계적 존재인 인간에게 가장 필요한 것은 풍성한 사랑이 있는 좋은 만남이다. 좋은 만남은 생명력을 느끼게 한다. 반면 관계의 불안과 상실감은 깊은 고통과 두려움을 낳게 된다. 관계적 존재인 인간에게 관계의 단절은 곧 죽음으로도 해결될 수 없는 큰 고통이 될 수 있다.

따라서 관계의 풍성함을 누릴 수 있도록 '만남' 을 통해 노인들을 지원하는 전문적인 개입 실천인 노인 상담은 노인복지실천에서 매우 유용한 개입방법이다.

1 노인 상담의 개념과 특성

대체로 많은 사람들이 노인을 단지 시간의 흐름에 따른 생물학적 퇴화, 죽음을 앞둔 상태의 존재로만 인식하는 경향이 있다. 그래서인지 아직도 우리 사회는 노년기

인간발달 문제와 생활 측면의 여러 가지 첨예화된 문제들에 대해 세심한 개입을 할 필요를 느끼지 못하고, 오히려 그대로 방치하고 있는 것으로 보인다. 안타깝게도 이미 우리 사회에서 노인들은 '오래 산 사람' 또는 '그저 나이 많은 사람들'에 불과하다. '노인'이라고 규정되는 그들도 충분한 정서적 지지와 다양한 측면에서의 돌봄을 필요로 함에도 불구하고 실제로는 전혀 관심을 받지 못하고 있는 것이다.

실제로 우리나라에서 노인들은 단지 그들의 연령으로 인해 주요한 사회 활동에서 배제되고 분리되어 있다. 사실 오늘날 우리 사회는 젊은이와 젊음을 거의 '신격화' 하면서 젊음, 유연성 및 적응성을 사회참여의 중심적 가치로 생각하게 되었다. 그 결과로 전체적인 사회 흐름은 노인들을 사회 집단 속에서 계속 분리, 소외시키는 분위기가 지배적인 현실이 되었다.

노인들이 겪는 고통을 흔히 '3고(병고, 빈고, 독고)'로 압축하여 표현하지만, 이 3고와 무관하지 않으면서도 상담 심리 차원에서 특히 주목되고 강조되어야 할 영역이 바로 노년층의 심리·정서적인 고통일 것이다. 이 정서적 고통은 '불안-우울-분노'로, 이와 관련된 심리적 고통은 '무력감-무망감-소외감(2무 1소)'으로 집약될 수 있다.

노년기는 그 자체로 큰 의의를 지니고 있다. 그러므로 노년기에 가장 필요한 일은 세대 통합적인 '함께 살기'와 '함께 느끼기'일 것임에 틀림없다. 따라서 노인 상담은 고령화 추세의 우리 사회에서 소외 노인층을 끌어안는 세대 통합적 사회정책에 부합될 뿐만 아니라, 확대일로의 노인 문제 해결 면에서도 큰 몫을 담당할 전문 영역이다.

흔히 상담은 대화와는 달리 전문적 훈련을 받은 상담자와 문제를 지닌 내담자 간에 이루어지는 전문적 협력관계라는 특징이 있다. 즉, 상담은 일상적인 대화나 일상적인 인간관계와는 다르며, 주로 직접적 대면을 통한 '전문적 조력관계'에 기반된 개입실천이다. 이러한 맥락에서 노인 상담을 정의하면, 노인상담이란 '도움을 구하는 노인 및 가족과 상담자(상담심리사, 정신과의사, 사회복지사 등) 간의 전문적 대면관계를 통하여 일상생활의 부적응 문제를 해결하거나 예방하기 위한 조력과정'이라고 말할 수 있다.

이와 같은 노인 상담은 노인의 특성에서 비롯되는, 일반적 상담과 다른, 다음과 같은 몇 가지 특성들을 갖고 있다(이장호 · 김영경, 2006).

첫째, 노인 내담자는 신체적 · 심리적 · 사회적 노화 과정을 겪고 있는 사람이다. 따라서 젊은 세대층보다 훨씬 더 많은 인내심과 세밀한 배려와 그에 따른 구체적인 기술, 내담자 중심의 이해력과 수용을 요구한다.

둘째, 사고 및 감정 배경의 탐색과 행동 변화의 추구보다는 '지금-여기'의 생활 향상에 대한 지지 과정에 우선적으로 중점을 둔다.

셋째, 노인 상담의 접근 기법 면에서는 직면, 도전 등과 같은 직접적인 형태의 접근 방법보다 경청, 명료화를 위한 질문 및 해설하는 방식의 언급 등과 같은 간접적인 형태의 접근법이 바람직하다.

넷째, 노인 상담에서 권장되고 있는 '회상치료(life review therapy)'는 과거의 긍정적 자아상과 현재의 삶을 동일시(통합)함으로써 상실감, 우울, 죄책감 등을 감소시킬 수 있다.

다섯째, 연령층에 비해 임종 및 의료 · 요양시설에 입원하는 경우가 많으므로 상담의 종결과정에서 변화에의 불안 완화 등 세심한 배려와 종결 후 추후 점검의 노력이 필요하다.

이러한 노인 상담의 특성을 고려할 때에 상담사로서의 역할을 수행해야 하는 사회복지사는 다음과 같은 상담 지침을 유념할 필요가 있다. 요약하면, 노인의 욕구와 신체적 · 심리적 · 사회적 특성에 대한 이해가 상담 실천의 토대가 되어야 한다는 것이다. 간략하게나마 정리하면 다음과 같다(박차상 외, 2005).

첫째, 노인이 최대한의 주도권과 결정권을 갖도록 하여 통제력과 독립성을 유지할 수 있도록 돕는다.

둘째, 초기면접에 보다 많은 시간을 투자하면서 노인의 구체적인 욕구를 명확하게 파악한다.

셋째, 노인의 언어적, 비언어적 메시지를 명확하게 이해하고 상담자의 메시지는 간단하고 반복적으로(가까운 거리에서) 전달하는 것이 유익하다.

넷째, 회상을 통해 과거를 더 잘 이해하고, 해결되지 못한 갈등을 해결함으로써 여생 동안 자신에 대해 만족하게 한다.

다섯째, 노인은 후손과의 관계에서 만족감을 얻으려는 욕구가 강하고 가족의 관심과 지지는 자존감 회복에 중요하므로 가족 간의 관계 강화를 돕는다.

여섯째, 우리나라는 정신적 학대나 방임 등 외형적으로 드러나지 않는 유형의 학대가 많고, 학대에 대해 노인 스스로의 체념이나 가정 문제라는 인식 때문에 피학대 사실이 알려지지 않는 경우가 많으므로, 학대 발생 가능성에 유의해야 한다.

일곱째, 노인은 삶의 경험을 말하고 싶어 하고 그렇지 못할 때에는 불만과 소외감을 느끼므로, 적극적인 경청을 통해 심리적 지지를 제공하고, 이로써 노인의 상황을 더 잘 이해할 수 있다.

그러면 성공적인 노인 상담을 위해 상담자가 갖추어야 할 특성에는 어떤 것들이 있을까? 고령 노인들의 욕구와 기호는 점차 더욱 다양해지는 추세이다. 노인층에게는 종합적인 케어(care: 돌봄)가 포함되는 임상적 관계의 유지가 가장 바람직할 것이다. 그런 가운데서도 노인 상담에서 적용되어야 할 개인적 특성들은 다음과 같다(Kennedy, 2000).

첫째, 특정한 일부에 집중하는 개입보다는 삶의 전반에 걸친 보다 넓은 인생 배경을 염두에 둔 '위로'와 '지지'가 필요하다.

둘째, 고령 노인의 건강과 안녕에 요구되는 사회적 요인들을 고려한다.

셋째, 노년기 내담자와의 접촉에서 소요되는 시간과 상담과 관련된 복합적인 여러 가지 상담에 방해가 되는 일들을 인내해야 한다.

넷째, 노인 가족의 자기 중심적 젊은 세대와 상담자 자신의 경험 부족에 접했을 때에는 당황하지 않는다.

다섯째, 가족과 노인을 돕는 활동보조인이나 요양보호사 등과 같은 돌봄 전문가들과 협동적 활동 및 상호 지지의 준비가 되어 있어야 한다.

여섯째, 노인의 생존적인 측면보다는 삶의 질, 재활 및 기능향상에 초점을 맞춘다.

일곱째, 노인의 생리학적 다양성뿐만 아니라 사회문화적 다양성 및 이질성을 인식한다.

여덟째, 노인 내담자에게 구체적으로 건강과 관련한 충고를 할 수 있어야 한다.

아홉째, 노인 내담자의 의존성을 인내하면서도 동시에 적당한 자율성을 발휘하도록 안내한다.

2 노인 상담의 목적과 관점

1) 노인 상담의 목적

노인 상담의 목적은 노년기의 발달 과업인 '자아통합'을 이루기 위한 조력(원조)이다. 이것은 문제 해결과 치료 목적의 전통적인 의료 모델로부터 발달과업의 성취를 강조하는 현재 중심의 상담 이론 추세를 반영하는 것이기도 하다. 성공적인 노화를 이루기 위한 발달과업 수행이 노인 상담의 궁극적 목적이라고 말할 수 있을 것이다. 일반적으로 받아들여지고 있는 '성공적인 노화'를 위한 노인 상담의 목적을 요약하면 다음과 같다(이장호 · 김영경, 2006).

첫째, 필요한 의료적 · 사회적 · 정서적 지원을 효과적으로 이용하도록 원조한다.

둘째, 신체적 자원을 강화하고 건강 약화에 적응하도록 원조한다. 적절한 자기보호를 위한 적응과 자기 권리 주장을 조력한다.

셋째, 보호 및 주거에 대한 생활 욕구가 충족되도록 돕는다.

넷째, 지역사회에서 새로운 역할수행을 하도록 자문하고 원조한다.

다섯째, 친족(손자녀, 친척 등) 관계와 지역사회 속에서 인간관계를 '수정'하도록 원조한다.

여섯째, 배우자 등 중요 주변 인물의 상실과 은퇴를 포함한 재정적 변화에 대처하도록 원조한다.

일곱째, 필요한 정보제공과 기술교육을 통해 노인 내담자로 하여금 삶의 통제력을 유지하도록 원조한다.

따라서 노인 상담은 '성공적인 노화'와 즐거움이 있는 노년기 삶을 위한 것이다. 노인의 삶은 무가치하거나 기대가 없는 삶이 아니라 미래가 있는 삶이며, 여생을 만족스럽고 성공적으로 영위하기 위해 노인 상담은 '희망상담'이어야 한다는 것이다

(이호선, 2005). '희망상담' 의 과정은 회상을 통해 과거의 희망 관련 경험을 살펴보는 것으로부터 시작해서 생의 희망을 이루기 위한 목표 실행까지 여러 단계로 구성될 수 있다.

2) 노인 상담의 관점: 강점관점

강점관점(strength perspective)은 노인 내담자와 그 가족의 독특하고 다양한 특성을 인정하고 존중해주며, 강점에 초점을 두고 모든 자원을 가능한 한 활용하여 역량을 실현해 나가도록 돕는 것이다. 다시 말해 문제의 발생 원인에 집중하기보다는 해결점 발견과 강점 강화에 초점을 맞추며, 노인 내담자와 가족의 변화를 이끌어 내는 중요한 자원으로서 모든 사람은 강점을 가지고 있다는 철학에 기초한다.

따라서 강점관점에 기초한 노인 상담을 위해서는 개인과 가족 그리고 지역사회를 다른 시각으로 바라볼 수 있어야 하며, 개인, 가족이나 지역사회에 존재하거나 둘러싸고 있는 자원을 구성하는 것이 요구된다.

강점관점의 기본 원리는 모든 개인, 집단, 가족과 지역사회는 강점을 가지고 있다는 사실이다. 그래서 노인 내담자와 가족의 문제가 무엇인지 집중하는 대신, 노인 내담자들의 강점이 무엇이고, 그들이 가족 구성원에 속해 있음으로 인해서 가족에게 가져다 줄 장점은 무엇인지 등 그 가족의 강점을 발견할 수 있도록 돕는 일에 상담의 초점을 둔다.

또한 노인 내담자와 가족들의 강점은 변화를 만들어내고, 에너지를 발생시키며 지속시키는 자원이기 때문에 그들 스스로가 자신의 체계 안에서, 환경적 맥락에서 효과적으로 기능하고 이용 가능한 자원을 끌어낼 수 있도록 전문가는 역할을 해야 하는 것이다.

구체적으로 강점관점을 기반으로 한 상담의 원리를 살펴보면 다음과 같다.

첫째, 강점은 모든 인간에게 있으며, 이에 초점을 두고 활용해야 한다. 인간은 다양한 상황들을 경험하면서 각자 나름대로 상황을 극복하기 위한 고유한 지식을 가지고 있다. 따라서 인간이 다양한 상황 속에서 어떻게 살아남았는지에 대해 관심을 갖고 존중해주어야 한다. 아울러 노인 내담자가 경험한 위기상황은 해가 될 수도 있지만 동시에 도전과 기회의 원천이 될 수도 있다.

둘째, 인간은 자신을 위한 선택을 결정할 능력이 있으므로 강점관점을 기반으로 한 실천과정에 있어서 노인 내담자가 원하는 것에 초점을 맞춘다. 전문가 지향적인 문제 해결방식과 다르게 강점관점에서는 내담자의 준거 틀을 수용하고, 그 틀 내에 목표를 형성하고 성취하기 위해 도움이 될 만한 모든 자원을 활용해야 한다.

셋째, 전문가와 노인 내담자가 서로 협력할 때에 가장 효과적인 실천이 이루어질 수 있다. 노인 내담자의 지식과 경험은 상담과정에서 중요한 자원이 된다. 전문가는 이를 존중해 주고, 주위에 존재하고 있지만 우리가 생각하지 못한 자원을 연결시키는 역할을 수행함으로써 노인 내담자가 중심이 되어 형성된 목표가 수립될 수 있도록 파트너의 입장에서 상담을 해야 한다.

넷째, 노인 내담자를 둘러싼 모든 환경은 잠재적 자원이다. 내담자의 욕구에 맞춘 서비스를 지향하는 강점관점의 시각에서 볼 때, 지역사회는 잠재적 자원과 가능성의 원천이라고 할 수 있다. 따라서 이를 발굴해 내고 서로를 위해 활용될 수 있도록 원조할 때 지역사회와 그 구성원들이 보다 건강해질 수 있다.

다섯째, 인간은 배우고, 성장하며, 변화할 수 있는 능력을 가진 존재이다. 과거에는 노인 내담자가 당면한 문제가 개인 스스로의 노력만으로 변화할 수 없고, 상담을 수행하는 사회복지사 지향적인 사정과 서비스 전달, 처방된 치료에 의존하는 것으로 보았다. 그러나 강점관점에서는 내담자가 각자 고유의 강점과 능력을 갖고 있으며, 성장 가능하고, 배움으로서 변화할 수 있는 존재라고 본다. 그리고 인간발달 이론에 대한 사회복지 분야의 관점에서도 내담자를 변화 가능성과 잠재적인 능력을 가진 존재로 본다.

3 효과적인 노인 상담을 위한 기법들[1)]

노인 상담의 성과를 산출하기 위한 방법은 상담자의 개성과 상담 현장의 성격에 따라 매우 다양하다. 그 중 유용한 방법으로 볼 수 있는 것들을 정리하면 다음과 같다.

1) 공감하기

노인 내담자의 심정 속으로 들어가 그가 경험한 것을 같이 경험하고자 하는 것이고, 나아가 이해한 바를 내담자에게 전달하는 과정이다. 공감은 친밀한 관계를 형성하여 진실성과 개방성을 갖게 한다. 공감은 내담자의 느낌에 의해 생긴 내 느낌이 아닌, 내담자의 느낌에 초점을 맞춰 내담자와 함께 느끼는 것임을 유념해야 한다.

● '공감하기'의 예시●

내담자: 이젠 예전 같지 않아서 정신 집중이 잘 안 돼. 그래서 책을 오래 볼 수도 없고, 읽은 내용도 곧 잊게 돼.

상담자: 세월을 느끼게 되셔서 안타깝고 쓸쓸하시겠네요.

2) 반영하기

내담자의 말에서 표현된 기본적인 태도, 주요 감정의 내용을 상담자가 다른 참신한 말로 부연해 주는 것이다. 이를 통해 내담자의 자기 이해를 돕고 자기가 이해받고 있음을 인식하게 되므로 내담자는 더욱 안심하며 자신을 개방할 수 있다. 반영할 때는 상투적인 문구를 지양하고 반영의 시의성을 살려 느낌을 선별적으로 하는 것에 유의해야 한다.

1) 노인 상담의 기법들은 '이장호 · 김영경(2006)'의 책과 경기복지재단(2009)에서 발간한 『노인 자살위기개입 매뉴얼』의 내용을 발췌 · 요약하면서 부분적으로 본 저자의 견해를 보충하여 정리한 것임을 밝힌다.

● '반영하기' 의 예시●

내담자: 어르신은 ____________ 라고 느끼고 계시군요.
상담자: 어르신은 ____________ 을 중요하게 생각하고 계신 것 같네요.

3) 공감적 반영하기

내담자의 기분이나 감정에 주관심을 두고 그것을 구체적으로 밝혀주는 것을 포함해서 내담자가 한 말을 반복하거나 바꾸어 표현해 주는 과정을 말한다. 공감적 반영은 내담자로 하여금 자신의 기분이나 감정을 확인하고, 심화시키며, 명료화하고, 표현하고, 보다 깊은 감정들을 탐색할 수 있도록 돕는 조력 기술이다. 공감적 반영 기술에는 표면적 공감적 반영과 이면적 공감적 반영이 있는데, 표면적 공감적 감정은 내담자가 사용한 단어나 대화의 내용 가운데 포함되어 비교적 쉽게 포착할 수 있는 감정을 말하며, 이면적 공감적 반영은 내담자의 말에는 표현되지 않지만 저변에 깔려 있다고 추측되는 감정을 말한다.

● '공감적 반영 기술' 의 예시●

내담자: 저는 남편 때문에 걱정이 되고, 화가 나요. 간이 안 좋아서 술을 마시면 안 되는데 매일 매일 술을 마셔요. 제가 어떻게 해야 할지 모르겠어요.
상담자: 어르신은 건강에 좋지 않은 술을 마시는 남편 때문에 걱정이 크시군요. (표면적 공감적 반영)
상담자: 간이 나쁜 남편이 틈만 나면 술을 마셔서 걱정이 많으시겠어요. (이면적 공감적 반영)
상담자: 어르신이 말을 해도 듣지 않고 계속해서 술을 마시는 남편 때문에 화가 무척 나시겠어요.
상담자: 남편의 건강을 생각해서 하신 말씀인데 남편이 따라주지 않아서 많이 속상하시지요?

4) 수용하기

짧은 문구로 상담자가 내담자에게 주목하고 있고, 내담자의 말을 받아들이고 있음을 나타내는 것이다. 이는 내담자로 하여금 자기가 수용되고 존중되고 있음을 알게 하므로 내담자가 이야기를 계속하도록 하는 강화의 효과가 있고, 대화나 의논이 부드럽게 되어간다는 느낌을 갖게 한다.

● '수용하기' 의 예시●

(상담자의 시선, 안면 표정과 고개 끄덕임, 자세 기울기, 어조와 억양 등이 있음.)

상담자: 음~
상담자: 예~
상담자: 그랬군요.
상담자: 계속하시지요.

5) 경청과 적극적 경청하기

경청하기는 내담자가 하는 말을 주의 깊게 듣는 것뿐만 아니라, 내담자의 비언어적 제스처나 자세를 관찰하고, 자유로이 표현할 수 있도록 적극 격려하고, 상담자와 내담자 양자 간의 대화 내용을 기억하는 것을 포함한다. 나아가 적극적 경청(active listening)은 경청에 비해 상담자가 내담자의 메시지를 정확하게 받아들여 이해하고 있음을 끊임없이 내담자에게 전달해 줌으로써 내담자가 자신이 정확히 이해받고 있다는 생각을 갖도록 하는 행위까지를 포함한다.

● '경청과 적극적 경청하기' 의 예시●

상담자: 어르신이 말씀하시는 바를 알겠습니다.
상담자: 어르신이 어떤 일을 겪었는지 이해할 것 같아요.

6) 요약하기

지금까지 내담자가 한 말의 내용과 그 속에 담겨 전해진 감정들을 전체적으로 묶어 정리하는 것을 의미한다. 적절한 시기에 5분이나 10분 동안 나눈 대화의 내용과 그 속에 담겨져 있는 감정들을 정리하고 확인함으로써 상담자가 내담자의 말을 세심하게 들어왔으며, 감정의 세세한 흐름까지도 정확히 파악하고 있음을 보여줄 수 있다.

● '요약하기'의 예시●

상담자: 어르신이 자녀에 대해 말씀하시는 것을 들으니 섭섭함과 허무함을 느끼고 계시군요.
상담자: 오늘 우리가 나눈 이야기를 종합한다면 어떻게 얘기할 수 있을까요?

7) 명료화하기

내담자가 표현을 분명하게 할 수 있도록 격려함과 동시에 내담자가 말한 내용을 상담사가 잘 이해하고 있는가를 확인하기 위한 질문을 말한다. 또한 내담자의 말 중에서 모호한 점을 내담자가 확실히 알도록 해 주는 것이다.

● '명료화하기'의 예시●

상담자: 어르신, 그 부분을 구체적으로 다시 말씀해 주시겠어요?

8) 직면하기

내담자가 모르고 있거나 인정하기를 거부하는 생각과 느낌에 대해 주목하도록 하는 것이다. 직면은 내담자의 말이나 행동에서 불일치가 발견될 때, 내담자가 자기의 상황을 자신의 욕구에 의해서만이 아니라 있는 그대로 볼 수 있도록 할 때에 사용된다.

직면은 내담자의 변화와 성장을 증진시킬 수 있는 반면, 심리적인 위협과 상처를 줄 수도 있을 만큼 강력한 것이므로 시의성을 고려해야 한다. 주의할 것은 직면반응에는 내담자가 미처 깨닫지 못했거나 사용하지 않은 능력과 자원에 주목하게 하는 것도 포함된다는 것이다.

● '직면'의 예시●

상담자: 어르신, 큰 아들의 독립을 인정한다 하시면서 매사에 어르신과 의논하기를 바라시는군요.

9) 질문하기

질문은 매우 중요한 기술 가운데 하나로서, 질문을 하는 것은 사회복지사가 내담자가 말하는 내용이나 생각, 감정에 귀를 기울이고 있고, 이들이 중요함을 질문을 통하여 표현할 수 있다. 질문은 어떤 질문을 어떻게 하느냐에 따라 그 유용성이 달라지는데, 질문과 답변형식이나 많은 양의 질문을 한꺼번에 하는 것은 면담관계를 해칠 수 있다. 바람직한 질문방법과 그 종류를 살펴보면 다음과 같다.

질문 기술에서 주의할 점은 여러 가지가 있는데, 첫째, 폐쇄형 질문의 사용, 둘째, 유도질문의 사용, 셋째, 왜 질문의 사용, 넷째, 이중질문의 사용, 다섯째, 모호한 질문의 사용 등이 있다(Kadushin, 1990; Sheafor et al., 1997).

● '질문하기'의 예시 ●

❶ 개방형 질문 VS 폐쇄형 질문

개방형 질문기법은 내담자에게 선택의 자유를 주고, 자신의 생각이나 감정을 자유롭게 표현할 수 있게 하는 반면, 폐쇄형 질문기법은 예–아니오로 답할 수 있거나 혹은 이름, 주소, 연령 등과 같은 간략한 답을 요구하는 질문으로서 폐쇄형 질문을 사용하면 정보를 한 조각 얻어낼 수 있지만 설명은 더 이상 이어지지 않는다.

상담자: 오늘 날씨가 참 좋죠? (폐쇄형 질문)

상담자: 아드님한테 전화는 왔어요? (폐쇄형 질문)

상담자: 오늘 기분은 어떠세요? (개방형 질문)

상담자: 어르신의 자녀들에 대해 말씀해 주시겠어요? (개방형 질문)

❷ 이중질문

이중질문은 여러 개의 질문을 한꺼번에 함으로써 내담자를 더욱 혼란스럽게 만든다. 따라서 내담자에게 질문을 할 때는 다음과 같은 질문은 피해야 한다.

상담자: 어르신 오늘 날씨가 좋죠? 오늘 점심은 드셨어요? 드실 때 불편하신 것 없으셨고요?

❸ '왜' 질문

'왜'라는 용어는 책임을 추궁하거나, 몰아세우는 인상을 주며, 모르는 상황에 대해서 답변을 강요할 수 있으므로 가급적 피해야 한다.

상담자: "왜 그런 태도를 보이셨어요?"

❹ '무엇' 질문

'무엇' 질문하기는 가장 많이 활용되는 기법으로서, 이 질문의 가장 큰 이점은 '무엇'을 구성하는 요소가 매우 불특정하기 때문에 내담자가 원하는 문제나 주제에 관해 자유롭게 선택하거나 논의할 수 있다는 점이다. 반면 면담시간이 충분하지 않을 때는 '무엇' 질문기법을 통해 과거를 탐색해 볼 수 있는 시간이 적기 때문에 유용하지 못할 수 있다.

상담자: 어르신, 변화를 유지하기 위해서는 무슨 일이 행해져야 할까요?

상담자: 이 문제를 지속시키는 것은 무엇인가요?

10) 문제해결 자원 찾기

상담가는 내담자에게 숫자를 생각해서 내담자가 어느 정도 심각하거나 호전되었는지, 문제해결을 위한 자원에는 무엇이 있는지, 변화에 대한 확신, 변화에 대한 의지는 어느 정도인지 등을 표현해야 한다. 이것을 통해 상담가는 내담자의 상태를 더욱 정확하게 알 수 있으며, 내담자의 변화를 격려하고 강화해 주는 사람과 상황에 대한 구체적인 정보도 얻을 수 있다.

● '문제해결 자원 찾기' 의 예시●

상담자: 어르신, 1부터 10까지의 척도에서 1은 문제가 가장 심각할 때이고, 10은 문제가 다 해결되었을 때라면 지금은 몇 점인가요? (예를 들어, 6이라고 대답을 했을 경우) 6점에서 7점으로 올라가려면 무엇이 필요한가요?

11) 과거 성공 찾기

상담가는 상담과정을 통해 내담자의 과거 속에서 위기로부터 성공한 경험을 찾는다. 노인 내담자가 지금은 삶의 위기로부터 자살의 충동을 느끼는 패배적인 상황을 갖고 있지만, 과거에도 언제나 실패하고 절망하기만 한 것은 아니었다. 노인 내담자는 과거에 자신이 위기를 잘 대처했었다는 것을 쉽게 잊어버리고 절망과 무기력에 빠져있는 것이다. 이러한 성공의 경험을 기억나게 해주고 한 때 잊었거나 사용하지 않았던 문제해결의 방법을 발견한다면 내담자는 자기 자신을 다시 평가할 수 있게 된다.

노인 내담자들은 이러한 상담가의 질문에 처음에는 당황해 한다. 위기에 놓인 노인 내담자가 예기치 않은 질문인 것이다. 대부분의 노인 내담자들은 이러한 질문에 기분이 밝아진다. 비록 지금은 문제 속에 있지만 과거 성공했던 기억을 떠올리며 잠시 좋은 감정을 갖는다. 노인들의 대부분은 사실 과거에 좋았던 시절을 이야기하는 것을 좋아하기에 과거 성공의 기억을 일깨우며, 자기 스스로 그러한 성공을 했다는 것을 재인식하면서 자신에 대해 희망을 갖기 쉽다.

● '과거 성공 찾기'의 예시 ●

상담자: 과거에는 어떻게 __________ 을 대처하셨어요?
상담자: 어떻게 __________ 을 해내셨어요?
상담자: 어떻게 그런 힘이 있으셨어요?
상담자: 어르신이 이렇게 우울해 하신 적은 과거에도 있었다고 하셨는데 어떻게 해결하셨나요?
상담자: 남편께서 지금까지 어르신에게 함부로 말하고 손찌검까지 하셨는데 과거에는 어떻게 대처하셨어요?
상담자: 혼자의 몸으로 두 아이를 기른다는 것은 쉬운 일이 아닌데 어떻게 어르신은 그것을 해내셨어요?
상담자: 젊은 시절 힘들게 독학으로 대학까지 졸업하셨는데 어떻게 그런 힘이 있으셨어요?

12) 대처방식 찾기

노인 내담자가 자신이 처한 현실과 미래가 너무 절망적이어서 아무 희망이 없다고 생각하는 경우에 사용할 수 있는 개입기법이다. 대처방식 찾기는 질문의 형태를 통해 노인 내담자가 자신이 불행하고, 힘들다고 여겨지는 상황으로부터 벗어나기 위해 자신이 그동안 위기에 대처해 온 방법을 상담가와 함께 찾아간다. 그런 다음에 자신의 강점과 자원을 발견하여 인식하도록 도우며, 인정과 칭찬을 통해 위기관리능력을 회복하도록 돕는다.

● '대처방식 찾기'의 예시 ●

상담자: 그와 같이 대처하면 도움이 될 것이라는 사실을 어떻게 아셨나요?
상담자: 어르신을 지금까지 유지하도록 한 것이 무엇인가요?
상담자: 어떻게 모든 것을 포기하지 않고 오늘까지 지탱해 오셨나요?
상담자: 계속 술을 마시고 자녀분들에게 전화를 한 것이 얼마나 도움이 되셨나요?
상담자: 어떻게 해서 상황이 더 나빠지지 않을 수 있을까요?

Part 3

행복한 노후생활을 향한 사회복지적인 개입 영역

Chapter 8

노인 교육과 새로운 노인 문화 형성 그리고 노인 여가 활동

과거에는 은퇴 후의 삶은 죽음을 기다리는, 죽음을 향해 나아가는 시간을 의미하였다. 죽음 앞에 모든 인간은 무력할 수밖에 없었으며, 그 과정은 인간의 선택과는 무관한 운명적인 것처럼 여겨져 왔다. 그러나 이제는 달라졌다. 노년은 또 다른 인생의 시작으로서, 새로 부여받은 시간을 의미하게 되었고, 본인이 앞으로의 인생을 어떻게 꾸려나가느냐의 문제는 노년의 삶의 질과 깊은 연관성을 갖게 되었다. 또한 이는 생명 연장에도 영향을 미치면서 제3의 인생에서 가장 중요한 요소는 개인의 선택이라는 점을 여러 사례들을 통해 보여주고 있다.

세계적인 석학 피터 드러커는 95세에 죽을 때까지도 왕성한 집필 활동을 하면서 열정적으로 살았다. 그가 쓴 『피터 드러커 강의』, 『프런티어의 조건』, 『다섯 가지 경영원칙』 등 여러 저서들은 거의 대부분 베스트셀러가 되어 수많은 사람들에게 영향을 미쳤다. 또한 작곡가 베르디는 81세에 유명한 오페라 '폴스타프'를 작곡하여 무대에 올렸다. 증기 기관차를 발명한 제임스 와트는 64세에 독일어를 배우기 시작했고, 80세가 넘어서도 기계 설계를 계속했으며, 미국의 커널 샌더스는 65세의 나이에 켄터키 후라이드 치킨(KFC)을 개발하여 전 세계 체인점에 그의 얼굴을 보여 주었다. 이들은 남아 있는 열정을 완전히 소진하고, 더 이상 어떤 기력도 없이 쓰러질 때까지 자신의 삶에 의미를 부여하는 가치 있는 일들을 찾아 '영원한 현역'으로 인생을 살아간 사람들이다.

따라서 인생의 즐거움을 추구하는 주체로서 노인들이 왕성하게 활동할 수 있도록 다양한 평생교육 · 여가 · 문화 자원과 환경을 창조적으로 조성하는 일은 무엇보다 중요하며, 노인복지실천 개입에서도 비중 있게 다루어야 할 영역이 된다. 왜냐하면 노인복지실천의 궁극적인 목적은 노인들의 행복한 삶을 창출해내기 위해서이기 때문이다. 이러한 노인복지실천의 목적을 수행하기 위해 사회복지사는 최선으로 노인들의 행복을 위해 열심히 일하고 있다. 그 결과로 많은 노인들이 역동적인 삶을 살아가고 있다.

이런 맥락에서 다양한 노인복지실천 프로그램 가운데 '노인 교육' 이야말로 노인들이 삶의 마지막 순간까지 열정을 불태우며 자신의 능력을 발휘하고 행복하게 생활하도록 지원할 수 있는 활동이다. 그리고 노인 교육은 진정으로 노인들을 격려하며 노인들이 서로 함께 즐기고 또 노년기에 필요로 하는 교육을 서비스로 제공하는 일이라 할 수 있다. 흔히 노년은 허무와 실망과 좌절의 시기로 대변되기가 쉽지만 그동안 쌓은 인생의 경험과 지혜, 경륜을 가지고 인생의 말년을 더욱 활기차게 살게끔 해야 한다.

1 노인 교육

피터 드러커(Peter Drucker)는 지식 사회에서 교육이 끝나는 법이란 없다고 했다. 우리의 미래가 진정 지식 사회라면 지식 기술자들을 양성하기 위한 교육기관들은 계속 증가할 것이라고 그는 예언한다. 만약 제2의 인생에서 제1인생의 직업을 계속하지 않는 경향이 사회적인 일반 상황으로 정착되고 인생 백세 시대가 현실화되면, 60대 초부터 또는 적어도 60대 중반부터는 제2의 인생을 위한 구체적인 교육을 받아야 한다. 아니 어쩌면 50대 중장년 때부터 교육을 받아야 할지도 모른다. 의무교육으로 정할 필요는 없겠지만 되도록 많은 사람들이 하루라도 빨리 노년을 준비하는 재교육을 받는 것이 바람직하다고 생각한다. 하다못해 무보수 사회봉사를 할 계획이라도, 배워서 제대로 할 것을 권한다. 이렇게 노인을 대상으로 하는 평생교육 내지 사회교육 나아가 직업교육은 점점 더 중요시 될 것이다.

그렇다면 어마어마하게 길어진 제2의 인생을 살고 있는 사람들을 위한 교육은 어디에서 담당해야 하는가?

현실적으로 노인복지관이 큰 역할을 할 수 있을 것으로 판단된다. 고령화 사회에서는 전반적인 인성교육과 제1인생의 직업을 대비하는 데 필요한 이른바 정규교육에만 사회의 모든 에너지를 쏟거나 매달리지 말고, 제2의 인생을 준비하는 노년 학생들을 위한 특성화된 평생교육 프로그램을 활성화하는 것이 제2의 인생을 위한 성공적인 대안이 될 수 있다.

문제는 제1인생의 교육 시스템과 동일한 경쟁과 치열함, 차별 속에서 제2의 인생마저 준비하는 일은 없어야 할 것이다. 적어도 제2의 인생을 위해 준비하는 노년 학생들은 본인 나름대로의 고민과 목적을 가지고 원하는 교육을 선택할 가능성이 높기 때문에 이를 뒷받침해 줄 수 있는, 가령 야구에서 말하는 직구와 같은 교육 프로그램의 구성과 진행이 요구된다. 평생교육 프로그램들이 모두 직업훈련소에서 진행되는 것과 같을 필요는 결코 없다. 노인복지관의 평생교육 프로그램이 대학에서 다루어지는 품격 있는 인문학적 · 사회과학적 · 예술학적 소양을 채워주는 교육, 또 다른 직업이나 일자리로 전환될 수 있는 실용교육이 되지 말란 법도 없다. 오히려 학문의 성격상 두뇌의 회전 속도가 특별히 요구되지 않는 분야라면 충분히 제2의 인생에서 적극적으로 도전해볼 만하다고 생각한다. 다 그런 것은 아니겠지만 상당수의 인문학 분야들과 몇몇 예술 분야들은 물론, 종합하거나 통합하는 능력이 필요한 일부 자연과학 분야들은 오히려 제2의 인생에서 더욱 화려한 꽃을 피울 수 있을지도 모른다.

그러나 한편으로는 현재 노인복지관의 구조가 이에 적절하게 대응하기에 어려운 부분이 있다. 노인복지관을 이용하는 서비스 이용자 중에 고령인 어르신들은 일반적으로 우리가 알고 있는 노인의 특성(특히 신체적, 정신적 등)을 갖고 계신 경우가 많다. 그렇기 때문에 보편적인 노인의 욕구로 대변되는 기존의 노인세대에 맞추어진 평생교육 프로그램은 만 60세를 넘긴지 얼마되지 않은 노년층에게는 불편하게 다가올 수도 있다.

과거와 달리 만 60세는 건강하고 충분히 본인의 욕구와 이를 실천하기 위한 기반이 조성된 경우도 많기 때문이다. 그런 이들에게 70~80대 어르신들과 동일한 서비스를 전달한다는 것은 본인 스스로가 노인이라고 느끼지 못할 만큼 건강하고 일상생활이 가능하다고 생각하는 사람들에게는 불편하게 다가올 뿐이다. 한 예로 현재 운영되고 있는 한글교실, 정보화 교실은 현존하는 노인 세대에게는 정말 필요한 평생교육이었을지 모르지만, 노년층에 흡수되기 시작한 베이비부머 세대들에게는 그렇지 않다. 그들은 이미 상당수가 교육을 받아 문맹률이 낮으며, 젊은 세대만큼은 아니지만 적어도 현재 노인복지관에서 운영하고 있는 정보화 교실(인터넷, 핸드폰 활용, 컴퓨터 활용 등)의 수업 내용 정도는 일상생활에서 활용이 가능하다. 따라서 연령에 따른 접근이든지, 교육 수준에 따른 접근이든지 노인복지관도 더 도약하기 위한 준비가 필요하다.

또한 노년기 노인이 겪는 네 가지 어려움을 빈곤, 질병, 고독감, 그리고 무위감의 문제에서 찾을 때에는 이러한 노인의 어려움들은 고스란히 외로움으로 나타나고 있다. 사실 이렇게 노년기에 나타나는 심리적 외로움의 문제는 어떠한 공적 프로그램에 의해서도 해결되기 어려운 문제로 남아 있으며, 동시에 심각한 문제로 여겨진다. 특히 기대수명이 길어지면서 배우자 상실로 홀로 지내는 노인들이 늘고 있는데, 이는 신체적인 아픔, 정신적 질병이나 자살 등으로 이어질 수 있다.

이렇게 긴 노후시간을 보내야 하는 노인들이 고독감을 해소하고 삶의 만족을 얻기 위한 방법은 다양한데, 그 중 한 가지가 노인에게 교육기회를 제공하는 것이다. 과거의 지식과 경험만으로는 급변하는 현대사회에 적응하기 힘들고, 특히 현재의 노인세대는 학교를 통한 적절한 교육을 충분하게 받지 못한 세대로서 이들에게 배움의 기회는 현대사회에 적응할 수 있는 능력과 지식을 습득하게 하고, 지루함과 외로움을 해소하여 삶의 만족을 얻을 수 있는 방안이 될 수 있다. 뿐만 아니라 노인에게 있어 교육은 단순한 지식습득이나 배움의 즐거움을 넘어 친구를 사귀거나 사회 활동을 할 수 있는 매개체의 역할을 할 수 있다.

이와 같은 노인 교육이 활성화하기 위해서는 우선적으로 지역사회 내의 다양한 자원들 간의 연계가 요구된다. 그리고 이를 실현하기 위해서는 노인 교육을 지원하기 위한 협의체를 구성하여 지역사회 내의 인적 · 물적 자원을 효과적으로 동원 · 연계 · 운영하기 위한 기반을 구축하는 것이 필요하다. 협의체에 참여할 수 있는 지원체계들로는 노인교실, 노인복지관, 종합사회복지관, 보건소(보건지소), 지역 농협, 농업기술센터, 종교단체, 민간단체 등을 들 수 있다. 이들 지원체계들 간의 네트워크를 구축함으로써 실제적인 노인 교육 프로그램이 개발되어 제공될 수 있을 것으로 본다.

다음으로 재정형편이나 운영인력 및 강의인력의 전문성 면에서 열악한 형편에 있는 현실에서 교육 지원 체계의 전문성을 보완하고, 교육적 기능을 보강하여 노인들의 학습욕구에 맞는 질 높은 노인 교육을 제공하기 위해서는 각 지자체의 예산 지원을 받아 노인 교육에 관한 조정업무 및 기관들에 대한 지도, 관리, 감독업무를 수행하는 전문 인력이 배치되어야 한다.

끝으로 노인 자원봉사 교육을 창의적으로 개발해 나가야 한다.[1] 현재 노인 자원봉사 교육은 천편일률적이라고 판단된다. 형식적이며 산발적이고 비체계적으로 이루어지고 있는 것으로 보인다. 이를 보완하기 위해서 가령 노인이 도움을 필요로 하는 노인을 돕는 자원봉사 활동들을 개발할 필요가 있다. 동료상담, 취업상담, 여가문화활동 등의 영역에서 노인이 노인에게 봉사할 수 있는 활동들을 수행할 수 있을 것이다. 또 하나의 예로는 노인들이 지닌 자원을 최대로 활용하여 사회적 효과를 극대화시킬 수 있는 일자리 분야의 개발과 그와 관련된 직능 교육 프로그램의 개발이 요구된다. 이러한 직능 교육은 노인을 위한 실질적인 일자리를 개발하는 데에 크게 유용할 것이다.

1) 노인 자원봉사에 대한 보다 구체적인 내용은 본서 '제9장 노인 자원봉사'에서 다루었다.

2 새로운 노인 문화의 형성과 확산

사회복지의 시각에서 '문화'는 사회복지를 실천하는 하나의 방법이나 프로그램 정도로 여겨지고 있다. 하지만 문화는 다양한 의미와 형태로 나타난다. 그러므로 문화를 바르게 이해하기 위해서는 기존 사회복지 중심의 인식에서 벗어날 필요가 있다. 즉, 문화를 프로그램으로만 보려는 사고를 떨쳐내어야 하는 것이다. 문화의 본질은 사업이나 프로그램이 아니기 때문이다. 문화는 모든 인간이 지니고 있으면서 동시에 지속적으로 만들어가고 있는 총체적인 삶의 방식이다. 그래서 문화란 우리가 만나는 다양한 사람들이 지니고 있는 소중한 일상들을 의미하기도 하며, 그들이 만들어갈 수 있는 희망적이고 가능성 있는 모든 일상들을 의미하기도 한다.

또한 문화는 우리가 알고 있는 예술적 인식이나 행동, 가령 음악, 춤, 연극, 미술 등에 제한되지 않는다. 문화적 행동, 문화적 일상, 문화적 경험들이 항상 예술적인 것으로만 연결되는 것이 아니라 먹는 것, 입는 것, 사는 것, 표현하는 것, 관계하는 것 등의 모든 삶의 태도들을 포함하고 있는 것이다. 그런데 문화생활이라 했을 때에는 그 문화가 교양생활처럼 개인적 고급문화의 소비라는 느낌을 갖게 된다. 이런 것은 문화가 아니다. 오히려 소비하는 삶, 소비하는 문화를 일상생활 속에서 이웃과 '더불어 함께 사는' 문화로 바꿔내는 것이 진정한 문화의 의미일 것이다. 왜냐하면 문화는 '함께 공유하는 행위'이기 때문이다.

따라서 지역주민 누구나 일상적으로 만나고 소통하는 문화를 만들어 냄으로써 서로 관계하도록 돕는 것이 '문화 복지'인 것이다. 사회적 약자들이 이러한 길에 쉽게 이를 수 있게 그 사이에 계단을 놓는 것이 문화 복지를 실천하는 사회복지사의 역할이 된다. 그러기에 노인복지는 복지적 노인 문화를 만드는 것이다. 이런 맥락에서 노인복지관을 비롯한 다양한 형태의 노인복지실천 전문기관은 지역사회에다가 노인 문화를 만드는 거점센터라 할 수 있다. 즉, 노인복지관에서 일하는 사회복지사와 여러 전문가들은 수많은 지역주민의 삶 속에 노인 문화를 만드는 사람, 더불어 행복한 문화를 만드는 사람인 것이다.

그렇다면 구체적으로 어떤 노인 문화를 만들어야 하는가?

이웃과 서로 나누는 '더불어 함께 사는' 노인 문화이다. 이런 공생의 노인 문화를 구현하기 위해서 해야 할 일은 무엇일까? 가능하면 노인 스스로 일을 하게 하고, 돌보게 하고, 노인이 잘 아는 것으로 가르치게 하고, 익숙하게 해온 일로써 돕게 하는 것, 노인 스스로가 자신이 쓸모 있음을 느끼게 하는 것, 자존(自尊)의 욕구를 충족시키는 것, 자존심을 지키게끔 돕는 것, 바로 이것들을 실현함으로써 노인들도 가치 있는 사회적인 역할을 수행할 수 있다는 인식을 모든 지역주민들이 함께 공유하게끔 해야 하는 것이다.

실제로 많은 노인들은 자신의 몸이 힘들어도, 자신은 못 먹고 못 입어도, 어떻게든 자신의 손으로 무엇인가 해주려 하고 하나라도 더 주려 한다. 그러므로 노인복지 실천 전문기관이 지역사회에서 펼쳐 나가야 하는 새로운 노인 문화가 바로 이상에서 말한 노인들의 시간과 능력과 재물이 보람 있고 재미있게 사용되도록 기회를 만들고 역량을 강화하는 데에 있는 것이다.

이러한 사회적 흐름을 반영하여 한국노인복지관협회에서는 지난 2008년 4월부터 노인자원에 기초한 사회참여 활동(자원봉사, 일자리 등)을 중심으로 '신 노년 문화운동'을 진행해 오고 있다. '시니어코리아'란 이름으로 현재까지 지속되고 있는 '신 노년 문화운동'은 과거 노인에 대한 이미지로 굳어져 있는 '의존적인 역할'에서 벗어나 가정과 사회에서 존경받는 신노인상을 확립하고, 고령화의 급속한 변화시대에 자립적이고 창의적인 사회참여 활동으로 노인의 역할을 재정립하여, 행복한 노년사회를 실현하기 위한 운동이다.

뿐만 아니라 최근 기업들까지도 '신 노년 문화' 형성에 관심을 갖고, 참여하고 있으며 광고를 통해 기업의 이미지를 극대화하고 있다. 대표적인 예로 '한국 방송광고 진흥공사(Kobaco)' 와 '유한 킴벌리' 를 들 수 있다. '한국 방송광고 진흥공사(Kobaco)' 에서는 최근 공익 캠페인을 통해 실버 세대의 이야기에 귀 기울이고 그 이야기로 세상을 변화시킨다는 실버톡(silver talk)을 광고하고 있으며, '유한 킴벌리' 는 '시니어가 자원이다' 라는 슬로건을 내걸고 광고를 하고 있으며, 시니어사업 판매액의 1%를 시니어 일자리를 위해 기부하고 있다.

또한 이미 노인(종합)복지(회)관에서는 자원봉사 · 일자리사업 · 사회 교육 프로그램을 기본적으로 실시하고 있으며, 얼마나 특화되었고 지역사회에 얼마만큼 이바지하고 있느냐에 따라 프로그램의 성공 여부를 판단하고 있다.

그러나 현재의 '신 노년 문화' 의 형성과 확산에는 다소 위험성이 따른다. 문화가 형성되는 데는 많은 시간과 노력이 필요하다. 한 세대의 문화가 형성되기 위해서는 다양한 세대의 변화가 함께 요구되고, 그 문화 안에서도 도태되거나 소외되는 인구가 발생하기 나름이다. 현재의 '신 노년 문화' 의 형성 과정은 너무 밝고 긍정적인 발전 가능성이 있는 노인 인구에 초점이 맞춰져 있다. 그 이면에 가난하고 신체적 · 정신적으로 건강하지 못한 노인들의 모습은 감춰져 있다. 따라서 이들에 대한 보다 진지한 고민과 관심이 필요하다.

'시니어가 자원이다' 유한 킴벌리 광고

3 노인 여가 활동

노인의 여가 활동은 시간적 여유에 대한 취미 · 오락 활동이나 건강과 능력의 한계 내에서 사회를 위해 기여하는 활동이라 할 수 있다. 노인의 여가 욕구는 각 개인이 지니는 심리적 특성이나 가치관, 경제 형편, 교육 등 제반 환경에 의해서 그 비중이 각기 다를 수 있다. 그러나 누구도 부인하지 못하는 사실은 노인의 여가 활동을 활성화하고 나아가 사회에 봉사하기 위해서는 여가에 대한 교육이 필요하다는 것이다.

또한 노인의 여가 활동은 퇴직 후에 사회와 가족으로부터의 소외에서 벗어나 자긍심과 자신감을 주고 자아실현을 이룰 수 있는 계기를 마련해 준다. 노인의 적극적인 여가 활동은 개인적으로는 신체 및 정신 건강, 삶의 만족감, 심리적 안녕 등을 얻을 수 있고, 사회적으로는 노인에 대한 긍정적 이미지 확립, 노인의 성공적인 지역사회 통합 등 긍정적 결과를 기대할 수 있다.

실제로 노인의 욕구 중에 하나는 노년기의 긴 여가 시간을 유용하게 보내고 싶은 것이다. 카플란(Kaplan)은 여가 활동과 관련한 노인의 욕구를 다음과 같이 구분하고 있다(채준안 · 이준우, 2007 재인용).

첫째, 여가를 친구들과 함께 지내고 싶어 하는 욕구, 둘째, 오래도록 건강을 유지하고 싶은 욕구, 셋째, 사회적으로 공헌하면서 봉사 활동을 하고자 하는 욕구, 넷째, 자신의 존재를 타인에게 인정받고 싶어 하는 욕구, 다섯째, 가족관계를 원만히 유지하려는 욕구, 여섯째, 종교적 신앙을 포함한 정신적 안정을 얻으려는 욕구, 일곱째, 자기표현과 성취감의 기회를 가지려는 욕구 등이다.

젊은 사람들이 반복적인 일상생활에서 벗어나 자기 계발이나 스트레스 해소를 위해 자신만의 여가 활동을 찾아 즐기는 것과는 다르게 노인들의 여가 활동 안에는 다양한 욕구들이 포함되어 있는 것이다. 즉, 젊은 사람에게는 단지 삶의 일부분일 수 있는 여가가 노인에게는 삶의 중요한 구심점이 되는 다양한 의미가 내포되어 있는 중요한 활동 그 자체이다.

또한 노인에게 있어 여가란 지극히 개인적인 선택의 문제 같지만, 그 파급효과는 개인을 초월하여 사회적 · 국가적으로 긍정적인 변화를 이끌어 낼 가능성이 높은 활동이기도 하다. 때문에 노인의 여가 활동을 지원하기 위해서는 사회제도적인 준비가 함께 병행되어야 한다.

예를 들어, 타인과 함께하는 집단 여가 프로그램을 통해 자연스럽게 사회성이 증진되고 현재의 건강 상태를 유지할 수 있다면, 개인의 고독감과 우울증이 해소되고 사회성이 향상되어 삶의 질이 좋아지게 될 것이다. 그리고 현재의 건강 상태를 유지하게 함으로써 의료정책 비용을 절감하게 하여 건강하지 못한 노인에게 드는 사회적 비용의 절감효과를 가져올 것이다. 또 다른 예로는 여가 활동이 진일보하여 봉사와 일자리 창출로 이어진다면 일차적으로는 개인의 소득 발생에 따른 삶의 만족도가 향상되겠지만, 이차적으로는 빈곤한 노인의 기초생활보장을 위해 드는 사회적 투자가 줄어들게 될 것이다.

이미 제도적으로는 노인의 여가를 지원하도록 노인여가복지시설에 노인복지관, 경로당, 노인교실을 규정해 두고 있다. 각 시설별로 규정되어 있는 역할에 대해 살펴보면, 노인복지관은 '노인의 교양 · 취미생활 및 사회참여 활동 등에 대한 각종 정보와 서비스를 제공하고, 건강증진 및 질병예방과 소득보장 · 재가복지, 그 밖에 노인의 복지증진에 필요한 서비스를 제공함을 목적으로 하는 시설' 로 규정되어 있다. 그리고 경로당은 '지역노인들이 자율적으로 친목도모 · 취미 활동 · 공동작업장 운영 및 각종 정보교환과 기타 여가 활동을 할 수 있도록 하는 장소를 제공함을 목적으로 하는 시설' 로, 노인교실은 '노인들에 대하여 사회 활동 참여욕구를 충족시키기 위하여 건전한 취미생활 · 노인건강유지 · 소득보장 기타 일상생활과 관련한 학습 프로그램을 제공함을 목적으로 하는 시설' 로 규정되어 있다.

이들 중에 가장 체계적이고 규모 있게 운영되고 있는 대표적인 시설은 노인복지관이다. 노인 인구가 증가하면서 지자체별로 노인복지관 건립을 실시하였고, 불과 몇 년 사이 우후죽순으로 생겨난 큰 규모의 노인복지관들이 각 지자체별로 많게는 2, 3곳 이상, 적게는 1곳 이상 운영되고 있다. 경로당이나 노인교실도 수적으로 증가하고는 있지만, 단순 친교와 휴식을 위한 공간으로서의 기능이 대부분이다. 이에 반해 여가에 관한 전문적이고 체계적인 교육은 노인복지관에서 도맡아 운영하고 있으며, 오히려 연계를 통하여 경로당이나 노인교실에 여가 관련 프로그램을 지원하고 있다.

어떤 지자체의 노인복지관이건 여가에 관한 프로그램은 기본적으로 운영되고 있고, 거의 유사한 프로그램들이 운영되고 있다. 세부적으로 프로그램을 나눠보면, 교양교육 프로그램(일어, 중국어, 영어, 철학, 글짓기, 그림 등), 건강증진 프로그램(당구, 탁구, 우리춤체조, 요가 등), 취미여가 프로그램(노래, 댄스, 악기, 수지침, 서예 등), 정보화교육(인터넷 활용 기초, 포토샵, 자격증반 등)이 운영되고 있다.[2] 물론 기관마다 프로그램의 이름이나 구분이 다르고 특화되어 있는 프로그램이 존재하지만 기본적인 포맷은 거의 유사하다. 그리고 최근에는 이러한 프로그램의 참여가 자원봉사라든지 동아리, 일자리로까지 점차 확대되어 가고 있는 추세이다.

그러나 안타까운 사실은 정작 노인복지관 내에 있으면 이러한 프로그램이 한 개인과 사회에 어떠한 영향을 미치는지를 체감하기가 어렵다는 것이다. 복지관 서비스를 이용하는 노인, 개개인을 일일이 사례관리를 할 수도 없을 뿐더러 서비스이용자인 노인의 욕구가 해소될수록 노인들은 더 발전된 욕구를 해소하기 위해 다양한 요구들을 쏟아내고 있기 때문이다. 사회복지사들뿐만 아니라 노인복지관을 바라보는 다른

2) 본 내용은 서울 · 경기에 소재한 노인복지관 10곳을 무작위로 선별하여 프로그램을 비교 · 분류한 결과이다.

세대들도 복지관이 그저 우리 어머니와 아버지가 가서 하루 종일 있다 오는 곳, 무료한 시간 보내는 곳 정도로만 여긴다. 어쩌면 이게 사실일 수도 있다. 그러나 다른 한편으로 생각해 보자. 노년기 막바지에 본인이 가지고 있는 모든 열정을 복지관에 쏟는 것이 얼마나 다행인가? 다 쏟아내지 못하고, 아니 어디에 쏟아내야 할지조차 모르고 노후를 보낸다면 그 삶이 얼마나 행복할까? 그리고 그러한 노인 세대를 바라보는 우리에게 노후의 모습이 긍정적으로 상상될만한 여지를 남길까?

그래서 노인복지관은 오늘 이 시대에 노인복지실천의 매우 유용한 전달체계이자 시설이라 평가할 수 있으며, 그러기에 문제점은 개선하고 장점은 더욱 강화시켜 보다 더 노인들에게 힘이 되어 줄 수 있어야 한다. 노인의 여가 활동에 중차대한 기여를 하고 있는 노인복지관이 분명하게 제 몫을 해낼 때에 다른 여러 노인복지실천과 관련된 노인복지시설들도 자기 역할을 충실하게 해낼 것으로 본다.

Chapter 9

노인 자원봉사

1 자원봉사의 개념

2 노인 자원봉사의 특징

3 노인 자원봉사의 과제와 대안

요즘 세상은 돈이 최고다. 돈 없는 사람은 무시당하고 불안해할 뿐더러 돈 있는 사람의 노예가 된다. 돈은 전지전능한 신이 되었다. 돈 만큼 사람이 원하는 것을 손쉽게 가져다주는 것이 없다. 수많은 사람들이 자기 소유를 늘리느라고 바쁘다. 내 돈, 내 집, 내 차, 내 명예, 모두들 내 것을 더 얻으려고 애쓴다. 어떤 이는 좀 더 많이 누리려고, 또 어떤 이는 늙어서 힘들까봐 불안해서 그런다. 온통 '돈!', '돈!' 타령이다.

하지만 세상에는 돈이 다가 아니고, 돈 말고도 소중한 것이 많다는 것을 깨닫게 해주는 일들이 여전히 많다. 실제로 이 세상 대부분의 사람들이 돈을 통해 이기적인 욕망을 충족함으로써 행복을 느낀다고 보통 생각하지만 남을 돕거나 남과 함께하는 것 자체만으로도 즐겁고, 그 일을 통해 자신이 확장된다고 느끼는 사람들도 많다.

특히 노년기에 그런 일을 실천하는 사람들에 대한 미담사례는 심심찮게 접할 수 있다. 본인 자신도 노인이면서도 더 어려운 노인들을 도우며 사는 노인 자원봉사자들이 바로 그들이다. 그리 넉넉하지 않으면서도 돈 걱정하지 않고, 좀 덜 쓰고 살 생각으로 별 걱정 없이 잘 살고 있는 어르신들이다. 성공이 돈으로 평가되는 시대에 '돈=성공=행복' 이라는 등식을 거부하고 가치 있는 자원봉사를 진정으로 즐기며 이것이 행복이라고 생각하며 살아간다.

오히려 그 분들은 노인복지관이나 자원봉사센터 등과 같은 사회복지기관을 통해 연결된 봉사 대상자들과 사랑과 돌봄, 물질을 나누면서 행복감을 느낀다고 감사해 하신다. 나아가 그들이 도운 사람들의 표정이 바뀌고 삶이 바뀌는 것을 보면 행복해진다고 말씀하신다.

지역사회와 도와야 할 또래 노인들을 위해 자신의 자원을 내놓고 더불어 나누면서 행복으로 남은 여생을 채워 가시는 자원봉사 어르신들을 뵐 때마다 절로 고개가 숙여지고 존경심이 솟는다. 아무리 이 사회가 돈이 강조되고 사랑이 메말라가도 자신의 행복과 즐거움을 이웃에게 나누어줄 때에 가장 큰 기쁨을 느낀다는 노인 자원봉사자들이 노인복지 현장에 많은 것을 볼 때마다 이 사회가 아직은 소망이 있다는 생각을 하게 된다. 공짜 선물은 신이나 자연에게서만 받는 것이 아니다. 우리가 이웃에게 나누어 줄 수도 있고 받을 수도 있는 것이다. 이런 돌봄, 사랑, 인정의 순환을 만드는 사회가 건강하고 행복한 사회이다.

이렇게 복된 사회를 만들기 위해 보다 많은 노인들이 자원봉사를 할 수 있게끔 하는 일은 노인복지실천에서 중요하게 다루어야 할 영역 중에 하나가 된다. 그런 면에서 노인 자원봉사를 보다 활성화하기 위한 사회복지적인 개입 노력이 있어야 한다. 이를 위해 자원봉사의 개념부터 차근차근 살펴볼 필요가 있다.

1 자원봉사의 개념

자원봉사란 공생의 노인 문화를 구현하기 위한 일 중에 가장 보편적이고 대표적인 활동이다. 즉, 자원봉사는 서로 사랑하며 살기 위해 섬기는 활동이기에 진정한 공생을 실현할 수 있는 가장 보편적인 접근이라 할 수 있다.

이론적으로는 자원봉사를 공공복지를 향한 가치 이념과 동시에 민주적 방법에 의한 자주적 · 협동적 실천 노력이며, 개인, 집단, 지역사회에서 발생되는 제반 사회문제를 예방, 해결하고 사회적 환경을 개선하기 위하여 공사의 조직체를 통하여 무보수로 서비스를 제공하는 활동이라고 설명할 수 있다(한국여성개발원, 1996).

더욱이 다양해지고 거대해진 사회적 과제들은 이미 공적 자원(정부의 예산이나 인력 등)으로 감당할 수준을 넘어섰다. 때문에 자발적인 참여와 봉사가 그 어느 때보다 절실한 시대이다. 이때 노인의 사회적 역할이 강조되고 자발적인 봉사 활동의 실현은 지역사회공동체를 회복하고 노년기의 인생과업이 자아실현을 위한 욕구를 충족시키기에 가장 적합한 활동이라고 할 수 있다. 다행인 것은 '신 노년 문화' 형성의 필요성이 대두되고 그 움직임이 활발히 시작되고 있는 시점과 맞물리면서 점차 노인 자원봉사 활동이 조직적으로 발전되고 있고, 각계에서 연구가 활발히 이루어지고 있다는 사실이다.

2 노인 자원봉사의 특징

일반적으로 퇴직 후에는 상당한 여가시간이 주어지게 되어 사회 활동을 하는 것은 자칫 무력해질 수 있는 생활에 탄력이 생길 수가 있다. 이와 연관하여 노인이 갖는 여가 시간의 일부를 자원봉사 활동에 참여하는 것은 퇴직 이후의 생활에 대한 적응력을 높이고, 상실되었던 사회적 지위와 역할을 보충해 주는 대체 역할이 될 수 있다.

나아가 노인 자신은 물론 지역사회복지에도 기여할 수 있다. 노인 자원봉사 활동은 일반적으로 노인을 대상으로 한 자원봉사와 노인이 주체가 되는 자원봉사를 말한다. 특히 노인이 주체가 되는 자원봉사 활동의 중요성이 대두된 것은 노인의 여가 시간 증가, 경제적으로 안정된 노인층의 증가, 노인의 건강 수준 향상 등으로 사회적으로 유익한 활동을 통하여 삶의 보람을 찾으려는 노인이 늘고 있는 것과 관계가 있다.

노인 자원봉사 활동을 교육, 훈련, 실행하는 대표적인 기관에는 자원봉사센터, 실버인력뱅크, 노인복지관 등이 있다. 자원봉사센터의 경우에는 봉사를 희망한다면 해당 홈페이지나 센터를 방문하여 기본 교육을 수료한 이후에 적절한 봉사 현장을 안내받을 수 있다. 만약 재능 봉사인 경우에는 자원봉사 방법에 대한 교육을 받으면, 봉사가 가능한 수요처를 연결받게 된다.

노인복지관의 경우에는 봉사를 희망하여 자원봉사 활동을 시작하는 경우도 있지만, '심심해서' 혹은 '놀아서 뭐해' 라는 이유 등으로 잔여시간을 활용하기 위해 복지관을 이용하다가 봉사자로 참여하는 경우가 많다. 뿐만 아니라 '남을 돕고 싶어서', '도움이 되고 싶어서' 등의 이유로 봉사 활동을 하거나 복지관 내 교육 · 여가 프로그램을 통해 어느 정도 실력이 향상되자 봉사 동아리로까지 발전하여 지역사회를 대상으로 봉사하는 경우까지 포함하여 다양한 봉사 활동 영역이 존재한다. 노인복지관에서 활동하는 개인 봉사자들은 주로 서비스 이용자(60세 이상 노인)들의 복지관 이용과 편의를 지원하는 일을 한다. 그룹으로 이루어진 봉사단은 주로 지역사회를 대상으로 위문공연, 방문, 행사 지원 등의 봉사 활동을 한다.

최근 추세는 봉사단을 구성하여 지역사회 내 봉사 활동을 추진해 나가는 것으로 특징지어지고 있다. 봉사에 대한 욕구가 있는 대상자들의 특징이나 재능을 중심으로 봉사단을 구성하고 이들을 대상으로 교육 · 훈련의 과정을 거쳐 지역사회에 기여하거나, 어떤 특정한 사회적 문제의 예방과 문제 개선을 위해 봉사단을 구성하여 진행되는 경우도 있다.

이와 같은 노년기 자원봉사 활동을 통해 노인이 얻게 되는 유익은 다음과 같다.

첫째, 자기 성숙의 기회가 된다. 즉, 노인은 자원봉사 활동을 통하여 자긍심 회복, 적극적인 자기표현, 성취감의 경험, 적절한 가족관계의 유지, 지능 저하의 예방, 노화 방지 등의 효과를 얻게 되어 자기 성숙이 가능해질 수 있다.

둘째, 공동체 의식을 강화시켜 준다. 노인도 그 지역사회에 살고 있는 주민이므로 지역사회의 한 구성으로서의 역할을 수행해야 한다.

셋째, 사회의 여러 구성원들에게 노인에 대한 긍정적인 이미지를 심어주게 된다. 의존적인 노인에 대한 이미지를 불식시키고 노인도 사회의 순기능적인 역할을 구체적으로 할 수 있음을 나타내어 줄 수 있다.

결국 자원봉사 활동의 참여가 노인에게 주는 이익을 요약하면, 퇴직으로 상실되었던 사회적 지위와 역할을 보충해 주어 자신의 사회적 가치성을 회복해 주고 따라서 사회적으로 유용한 존재가 되고 있다는 자신감을 가질 수 있게 한다. 나아가 노년기의 자아상을 긍정적으로 유지하게 하고, 소외감에서 벗어나도록 도우며, 창의성과 책임성을 발휘할 수 있는 기회를 제공해 준다. 또한 젊은 세대와 함께 자원봉사를 함으로써 세대 간의 연대를 키워 나갈 수가 있다.

3 노인 자원봉사의 과제와 대안

현재 우리나라에서 노인의 자원봉사 활동 참여 비율은 다른 나라에 비해 상당히 낮은 편이며, 분야에 있어서도 그다지 다양하지 않다. 노인 자원봉사 활동의 문제점은 노인의 경제 및 건강상의 문제, 다양한 프로그램과 사회적 지원체계의 미비, 행정적으로 노인 자원봉사 관련 부서의 미비와 홍보 부족 등에 있다. 이에 따라 직면하게 되는 여러 문제들을 해결하기 위한 구체적인 과제를 살펴보면 다음과 같다.

첫째, 자원봉사 활동 후의 심리적 · 물질적 보상의 부족을 채울 수 있는 다양한 방안을 개발하여 시행해야 한다. 가능하다면 자원봉사 활동에 대한 최저한의 경비를 지원하는 것도 좋은 방안 중의 하나이다. 노인 자원봉사자들의 봉사 활동의 주 동기가 물질적 보상은 아니지만, 실질적으로 활동 중에 소요되는 식사비와 교통비 등의 보상 욕구에 대한 일정 부분의 재정적 지원은 필요하다고 본다.

최소한의 물질적 보상과 동시에 비물질적 보상도 효과적으로 이루어져야 한다. 가령 노인 자원봉사자가 제공한 자원봉사 활동에 대해 나중에 필요시 현재의 자원봉사자가 상황이 바뀌어서 오히려 봉사를 받아야 할 때, 다른 봉사자의 자원봉사 서비스를 우선적으로 받을 수 있도록 하는 '자원봉사 마일리지' 제도를 실시하는 것을 들 수 있다. 또한 자원봉사증이나 자원봉사자를 표시하는 목걸이, 스카프, 넥타이 등을 제공하고, 이를 제시하거나 착용 시 문화시설 무료 사용, 주차료 감면, 건강진단 등의 혜택을 제공받을 수 있도록 하는 것도 좋은 예라고 본다.

둘째, 노인의 자원봉사 활동 참여의 필요성에 대한 동기 부여와 참여를 유도하는 적극적인 홍보 전략을 수립하여 실천해야 한다. 특히 많은 노인들은 자원봉사 활동에 대한 의사를 갖고 있더라도 본인의 지식이나 경험을 활용할 수 있는 활동 영역을 쉽게 찾을 수 없는 경우가 빈번하다. 그러므로 노인이 쉽게 취득할 수 있도록 자원봉사 활동에 관련된 다양한 정보들에 대한 접근성과 이용성을 높여야 한다.

셋째, 자원봉사 활동을 위한 지식, 기술, 가치 교육을 강화해 나가야 한다. 실제로 노인복지 현장에서 노인 봉사자의 욕구에 맞는 활동 영역 개발이 잘 이루어지지 않고 있다. 그러다 보니 많은 경우에는 자원봉사 활동에 참여하고 있는 노인들은 전문성을 띤 봉사 활동보다는 단순 노력 봉사에 대부분 참여하고 있다. 이는 노인 자원봉사자들에게 보다 전문적인 지식과 기술, 가치 교육을 체계적으로 수행하지 못했기 때문이다. 따라서 자원봉사 활동을 힘 있게 수행해 나가기 위한 지식, 기술, 가치 교육을 적극적으로 시행해 나가야 한다.

넷째, 노인의 심신 기능 쇠퇴를 고려한 노인 친화적인 프로그램을 적극적으로 개발하여 실시해야 한다. 사실 자원봉사에 대한 의지는 있으나 건강이 좋지 않아 봉사 활동에 참여하지 못하는 노인들에 대해서도 깊은 관심을 가져야 한다. 일반적으로 자원봉사 활동은 건강한 노인의 경우에만 한하여 할 수 있는 것으로 인식하는데, 그렇지 못한 노인들에게도 가능한 자원봉사 활동 프로그램을 개발하여 가정이나 지역사회에서 봉사할 수 있는 기회를 제공할 필요가 있다. 그렇게 될 때에 그들도 심리사회적인 욕구를 충족할 수 있게 되며, 나아가 생산적이고 통합적인 노후생활을 해나갈 수 있는 것이다.

그리고 노인 자원봉사 활동을 활성화시키기 위한 대안으로는 가장 우선적으로 노인 자원봉사 인력을 관리하는 조직이 조정자를 중심으로 하는 기능의 확대가 필요하다. 이에 따라 자원봉사 관리 조정자 교육 프로그램의 개발, 노인 자원봉사자 양성과정 마련, 노인 자원봉사 집단의 구성 및 운영 지원, 자원봉사 활동 범위의 확대, 다양한 노인 자원봉사의 구체적인 프로그램 개발이 필요하다. 결국 노인 자원봉사 활동을 보다 더 확산시키기 위해서는 다음과 같은 구체적인 실천 방안이 필요하다.

첫째, 노인들 스스로가 자신들의 참여 가능성을 인지하고, 적극적인 대응을 할 수 있도록 유도해야 한다. 이를 위해 강조하고 싶은 방안은 노인 자원봉사 프로그램을 이끌어 갈 수 있는 노인 지도자들을 양성해서 지도자로 실질적으로 세워 그들로 하여금 노인 자원봉사 활동이 진행되도록 할 필요가 있다.

둘째, 노인의 참여 경로를 정비하고, 이에 대한 홍보를 적극적으로 하는 방안이 마련되어야 한다. 노인 자원봉사가 활성화되기 위해서는 무엇보다도 노인들이 자원봉사 활동에 참여할 수 있도록 다양한 모집 방법을 개발하고, 노인들이 재미있고 만족스럽게 활동할 수 있는 자원봉사 활동의 분야와 수행 방법을 효과적으로 알려야 한다.

셋째, 노인들이 보람을 느끼고 즐겁게 참여할 수 있는 교육 프로그램을 개발해야 한다. 가령 노인에게 흥미로운 자원봉사 교육으로 자아발견, 리더십, 인간관계 향상 등의 프로그램 등이 효과적으로 사용될 수 있다. 자원봉사 교육 시 노인들이 흥미 있어 하고, 실생활과 관련된 내용을 병행하는 것이 필요하다. 이외에도 자원봉사 활동 시, 복장 및 소지 물건, 자원봉사자의 자세, 장애노인에 대한 대처방법, 보호방법 등에 관한 기본 교육이 흥미로우면서도 재미있게 실시되어야 한다. 당연히 단순한 강의식 교육보다는 노인들의 학습 집중력을 높일 수 있는 체험학습, 역할극, 현장답사 등 다양한 교육 방법이 활용되어야 할 것이다. 특히 노인 자원봉사자에게 적합한 교과과정의 내용은 물론 교육 자료의 인쇄 활자의 크기, 삽화, 색상 등까지 고려하여 노인들의 가독성을 최대화시킨 노인용 자원봉사 전문교재를 만들어 사용하는 것도 좋을 것이다.

넷째, 자원봉사 활동에 참여하는 데 필요한 경비나 이동 수단을 제공하는 것도 참여를 활성화할 수 있는 방안의 하나이다. 많은 노인들이 자원봉사를 시작하는 반면 또 많은 노인들이 중도에 탈락하는 경우가 빈번한 현실에서 노인 자원봉사자들의 중도 탈락을 예방하기 위해서라도 노인의 봉사 접근성을 고려하는 것은 대단히 중요하다. 특히 봉사 현장으로 가기 위해 필수적으로 요구되는 교통 편의성과 이동 수단 활용성 등은 노인 자원봉사 활동을 활성화시키는 데에 기본적인 요건이라 할 수 있다. 따라서 이동 수단에 관한 사항과 봉사 활동 참여를 위해 필요한 최소한의 경비 문제를 해결하는 일은 노인 자원봉사 활동의 성공 여부를 결정하는 중요한 일이다.

Chapter 10

노인일자리사업

1 노인일자리사업 관련법과 정책 그리고 사업 현황

2 노인일자리사업의 문제점과 발전 방안

3 우리나라 노인복지의 혁신적인 패러다임 전환

고령화 사회에 진입하게 되면서 우리 정부나 민간 기업은 노인을 대상으로 하는 다양한 인력개발 정책, 직업훈련 등을 제시하고 있다. 하지만 건강함에도 불구하고, 여전히 고령자들은 생계 문제가 보장되지 않은 채, 의지할 데가 없는 '노후 난민' 으로 전락하는 경우가 빈번해지는 상황이다.

우리나라 노인 가구 가운데 3분의 1 이상이 소득 수준이 최저생계비에도 못 미치는 절대 빈곤 상태인 것으로 나타났으며 우리나라 노인 가구의 빈곤율은 45.1%로 전체가구 빈곤율보다 2.5배나 높으며 노후 빈곤은 개인뿐만 아니라 사회 전체에도 부담이 된다. 노후 빈곤이 심화되면 소비가 위축되고, 의료비 등 사회보장 비용의 증가로 재정을 악화시켜 경제 활력을 위축시키는 연쇄 축소의 악순환이 이어질 수 있기 때문이다(한국노인인력개발원, 2011).

문제는 노인인구의 증가와 함께 많은 노인들이 경제적 안정을 위하여 취업 내지 일자리를 희망하고 있지만 이들이 일할 현장은 매우 부족하다는 데에 있다. 따라서 일할 의사를 지닌 노인에게 우리 사회에서 알맞은 일자리를 창출하여 제공하는 일은 개인적 차원은 물론 사회적 차원에서 매우 중요한 과제라 할 수 있다. 즉, 노인의 일자리를 통한 사회 참여는 가족 내의 갈등 해소에 도움이 됨은 물론 노인의 소외감을 해소시킨다. 더 나아가서는 사회를 위한 봉사정신과 사회적 연대의식을 고취하여 능동적이고 적극적인 생활을 하게 한다.

더욱이 고령화 사회에서는 고령 인력을 노동시장에서 활용하지 못할 경우에는 국가의 경쟁력은 물론이고 우리 사회의 기본 존립마저 위태로울 수 있으며, 미래 사회는 노인의 건강이 허락하는 한 노인도 일을 해야 그 사회가 유지될 것이다. 실제로 2009년 통계청의 자료에 따르면 고령층의 절반 이상(57.6%)이 향후 취업하기를 원한다고 하였는데 이는 2013년 현재에도 크게 다르지 않을 것으로 예상된다.

한편, 저출산 고령화는 생산 가능 인구의 감소에 따라 사회적인 노인 부양을 가중시키는데, 이러한 저출산 고령화에 따른 경제 · 사회적 부담을 완화하기 위한 수단 중의 하나로 노인 인력을 활용하는 일은 매우 중요하다. 특히 노동력의 감소 및 고령화는 노동 공급의 축소를 수반하는 경향이 있어서 이를 상쇄할만한 노동 생산성의 증가가 이루어지지 않는다면 경제성장의 둔화 내지 정체로 이어지고, 그렇게 되면 연금과 의료 등을 포함한 사회보장 지출 증가에 따른 막대한 국가 재정 부담과 그 비용을 담당해야 하는 근로 계층의 저항 등의 사회문제를 촉발할 것이기 때문이다. 따라서 노인인력을 유용한 분야에 활용함으로써 국가경쟁력을 향상시키는 일은 국가적 사명이자 과제라 할 수 있다.

우리나라의 노년층은 높은 근로의욕을 가지고 있으므로, 노인들에게 적절한 일자리를 마련해 주는 것이야말로 노인들의 부족한 소득을 보조함과 동시에 적절한 사회적 활동의 기회를 제공함으로써 활동적 고령화를 실현하는 데 결정적인 역할을 해나가게끔 하는 사회적 지원이라 할 수 있다.

노인일자리사업은 바로 이러한 배경에서 2001년 시니어클럽 활동과 2004년 참여정부의 1기 노인일자리사업을 통해 정착되어 왔으며, 노인복지법 제23조와 저출산 · 고령사회기본법 제11조에 그 법적 근거를 두고 있다. 이에 근거하여 가령 경기도의 경우에는 시니어클럽 외에 '실버인력뱅크' 사업을 추진함으로써 재가노인을 위한 일자리사업을 개발하고, 노인 직업재활 서비스의 질을 높이기 위한 상당한 노력을 경주해 나가고 있다.

하지만 늘어나는 노인들의 근로 의욕에 비해 여전히 부족한 '노인일자리사업'의 서비스전달 인력과 활용 가능한 지역사회 자원의 부족, 취약한 일자리사업 인프라 등으로 인해 '노인일자리사업'은 종사자들의 노력에 비해 실제로는 상당한 한계를 보이고 있다.

뿐만 아니라 시니어클럽과 노인복지관 그리고 경기도의 경우에는 실버인력뱅크 등과 같은 여러 '노인일자리사업' 수행기관에서 실시되고 있는 노인일자리사업들 간의 상호 교류와 효과적인 연계가 이루어지지 못하고 있는 점과 그에 따른 중복 서비스 문제, 노인일자리사업 전담 기관들의 일자리사업이 기존 노인복지관의 노인일자리사업과 분명하게 차별화되거나 특화된 사업으로 자리매김 되지 못함으로써 '노인일자리사업' 전담기관의 정체성[1)]에 대한 문제, 더욱이 다른 노인복지 분야에 비해 상대적으로 크게 열악한 종사자의 처우 문제 등 다양한 문제들이 드러나고 있는 실정이다.

1 노인일자리사업 관련법과 정책 그리고 사업 현황

현재 우리나라의 노인일자리사업은 노인복지법과 저출산 · 고령사회기본법에 근거하여 시행되고 있으며, 이를 기본으로 고령사회 노인의 소득보장을 위한 정책들이 운영되고 있다.

보건복지부의 '고령사회 정책과' 에서는 저출산 · 고령사회에 대한 성공적 대응으로 활력 있는 선진국가로 도약하겠다는 방향을 설정하고, '제2차 저출산 · 고령사회 기본 계획: 새로마지플랜 2015' 를 발표하여 분야별 다양한 정책을 진행하고 있다(보건복지부, 2012).

1) '노인일자리사업' 전담기관은 전국적으로는 시니어클럽이 있고, 경기도의 경우에는 실버인력뱅크가 추가되어 있다. 문제는 이들 기관들이 '복지와 경영' 의 경계선에서 '사회복지기관' 인지 아니면 사회적 기업과 같이 하나의 '특화된 사입장' 인지에 대한 분명한 정체성을 아직 갖지 못하고 있다는 것이다. 이는 단순히 종사자들의 자기 업무에 대한 정체성 형성으로만 해결될 수 없는 문제이다. 이들 기관에 대한 분명한 성격 규명과 지원 등을 제도적으로 체계화시켜야만 해결 가능한 문제인 것이다. 이와 같은 현실 속에서 경기도의 경우에는 한정된 자원을 최대한 활용하면서 중복 · 누락을 최소화하며 서비스를 효과적으로 연계하고 조정해 나가기 위해 '경기도 노인일자리지원센터' 를 설립 운영하게 되었다. '경기도 노인일자리지원센터' 는 파편화되어 있는 '노인일자리사업' 이 지속적으로 활성화되게끔 관련 자원들을 연결할 뿐만 아니라 실버인력뱅크와 시니어클럽 및 노인복지관 그리고 지자체와의 효과적인 연계를 이뤄내고자 노력하고 있다.

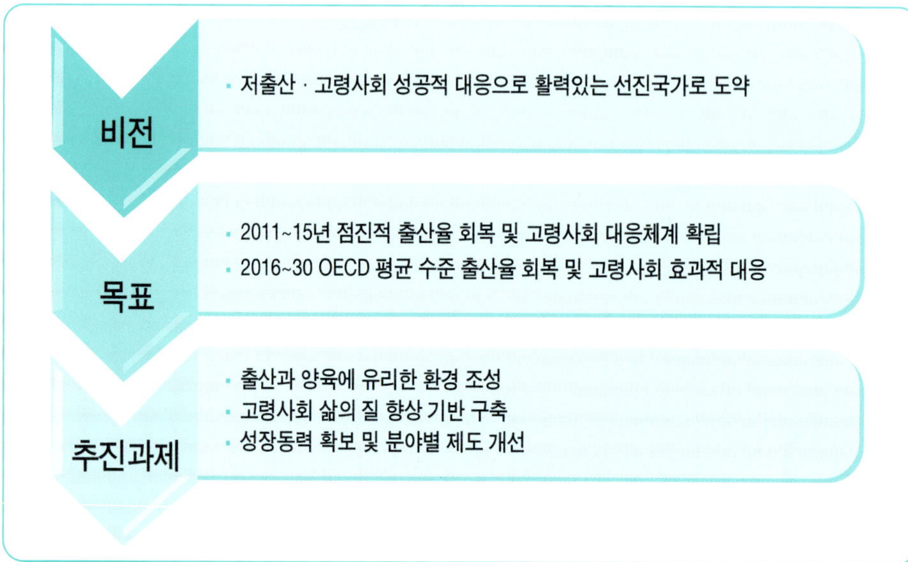

그림 10-1 새로마지플랜 2015 추진방향

| 출처 | 보건복지부(2012). 제2차 저출산 · 고령사회 기본계획.

정부는 '고령사회 삶의 질 향상 기반 구축'을 위해 베이비붐 세대 고령화 대응 체계 구축과 안정되고 활기찬 노후생활 보장, 고령 친화적 사회 환경 조성 등을 주요 정책 과제로 설정하여 노인의 안정되고 활기찬 노후생활 보장을 위해 일자리사업의 내실화(노인일자리 양적 확충 및 질적 고도화, 일자리사업 체계화)를 주요 정책으로 추진하고 있다.

1) 노인일자리 양적 확충 및 질적 고도화 정책

우리나라 노인일자리사업의 규모는 지속적으로 확대되어 왔으나 노인들의 일자리에 대한 욕구가 커짐에 따라 공급량이 여전히 부족하고, 사업 내용이 대부분 단순하고 보수 수준이 낮다. 정부에서는 이러한 한계를 극복하고자 사업 규모를 단계적으로 확대하고 단순 노무에서 벗어나 사회적으로 가치가 높은 사업 아이템 발굴, 사업에 따른 탄력운영으로 급여를 차등 지급하는 (시범) 사업을 추진하고 있다.

2) 노인일자리사업 체계화 정책

노인일자리사업에 대한 관심과 수요가 높아짐에 따라 양질의 일자리 창출 · 공급이 요구되지만, 이를 위한 인프라는 취약한 실정이며 고학력 · 전문직 은퇴 노인의 경력을 활용하고, 숙련 인력의 사장을 방지하기 위해 '직능 · 직장 시니어클럽' 육성을 추진 중이나 활성화가 미흡한 상태이다. 효과적인 노인일자리사업 운영을 위해 일자리 지원체계 기능의 조정 및 역할 강화와 노인일자리 전담기관 구축 및 지원 확대, 직능 · 직장 시니어클럽 확대 및 제도적 기반을 마련하는 데 주력하고 있다.

3) 노인일자리사업 추진체계

노인일자리사업의 추진체계는 보건복지부, 한국노인인력개발원, 한국노인인력개발원 지역본부, 광역자치단체, 지방자치단체, 사업수행기관 등으로 나누어진다.

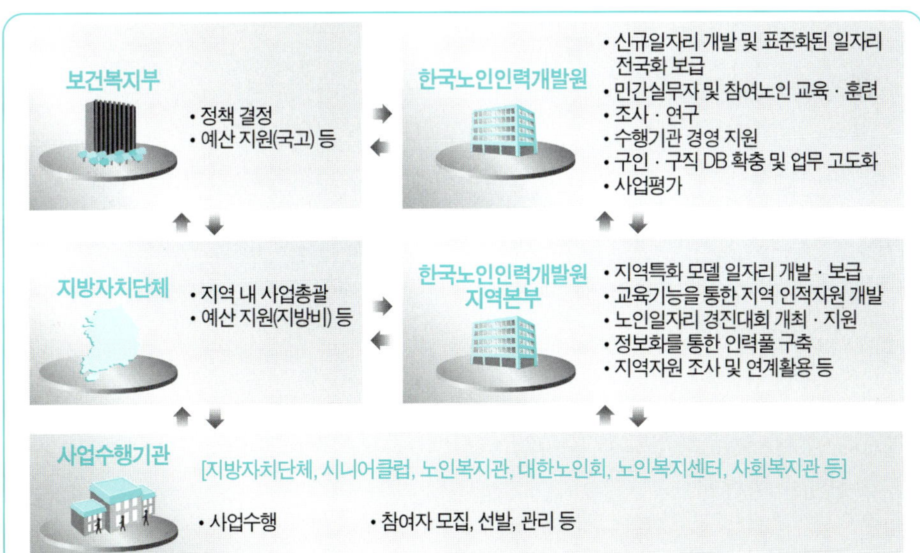

그림 10-2 노인일자리사업 추진체계

| 출처 | 보건복지부(2011a). 2011 노인보건복지사업 안내.

(1) 보건복지부

보건복지부는 노인일자리사업에 관련한 법과 제도를 정비하고 정책을 결정하며 종합 계획을 수립한다. 뿐만 아니라 예산 지원, 대국민 홍보 등 정책 전반을 관장하고 있다.

(2) 한국노인인력개발원

노인복지법 내 노인일자리 전담기관 설치 근거를 바탕으로 2005년 설립된 한국노인인력개발원은 전국에 5개 지역본부를 두고, 전국의 노인일자리사업을 총괄 지원하고 있다. 중앙본부와 지역본부에서는 신규 사업 개발을 개발하고 보급하며 사업의 심사 · 평가, 실무자 및 참여노인의 교육 · 훈련을 지원하고 있다. 뿐만 아니라 사업에 관련한 조사연구 및 데이터베이스(DB) 업무 지원 시스템을 구축하는 역할을 하고 있다.

(3) 지방자치단체

지방자치단체에서는 지역의 노인일자리사업 추진 계획을 수립하고, 사업 전반을 총괄 · 조정 · 심사하며 수행기관에 대한 재정 · 행정을 지원한다. 그 외에 사업 홍보와 사업 모니터링 실시, 지역협의체 구성 · 운영, 발대식과 통합소양 교육 진행 등의 역할을 하고 있다.

(4) 사업수행기관

사업수행기관은 지자체 노인복지 관련부서, 노인복지관, 시니어클럽, 대한노인회 취업지원센터 등이 있으며 사업 계획 · 실행 및 참여자 모집, 등록, 선발, 교육, 홍보, 현장 투입 지원과 보수지급, 근무관리, 간담회, 만족도조사 실시 등의 역할을 하고 있다.

4) 노인일자리사업의 현황

우리나라에서 노인일자리사업이 처음 시작된 것은 2004년이다. 참여정부가 들어서고 노인복지가 4대 핵심국정 과제로 대두되면서 사업이 본격화되었다. 이에 따라 보건복지부에서는 연령 및 임금제도 등 시장에서의 노동정책과 노인빈곤 및 부양부담 해결 등 노인복지정책과 연계선 상에 있는 노인일자리사업을 체계적이고 전문적으로 추진하고자 국민연금관리공단 내에 노인일자리 전담기구인 노인인력운영센터를 개소하여 노인일자리사업을 본격적으로 운영하게 되었다.

(1) 노인일자리사업 운영 실적

노인일자리사업의 운영 실적은 연도별 계획 목표와 사업 종료 후에 실적으로 구분해 볼 수 있다.

우리나라는 사업시행 초기 25,000개의 일자리 창출을 목표로 사업을 운영하였으며, 운영 결과는 35,127개의 일자리를 창출하여 계획 대비 1.4배의 실적을 달성하였다. 이는 점차 확대되어 사업운영 5년만인 2008년에는 3.6배 증가한 126,370개의 일자리를 창출하였다.

2009년 본 사업은 전년대비 1.7배 상승하여 222,616개의 일자리를 창출하였으며, 이는 노인일자리사업의 규모가 크게 확대되는 시기였음을 알 수 있다. 그 후 규모를 소폭 줄여 2011년 8월 현재 215,922개의 일자리 창출 실적을 만들어 냈다.

표 10-1 노인일자리사업 창출 목표 및 실적 (단위: 개, %)

구분	2004	2005	2006	2007	2008	2009	2010	2011*
목표	25,000	35,000	80,000	110,000	117,000	196,000	189,183	217,012
실적	35,127	47,309	83,038	115,646	126,370	222,616	216,441	215,922
비율	140	135	103	105	108	113	114	99.5

출처 한국노인인력개발원(2011). 2010 노인일자리 통계 동향.

* 2011년 수치는 한국노인인력개발원의 홈페이지를 참고하여 정리한 것임.

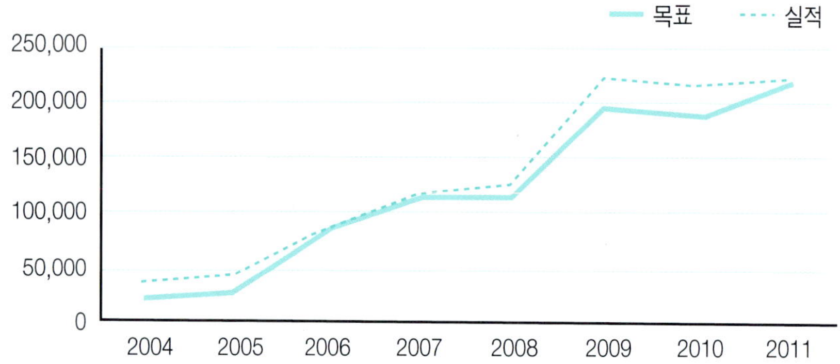

그림 10-3 노인일자리사업 창출목표 및 실적

출처 한국노인인력개발원(2011). 2010 노인일자리 통계 동향.

(2) 노인일자리사업 운영 예산

노인일자리사업의 운영 예산은 연도별 전체예산과 국비로 구분해 볼 수 있다. 현재 노인일자리사업비는 사업수행 기관별로 50%의 국비와 25%의 도비, 25%의 시비로 운영되고 있으며, 서울시의 경우에는 예외적으로 국비를 30% 적용받고 있다.

우리나라는 사업시행 초기 13,893백만 원의 국비를 포함하여 전체 29,238백만 원의 예산이 투입되어 운영되었으며, 사업의 규모가 점차 확대되어 사업운영 5년만인 2008년에는 국비가 5.6배 증가한 78,259백만 원, 전체예산은 6.1배 증가한 177,854

백만 원의 예산이 투입되었다. 2009년에는 대대적으로 일자리사업의 규모가 확대되어 전년 대비 1.8배 증가하여 전체 323,679백만 원의 예산이 투입되었으며, 그 후 소폭 감소하였다가 다시 증가하고 있는 추세이다.

표 10-2 노인일자리사업 재정투입 (단위: 백만 원)

구분	2004	2005	2006	2007	2008	2009	2010	2011*
전체	29,238	40,764	108,667	158,970	177,854	323,679	309,402	314,002
국비	13,893	19,214	51,184	75,275	78,259	132,115	128,315	133,768

출처 한국노인인력개발원(2011). 2010 노인일자리 통계 동향.

* 2011년 수치는 한국노인인력개발원의 홈페이지를 참고하여 정리한 것임.

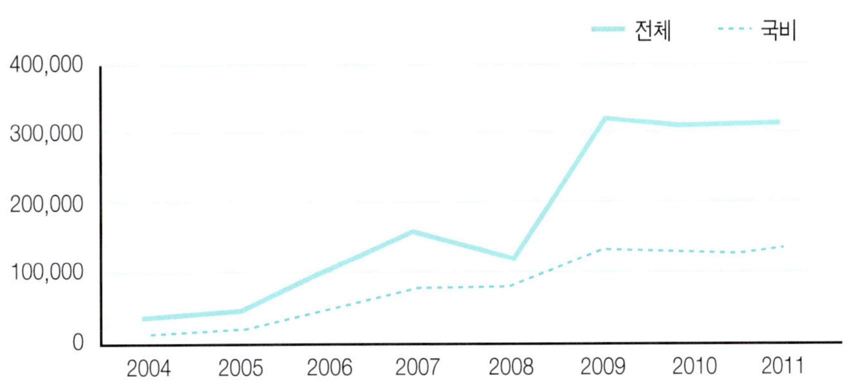

그림 10-4 노인일자리사업 재정투입

출처 한국노인인력개발원(2011). 2010 노인일자리 통계 동향.

(3) 노인일자리사업 수행기관

노인일자리사업 수행기관은 중앙정부 및 지방자치단체에 등록된 비영리단체나 기관으로 수행기관 지정 신청서 및 사업계획서를 제출한 기관 중에서 사업 수행 능력을 고려하여 지방자치단체에서 결정할 수 있다.

지방자치단체, 노인복지관, 시니어클럽, 실버인력뱅크, 노인복지센터, 대한노인회, 사회복지관, 지역 NGO 등이 수행기관으로 참여할 수 있으며, 운영규모와 실적은 지방자치단체가 가장 높은 것으로 나타나고 있다.

우리나라는 사업시행 초기 지방자치단체와 노인복지관, 노인인력기관 등 민간기관을 중심으로 336개의 수행기관을 지정하여 사업을 시작하였으며, 사업 규모가 점차 확대됨에 따라 수행기관 수도 3.6배 증가하여 2011년 현재 전국 1,206개의 수행기관이 참여하여 노인일자리사업을 운영하고 있다.

표 10-3 노인일자리사업 수행기관 수 (단위: 개)

구분	2004	2005	2006	2007	2008	2009	2010	2011*
수행기관 수	336	416	713	915	976	1,115	1,136	1,206

| 출처 | 한국노인인력개발원(2011). 2010 노인일자리 통계 동향.

* 2011년 수치는 한국노인인력개발원의 홈페이지를 참고하여 정리한 것임.

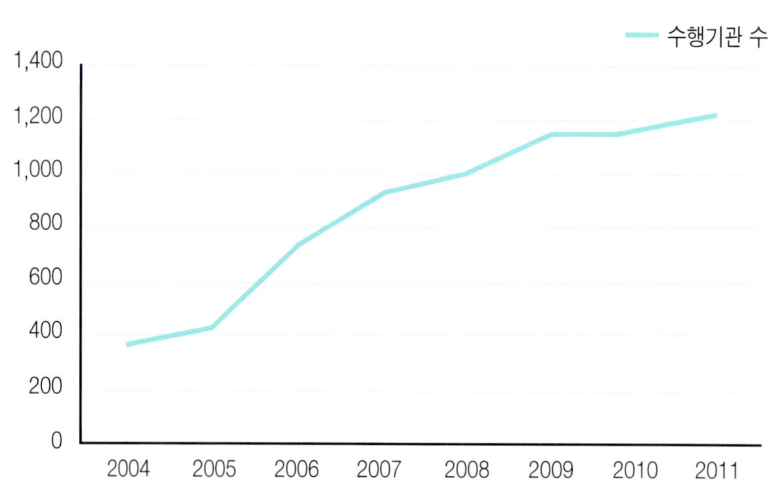

그림 10-5 노인일자리사업 수행기관 수

| 출처 | 한국노인인력개발원(2011). 2010 노인일자리 통계 동향.

(4) 노인일자리사업 사업단

노인일자리사업에서 사업단은 운영 실적(일자리 창출 수)과는 별개로 각 수행기관별로 운영하고 있는 개개의 일자리 프로그램을 의미한다. 사업 초기 336개의 수행기관에서 750개의 사업단을 운영하여 1개 수행기관 당 2.2개의 일자리 사업단을 운영하였으며 이는 사업이 점차 다양해지면서 현재는 사업초기보다 14.9배 증가한 5,005개의 사업단, 1개 수행기관 당 평균 4.1개의 사업단을 운영하고 있다.

표 10-4 노인일자리사업 사업단 수 (단위: 개)

구분	2004	2005	2006	2007	2008	2009	2010	2011*
사업단 수	750	946	1,856	2,547	3,009	4,343	4,441	5,005

| 출처 | 한국노인인력개발원(2011). 2010 노인일자리 통계 동향.

* 2011년 수치는 한국노인인력개발원의 홈페이지를 참고하여 정리한 것임.

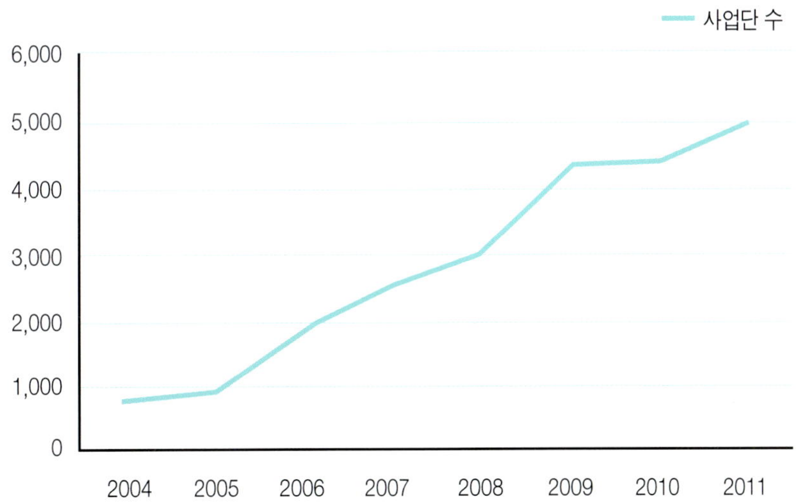

그림 10-6 노인일자리사업 사업단 수

| 출처 | 한국노인인력개발원(2011). 2010 노인일자리 통계 동향.

(5) 노인일자리사업 유형별 실적

노인일자리사업은 사업초기 공공참여형, 사회참여형(공익강사형, 인력파견형), 시장참여형(시장형) 3개 유형으로 시작되었으며, 이는 사업성격에 따라 분리 · 추가되어 2011년 현재 공익형, 교육형, 복지형, 시장형, 인력파견형, 창업 모델형 6개 유형으로 분화되어 운영되고 있다. 사업유형별로는 공익형 일자리사업이 가장 높은 실적을 나타내고 있으며, 사업초기 대비 2011년 현재 전체사업이 6.1배 증가했음을 고려해 볼 때에 복지형 사업이 9.8배, 시장형 사업이 7배로 가장 높은 증가율을 보였다.

표 10-5 노인일자리 창출목표 및 실적 (단위: 개)

<table>
<tr><th colspan="2">구분</th><th>2004</th><th>2005</th><th>2006</th><th>2007</th><th>2008</th><th>2009</th><th>2010</th><th>2011*</th></tr>
<tr><td colspan="2">창출목표</td><td>25,000</td><td>35,000</td><td>80,000</td><td>110,000</td><td>117,000</td><td>196,000</td><td>189,183</td><td>217,012</td></tr>
<tr><td rowspan="8">창출실적</td><td>전체</td><td>35,127</td><td>47,309</td><td>83,038</td><td>115,646</td><td>126,370</td><td>222,616</td><td>216,441</td><td>215,922</td></tr>
<tr><td>공익형</td><td>28,373</td><td>31,101</td><td>47,195</td><td>57,015</td><td>61,732</td><td>134,975</td><td>126,894</td><td>129,368</td></tr>
<tr><td>교육형</td><td>3,800</td><td>7,063</td><td>8,708</td><td>13,240</td><td>14,493</td><td>16,523</td><td>17,480</td><td>19,967</td></tr>
<tr><td>복지형</td><td>–</td><td>4,581</td><td>17,809</td><td>33,160</td><td>34,164</td><td>44,299</td><td>47,302</td><td>45,027</td></tr>
<tr><td>시장형</td><td>1,748</td><td>3,633</td><td>7,459</td><td>9,378</td><td rowspan="2">11,530</td><td>17,141</td><td>15,373</td><td>12,280</td></tr>
<tr><td>창업 모델형</td><td>–</td><td>–</td><td>–</td><td>252</td><td>616</td><td>611</td><td>580</td></tr>
<tr><td>인력 파견형</td><td>1,206</td><td>931</td><td>1,867</td><td>2,601</td><td>4,451</td><td>9,061</td><td>8,781</td><td>10,024</td></tr>
</table>

출처 한국노인인력개발원(2011). 2010 노인일자리 통계 동향.

* 2011년 수치는 한국노인인력개발원의 홈페이지를 참고하여 정리한 것임.

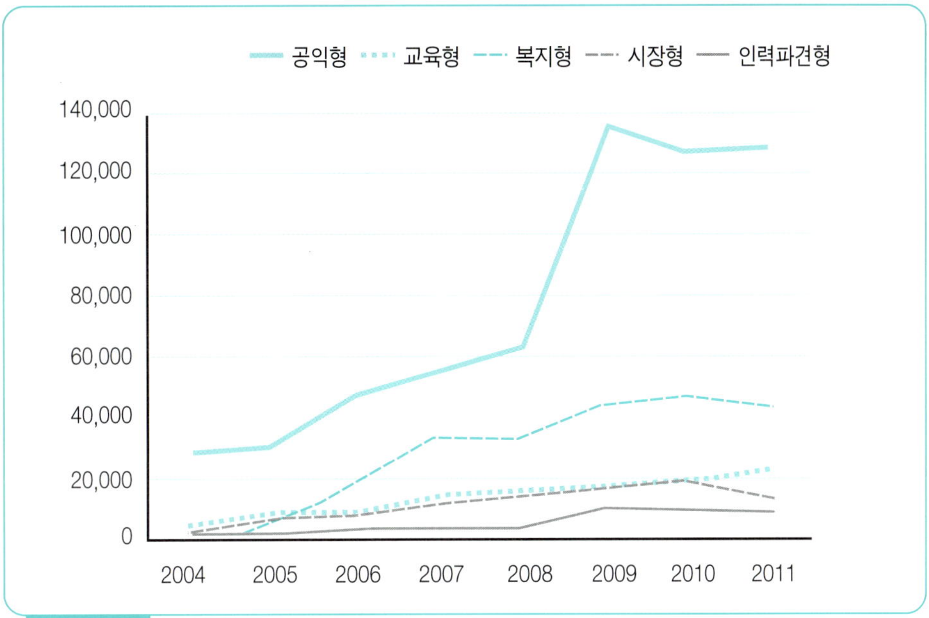

그림 10-7 노인일자리 창출목표 및 실적

| 출처 | 한국노인인력개발원(2011). 2010 노인일자리 통계 동향.

2 노인일자리사업의 문제점과 발전 방안[2)]

1) 노인일자리사업의 문제점

(1) 사업 수행기관 간 연계 체계 부재로 인한 시너지 효과 미비

현재 경기도 내에서는 경기도 노인일자리지원센터, 시 · 군 실버인력뱅크, 시니어클럽, 노인복지관, 대한 노인회 등 조직의 성격이 각기 다른 기관들이 노인일자리사업을 수행하고 있다. 하지만 노인일자리사업 수행기관들은 정보를 유기적으로 공유하지 못하고 각각 실적 위주의 운영을 함으로써 사업의 목적과 취지를 살리지 못하고 있으며, 일자리를 원하시는 노인들의 혼란만 가중시키고 있어 많은 문제점을 나타내고 있다.

즉, 수행기관별 전문적이고 통합적인 사업 추진에 있어서 연계성이 부족하고 상호 협력체계가 미흡하여 노인일자리사업을 개발하거나 추진하는 데 필요한 시너지 효과를 높이기 어려운 점이 많다. 수행기관들은 노인일자리사업 관련 구인 및 구직 데이터베이스(DB)나 취업정보 등이 없고, 지자체에서 배분하는 일자리 수를 수행하는 수준이다. 지역 내 수행기관들 간에서도 공식적인 네트워크가 거의 이루어지고 있지 않다는 데 문제점이 있다.

노인일자리사업의 정착과 발전을 위해서 국가, 지방자치단체, 지역사회 및 민간의 상호 역할분담 및 주요 업무 등이 운영지침으로 제시되고 있으나, 수행기관별 사업의 유형이 서로 중복되어 있는 문제점이 계속적으로 제기되고 있다. 지역 내 노인일자리사업 수행기관별 사업유형의 차별화가 거의 이루어지지 못하고 있는 문제점이 있다.

2) 노인일자리사업의 문제점과 발전방안을 경기도를 중심으로 하여 정리하였다. 경기도의 경우에는 다른 지자체에 비해 노인일자리사업에 대하여 적극적인 관심과 최선의 지원을 하고 있다. 더욱이 경기도는 마치 우리나라의 축소판이라 할 만큼 도시, 농촌, 어촌, 산촌 등이 골고루 분포되어 있는 광범위한 지역일 뿐만 아니라 노인들의 학력이나 경제력 등 인구사회학적인 배경도 우리나라의 표본과 같다. 그러므로 경기도에서 발생하는 노인일자리사업의 문제점들을 파악하고 이를 개선하기 위한 발전방안의 내용은 우리나라 전반에 적용할 수 있는 실제적이며 유용한 기초 자료가 될 것으로 본다.

(2) 노인일자리사업의 전문성 및 인력 부족으로 운영 및 관리부실

노인일자리사업 수행기관들의 전문 인력 확보와 현실적 예산 지원이 되지 않는 것도 문제로 지적될 수 있다. 노인 취업은 단순히 취업의 알선으로 끝나지 않고 전문적인 관리나 사후관리가 요구되므로 전문 인력에 의해 운영되어야 하는 것이다. 그러나 각 수행기관들은 전문 인력 부족과 예산의 부족으로 1인당 100명 이상의 노인들을 관리하여야 하므로 노인들의 특성을 무시하게 되어 사업 참여자 관리에 여러 가지 어려움이 발생하게 된다. 즉, 노인일자리사업을 수행하기 위해 실무자들은 노인들의 일자리 욕구 파악, 취업상담, 취업알선, 사후관리 등 다양한 전문 기술이 필요하나 실제로 한 명의 실무자에게 너무나 많은 업무와 역할이 주어져 있어 전문적으로 노인일자리사업을 수행하기 어려운 상황이다.

특히 민간 분야 인력 파견형 사업에 있어서는 취업 자체도 어려울 뿐 아니라 설령 취업이 되었다 하더라도 사후관리가 미비하여 적응하지 못하고 쉽게 중도 포기하는 사례가 속출하고 있다.

(3) 노인일자리사업 수행 대비 재정 지원 부족

노인일자리 사업이 보다 실질적이고 지속적인 일자리창출을 위한 사업으로 자리매김하기 위해서는 일자리 참여노인 급여의 현실화가 선행되어야 한다. 현재 매월 지급되는 보수 수준도 최대 월 평균 20만 원 밖에 되지 않는다. 물가는 계속 상승 중인데 비하여 노인일자리사업이 시행된 이후 보수는 지속적으로 20만 원 가량에 불과한데 실제 사업 현장의 경우를 보면 가령 가까운 곳으로 수요처를 연계하여도 교통편의 부족으로 대중교통을 이용해야만 하는 상황인데 교통비(편도 1,200원)를 제외하고 나면 실제 쓸 수 있는 금액은 너무 적다. 구체적으로 예를 들면 급식 도우미, 스쿨존 안전지킴이 파견 사업이 진행되고 있는 초등학교에서 활동 기간을 연장해 달라는 요구가 많으나 이와 같은 예산상의 문제로 사업 운영은 매우 어려운 경우가 많다.

(4) 노인일자리사업 수행을 위한 법적 근거 미약

노인일자리사업이 시행된 이후 노인일자리 사업의 원활한 추진을 위해 법적 근거의 필요성이 계속적으로 제기되어 왔다. 따라서 노인복지법 개정(법률 제7585, 2005. 7. 13. 개정, 2005. 10. 14. 시행)에 의해 노인일자리 기관의 설치운영(제23조의 2), 비용부담(제45조 2항 1)에 내용이 첨가되었다. 또한 경기도의 노인일자리사업 관련 조례에서는 구체적으로 노인일자리 전담조직기관(실버인력뱅크, 시니어클럽, 노인복지관 등)에 대한 기능과 역할이 자세히 명시되어 있지 않아 사업수행기관의 법적 근거가 미약한 편이다.

(5) 노인일자리사업의 양적 확대에 비해 노인 특성에 적절한 일자리 개발의 미흡

노인에게 일자리를 마련해 주는 것은 노인복지 차원에서 중요한 일이다. 그러나 노인일자리사업 참여노인 실태조사(2007) 결과를 보면, 노인들의 일반적인 특성과 욕구 등을 충분히 고려하지 못하고 일률적으로 일자리사업에 참여시킴으로써 노인들의 적성에 맞지 않는 일자리를 통해 참여 만족도가 낮다는 것을 알 수 있다. 이런 현실은 비단 경기도뿐만 아니라 전국적으로도 유사할 것으로 판단된다.

실제로 노인일자리사업은 노인의 능력과 적성에 맞는 다양한 일자리를 제공함으로써 노인 세대의 경제 안정과 노인복지 증진을 도모하기 위해 추진되어야 하며, 생계가 가능한 일자리인지 아니면 사회보장 성격의 '공적 부조'인지 노인일자리사업의 성격부터 재정립되어야 할 필요가 있다.

앞서 노인일자리사업의 현황을 통해서 살펴본 대로 지금까지는 양적인 측면에만 치우쳐 있고, 질적인 측면에서는 한계를 보이고 있는 것이 사실이다. 실제로 현장 실무자들에게 다가오는 현실은 철저하게 실적 중심의 관리 감독이다. 그러다 보니 실무자들은 실적 채우기에 매우 분주할 수밖에 없다. 당연히 안정적이고 질적 담보가 있는 좋은 일자리를 만들기란 불가능하다. 솔직히 안정적인 노인일자리를 만들려면 일시적인 일자리보다는 지속 가능한 일자리를 늘리면서도 그 이후의 사후관리가 매우 중요한데, 사후관리는 꿈도 못 꾼다. 더욱이 노인일자리사업 아이템을 다양화 하는 것은 더더욱 어렵다. 그래서 편성 가능한 일자리에 참여 노인이 억지로 짜 맞추는 식의 형태가 반복되고 있다.

(6) 민간 분야 노인일자리사업의 정체성 혼란 가중

노인일자리사업의 핵심 취지는 노인에게 적합한 업종 중에 소규모 창업이나 전문 직종 사업단을 공동으로 운영하여 창출되는 일자리로서 일정 기간 사업비나 참여자 인건비를 일부 보충 지원하고 추가 사업소득으로 연중 운영하는 일자리를 창출하는 것이다.

특히 창업 모델형 사업은 구매력 있는 노인 세대 등장에 대비 노인에게 적합하고 소득창출 효과가 큰 사업 모델을 개발하여 민간 노인일자리사업의 활성화에 기여, 노인 창업의 사회적 확산과 파급 효과를 도모하기 위한 일자리이다.

하지만 이와 같은 민간 분야 노인일자리사업의 당초 목적을 달성하는 데에는 많은 어려움이 있다. 그것은 일반 자유 경쟁 시장 속에서 노인들 중심으로 일자리를 유지하고, 창출한다는 것이 현실적으로 매우 어렵기 때문이다. 그 이유는 일자리 사업 참여 노인들의 연령, 학력, 건강 상태, 기술경쟁력 등이 현실적으로 치열한 시장 경쟁의 대상이 될 수 없기 때문이다.

이러한 현실은 그동안 고수해 왔던 민간 분야 노인일자리사업에 있어 시장 중심적 사고와 접근의 한계를 극명하게 드러내고 있으며, 이는 민간 분야 노인일자리사업의 정체성 혼란을 가중시키는 요인이 되고 있다.

2) 노인일자리사업의 발전 방안

노인일자리사업의 발전 방안을 경기도를 중심으로 정리해보고자 한다.

(1) 노인일자리사업 수행기관의 재정비

지금까지 '경기도 노인일자리지원센터'는 대내·외적으로 경기도의 노인일자리 창출 전담기관으로 운영되어 왔으나 주된 업무는 도내 31개 실버인력뱅크의 자원봉사 활동과 노인일자리 활동을 통합하여 관리하는 수준에 머무르고 있다. 더불어 경기도내 주요 노인일자리사업 추진체계 중 하나인 '시니어클럽'의 경우에는 별도의 조직으로 운영되고 있어 '실버인력뱅크'와의 사업 연계 및 정보교류가 미흡하다는 점을 감안하여 조직 정비가 필요하다고 본다.

① 노인일자리사업 수행기관의 통합과 운영 개선

경기도 내 노인일자리사업 수행기관을 통합이나 조정하여 효율적으로 노인일자리사업을 진행해 나갈 필요가 있다. '실버인력뱅크'와 '시니어클럽'이 동일한 법인하에서 사업을 수행하는 경우와, 그렇지 못한 경우는 서비스 제공의 효율성과 접근성 면에서 불리하거나 한계가 있을 수밖에 없다. 그러므로 실버인력뱅크와 시니어클럽을 같은 법인에게 위탁하는 방안이 적극 검토되어야 한다. 같은 법인 산하일 경우에 노인들은 시니어클럽이나 실버인력뱅크 중에 어느 한 곳을 가더라도 공공 분야의 노인일자리와 민간 분야의 노인일자리를 동시에 소개받을 수 있는 장점이 있다.

② 통합 조정자로서의 경기도 노인일자리지원센터의 역할과 기능 강화

'경기도 노인일자리지원센터'가 '실버인력뱅크'와 '경기도 시니어클럽 협회'를 총괄적으로 지원할 수 있는 광역 노인일자리사업 중심 조직으로 재편할 필요가 있다.

광역 노인일자리사업 중심 조직은 기획사업 및 평가팀, 공공 분야 사업지원팀, 민간 분야 사업지원팀, 교육연구팀으로 조직을 구성한다. 기획사업 및 평가팀에서는 노인일자리 관련 데이터베이스(DB) 구축 및 운영, 노인일자리사업 홍보, 노인일자리사업 평가, 노인일자리 기능대회(노인취업박람회) 주관, 노인일자리 네트워크 구축 등의 업무를 수행하게 된다.

특히 노인일자리사업 평가 기능의 경우에 중심 조직으로 기능하기 위해 핵심적인 사항으로 지역별, 기관별 사업 내용을 총괄하여 경기도의 노인일자리사업의 예산 배분 및 인프라 지원 등의 업무와 연계가 원활하게 이루어질 수 있다.

공공 분야 사업지원팀에서는 '공익, 교육, 복지' 형을 비롯하여 민간 분야의 인력파견형 사업의 개발 및 지원 업무를 수행하게 된다. 민간 분야 사업지원팀에서는 시장형과 창업모델형 노인일자리사업의 개발 및 지원 업무를 주로 수행하게 된다. 시 · 군 실버인력뱅크, 노인복지관, 사회복지관, 노인 취업지원센터 등의 기관에서는 주로 공공 분야 사업을 수행하도록 유도하고, 시니어클럽에서는 주로 시장형 사업을 수행하도록 하는 것이 바람직하기 때문에 공공 분야 사업지원팀과 민간 분야 사업지원팀 간의 역할분담은 각 지자체의 노인일자리사업 추진체계의 역할에 기반하는 것이다.

교육연구팀에서는 노인의 취업훈련 교육과 노인일자리사업 실무자 전문 교육을 위한 프로그램 개발 및 보급 · 실시, 노인일자리 관련 연구 등의 업무를 수행하게 된다. 또한 조직인력의 구성은 행정전담 공무원과 노인일자리 관련 전문가 민간단체 활동가 등 상근인력을 중심으로 구성하고, 충분한 실무담당 인력을 확충하도록 하여야 할 것이다.

이상과 같은 업무 수행을 통해 경기도 노인일자리지원센터가 경기도 내 실버인력뱅크와 시니어클럽의 '구심점 역할' 을 감당해 나가야 할 것이다.

(2) 노인일자리 전문 인력 양성 및 배치

노인일자리사업의 활성화를 위해서는 노인일자리 전문 인력 양성 및 배치가 매우 중요하다. 현재 노인일자리사업 수행기관의 실무담당자들은 주로 사회복지사 자격증을 소지한 인력들로 구성되어 있기는 하지만, 보수가 적어 이직이 심하고 계약직 신분이라는 핸디캡을 지니고 있으며, 기관의 특성상 순환보직을 맡는 등의 문제가 나타나고 있다.

따라서 노인일자리사업의 성공을 위해서 관련된 기본 지식, 사업운영에 대한 정보, 노인의 특성 이해, 구인처의 확보, 산업체와의 연결 등 전문지식과 경험을 습득한 전문 인력의 양성 및 배치가 중요해질 수밖에 없다.

그러므로 노인일자리사업 수행기관의 실무 담당자들이 체계적이고 효율적인 업무를 수행할 수 있도록 이들에 대한 교육훈련을 강화하여 관련 분야의 전문성이 개발될 수 있는 기회를 제공하여야 한다. 나아가 이들 전문 인력에 대한 보수와 처우를 노인복지관에 근무하는 사회복지사의 수준까지 끌어올려야 한다.

(3) 노인일자리사업 활성화를 위한 정부 차원의 재정적 지원

고령사회에 대비하여 선진국에서는 일찍부터 노인 인력 활용을 위해 필요한 재정적 지원을 확대해 나가는 추세이다. 노인 인력 활용을 위한 재정적 지원은 고령사회에 대비한 투자의 개념이므로 향후에도 노인일자리 창출 및 고령자 취업 지원 프로그램 운영 등 정부 차원의 재정적 지원을 지속적이고 안정적으로 확대해 나갈 필요가 있다.

또한 현재 경기도의 주요 노인일자리사업 추진기관인 실버인력뱅크와 시니어클럽의 경우에는 정부 보조금 중에서 기본 인건비를 제외하고는 사업 지원금으로 쓸 수 있는 돈이 턱없이 부족한 현실이어서 사업의 연속성을 위해서는 정부 차원에서 사업비에 대한 추가 지원이 이루어져야 하므로 대안적 기금형성을 시작해야 할 것이다.

(4) 맞춤형 노인일자리 사업 창출 지원

① 노인일자리 포털정보 시스템 구축

65세 이상 노인인구가 급격히 증가할 경우에는 노인인력 활용에 대한 종합적이고 체계적인 계획과 대응 없이는 효율적인 노인인력 활용이 어려울 것이다. 그리고 노인일자리사업이 일정부분 지방 이양되어 진행되고 있는 상황에서 지방자치단체 차원의 정보 시스템 구축의 필요성이 높은 상황이다. 따라서 고령사회에 대비하여 노인 인력을 효율적으로 활용하고 노인일자리사업의 활성화를 위해서는 지자체 차원의 노인 관련 정보 구축, 취업 대상자 및 구인업체에 대한 정보 구축이 이루어져야 할 것이다. 즉, 노인일자리 포털정보 시스템 구축을 통해 노인일자리사업을 포함한 노인복지 관련 각종 사업추진 시 필요 인력에 대한 적재적소 배치와 활용이 용이할 것이다.

② 민간 분야 노인일자리 확대를 위한 광역 표준화 사업 실시

경기도에는 시니어클럽을 중심으로 시장형 일자리 사업을 수행하고 있기는 하나 기관마다 설치 · 운영된 기간이 짧고, 지역의 여건 및 역량에서 차이를 보이고 있어 기관 간의 사업성과에 있어 편차를 보이고 있다. 그나마 시니어클럽이 설치되어 있지 못한 지역에는 시장형 일자리 사업 수행이 거의 활성화되어 있지 못하다. 민간 분야 노인일자리 창출은 1년에 45억 원 이상의 경제적 효과가 발생하며, 저출산 고령사회에 따른 노동력 감소에 대체 인력으로 활동하여 지역경제에 활력을 불어넣을 수 있을 것이다.

③ 민간 분야 시장형 일자리의 정체성 확립

앞서 문제점에서 제기한 대로, 민간 분야 노인일자리사업에 있어 시장 중심적 사고와 접근은 다소 무리가 있음을 인정하고 새로운 대안을 모색할 필요가 있다.

하나의 대안으로 현재 민간 분야 노인일자리사업이 추구해야 할 방향은 단순히 수익을 얻기 위한 사업수단으로 노인일자리사업을 보기 보다는 노동시장에서 은퇴한 노인들에게 근로의 기회를 제공하고, 노인들이 갖고 있는 다양한 경험과 지식들을 다시 활용하여 사회에 긍정적인 기여를 함으로써 노인들이 자신의 삶을 보람 있게 사는 것과 함께 사회적으로 기여한다는 마음을 심어주고, 이러한 노인들을 바라보는 후 세대들에게 좋은 본보기가 되는 기회를 제공한다는 사회적 가치와 기여, 봉사에 더 비중을 두어야 한다는 것을 제안할 수 있다. 다음으로는 민간 분야 노인일자리사업을 통해 궁극적으로는 노인들의 노후생계 유지를 위한 보충적인 노후 소득보장의 일환이 되도록 해야 한다는 것이다.

결국 향후 민간 분야 노인일자리사업은 노인일자리사업을 통해 수익을 창출하는 것에 1차적 목적을 두기 보다는 노인일자리사업에 참여함으로 인해 발생하는 사회적 가치와 비록 수익은 크게 발생하지는 않더라도 노동을 통해 자신의 생계욕구를 부분적으로 충당할 수 있는 보충적 소득보장의 개념으로 사업의 정체성을 명확하게 설정해야 할 것이다.

3 우리나라 노인복지의 혁신적인 패러다임 전환

기존 시혜적 노인복지는 '노인일자리사업'을 통해 '고용복지(work-welfare)'로 반드시 전환되어야 하며 동시에 '고용복지'는 '교육복지(education-welfare)'와 연계되어야 할 필요가 있다고 본다. 고용복지는 일을 통한 복지이다. 시혜적 복지와 달리 고용복지는 노인들에게 일자리 기회를 제공하고 근로의 대가로 소득을 획득하게 한다. 따라서 고용과 교육이 연계된 새로운 형태의 노인복지실천이 구체화되어야 하는 것은 노인복지 전문가들에게는 피할 수 없는 숙명적 과업이다.

그러나 노인들에게서 과거에 해왔던 직종이 아닌 새로운 직업 분야에서 업무를 감당할 수 있는 능력의 향상 없이는 구할 수 있는 일자리란 매우 한정될 수밖에 없다. 이같은 문제를 해결하는 길은 교육을 통해 노인의 일자리 분야를 확대하고 동시에 그 확대된 분야에 뛰어들 수 있는 직업능력을 개발하여 보다 양질의, 보다 생산적인 '노인일자리'에 취업할 수 있게 하는 것이다. 이것이 교육복지이다. 교육과 훈련을 통한 노인 개개인의 직업능력 개발을 소홀히 한다면 머지않아 베이비붐 세대가 노인세대로 거의 다 들어온 상황에서는 비용이 훨씬 많이 드는 시혜적 복지 의존도가 크게 높아질 수밖에 없을 것이다.

이에 노인의 직업능력개발과 고용 서비스의 선진화를 위해 우선, 노인 누구나, 언제, 어디서나, 필요한 학습과 훈련을 받을 수 있는 '사회적 학습망(social learning net)'으로서의 '노인일자리사업' 시스템을 구축해야 한다. 이 '사회적 학습망으로서의 역할에 기초한 노인일자리사업'은 지역을 중심으로 구축하며 지자체 · 노인복지관, 시니어클럽, 실버인력뱅크 등과 같은 노인복지 관련 기관 · 기업 등의 파트너십이 필수적이다.

그리고 교육복지가 생산적이기 위해서는 전문적인 교육훈련 상담 서비스가 제공되어야 한다. 노인 개인의 능력과 학습욕구, 노동시장의 수용 등을 감안한 맞춤형 학습과 직업교육과 훈련이 필요하기 때문이다. 희망적인 일은 우리나라의 사회복지전달체계에서 효과적인 노인의 고용복지와 교육복지를 실현할 수 있는 노인복지관, 시니어클럽, 실버인력뱅크 등과 같은 '노인일자리사업' 전담 기관이 적극적이며 열정적으로 활동하고 있다는 사실이다.

향후 노인복지관과 시니어클럽, 실버인력뱅크 등을 통해 진정한 '교육과 고용이 연계된 실제적인 노인일자리사업 모델'이 노인들에게 실현됨으로써 노인들이 자립하여 신바람나게 여생을 즐기며 생활하는 일들이 크게 늘어났으면 한다.

하지만 이렇게 되기 위해서는 반드시 선행되어야 할 필수 조건들이 몇 가지 있다고 본다.

우선적으로 노인일자리사업 운영의 초기에는 인력 지원이 지속적으로 충분하게 이루어져야 할 것이다. 특히 노인들이 만들어내는 생산품들과 업무 내용 등을 적극적으로 알리고, 판매하는 마케팅도 효과적으로 이루어져야 한다.

다음으로는 노인들의 직업능력 향상을 위한 전문 인력을 여건이 허락하는 한도까지 충원할 필요가 있다. 특히 사업 아이템에 따라서 '잡 코치(Job Coach)' 역할을 수행하는 노인일자리 전담 인력을 확보하여 노인 개인별 직업능력을 향상시킬 수 있는 교육복지 시스템을 갖춰야 한다.

끝으로는 안정적인 작업물량을 확보하는 일과 다양한 직종을 개발하는 일이다. 이를 위해서는 기존 업체와의 연계 협력이 필수적이라 할 수 있다. 여기에서 정부와 지자체의 지원이 절대적이다. 무엇보다도 대기업과 수익을 창출할 수 있는 아이템을 갖고 있는 중견 사업장 등의 협력과 지원이 절실하게 요구된다.

Chapter 11

실버산업

1 실버산업의 개념

2 실버산업 관련 국내 연구 동향

3 실버산업의 개괄적 현황

4 우리나라 실버산업의 전망과 과제

우리나라가 고령화 사회로 진입하게 되면서 실버 세대의 욕구와 소비 성향이 사회 경제적으로 큰 비중을 차지하게 되었다. 또한 '노인장기요양보험제도'가 시행되면서부터 장기요양 보험 시스템도 구체적으로 정착되어 가고 있다. 이에 따라 실버산업이 점차 활성화되어가고 있다. 실버산업은 노인 및 노후준비 계층의 생활안정, 편의 및 건강유지 등에 필요한 상품이나 서비스를 수익자 부담으로 민간 시장에서 시장경제 원리에 따라 공급하는 사업으로 영리적 성격을 갖고 있다. 그러나 동시에 실버산업은 국가와 사회로부터 보호를 받아야 할 노인들의 욕구와 문제를 해결해 주는 민간복지사업의 하나로 간주될 수 있어 노인복지적인 요소도 가지고 있다.

이처럼 실버산업은 공익성 측면과 수익성 측면이 함께 상존하고 있기 때문에 한쪽 측면만을 강조할 수 없는 한계성을 이해하여, 양쪽 측면에서 요구하는 목표 간에 서로 조화와 균형을 이루며 운영되어야 한다. 만일 실버산업이 공익성 측면만을 강조하고 일반 노인들이 요구하는 실버상품이나 서비스 개발에 필요한 재정 자원을 확보하지 못한다면 실버산업이 발전되기는 어려울 것이다. 반대로 실버산업이 수익성만을 강조하여 이용노인의 보호나 질적인 서비스 제공을 소홀히 한다면 이는 오히려 노인복지의 발전을 가로막고 노인들에게 피해를 줄 수 있는 결과를 초래할 수도 있을 것이다(홍미령, 2005).

1 실버산업의 개념

실버산업(silver business, silver industry)이란 장·노년층을 대상으로 다양한 상품과 서비스를 주로 민간 차원에서 제공하는 경제 활동이다. 이 용어는 1970년대 말

일본에서 유래된 것이며, 서구에서는 실버산업이란 단어를 사용하지 않고 있다. 선진복지국가의 경우에 실버산업이 활발해진 시기는 1970년대 후반부터이다. 우리나라는 1990년대에 들어오면서 관심이 높아져 실버산업의 필요성이 점차 증가되었다. 그러면서 실버산업에 관하여 매스컴에서 다루게 되고, 노인을 비롯하여 부양가족, 의료, 주거, 노인용품, 재활, 식품, 경영 등에 종사하는 사람들의 관심의 대상이 되었다(양옥남 · 김혜경 · 김미숙 · 정순둘, 2011).

그래서 우리나라의 경우에는 '실버산업이란 고령층의 정신적, 신체적 기능을 향상시키거나 유지시키고 고령자의 완전한 사회 활동을 위하여 민간이 시장경제에 입각하여 상품이나 서비스를 공급하는 산업' 으로 인식되고 있다. 즉, 우리나라에서 실버산업은 '노인을 대상으로 하는 영리목적의 사업으로 민간기업의 시장경쟁 원리를 바탕으로 복지상품이나 서비스를 공급하는 산업' 이라고 정의할 수 있다.

이와 같은 실버산업에 대한 개념 정의는 실버산업의 공급 주체가 민간 기업이고 복지서비스와 상품이 시장경쟁 원리인 수익성에 따라 공급된다는 점에서 기존의 정부 및 공공기관이 주체가 되어 사회적 약자인 노인에게 무상 혹은 실비의 재정적 원조를 제공하는 사회복지 서비스와는 분명하게 구별된다(양옥남 · 김혜경 · 김미숙 · 정순둘, 2011). 따라서 실버산업은 비록 복지적인 측면이 고려되어야 함에도 불구하고 엄밀하게 말하면, 궁극적으로는 철저한 영리 목적 사업이므로 사회복지 활동의 범주에 포함되지 않는 것으로도 볼 수 있다. 즉 실버산업은 경영에 있어서 대상자가 노인이나 장애인일지라도 '구매자(consumer)' 이지 결코 '수혜자(beneficiary)' 는 아니기 때문이다.

그러나 현실적으로 실버산업은 고령자를 대상으로 한다는 측면에서 공익성과 수익성이 결부되고 강한 지역성을 갖는 등 타산업과 구별되는 특성을 나타낸다. 실버산업이 발전되면 노인과 부양가족들은 개개인의 경제적 능력에 따라 질 좋은 복지서비스와 상품들을 구입할 수 있게 될 것이다. 바로 이와 같은 실버산업의 현실이 실버산업이 갖고 있는 독특성이라 할 수 있다.

이에 따라 우리나라에서도 선진국에서처럼 복지공급의 다원주의에 입각하여 공공부문, 비영리민간부문, 영리민간부문이 동시에 발전되어 경제력 있는 노인들을 위한 민간부문에 의한 실버산업의 발전을 통해 다양한 노인복지가 충족되어야 할 것이다. 이러한 관점과 맞물려 실버산업 발전은 직접 소비가 가능한 중산층 이상의 다수의 노인이 존재하여야 한다는 것을 전제로 한다.

2 실버산업 관련 국내 연구 동향

1) 초창기

우리나라에서 실버산업에 관한 학문적 연구는 1980년대 초반에 본격적으로 시작되었다. 특히 1981년에 노인복지법과 경로헌장이 제정되면서 노인에 대한 사회적 관심과 지원의 법적 근거가 마련되었다. 이후 활발한 학술 활동이 전개되었다. 이에 대한 구체적인 내용은 다음과 같다.

- 아산사회복지사업재단: '현대사회와 노인복지'(1982), '산업 사회와 정년'(1984) 심포지엄을 개최하였다.
- 한국인구보건연구원(현 한국보건사회연구원 전신): 한국노년학회, 한국인구학회와 함께 '핵가족화와 노년복지'(1982) 학술대회를 개최하였다.
- 유네스코 한국위원회: '노인문제와 노인교육'(1984) 학술대회를 개최하여 노인과 관련된 다양한 주제가 학문적으로 연구되었다.
- 한국갤럽조사연구소: 1981년에 전국의 60세 이상 노인 1,400여명을 대상으로 실시한 조사는 노인의 신체적, 심리적, 사회적 생활 현황을 포함한 최초의 사회조사로 1984년에 『한국노인의 생활과 의식구조』라는 제목의 단행본으로 출간되었고, 우리나라와 미국, 영국, 일본, 태국, 프랑스의 노인현황과 비교한 6개국 비교분석을 제공하였다.
- 이상과 같은 기초연구를 통하여 『노인정 활용실태와 그 대책에 관한 연구』(1982), 『노인학교 노인교실에 관한 조사연구』(1983), 『노인여가시설 및 프로그램에 관한 조사연구』(1984a) 등의 실버산업 관련 연구가 진행되었다.
- 이 시기는 우리 사회가 산업화되면서 노인의 사회적, 가정적 권위가 낮아지고 평균수명의 연장으로 노인인구가 증가하는 시점으로 노인문제에 대한 사회적 관심이 싹트기 시작하였다.

- 1968년 한국노인병학회, 1975년 한국노인문제연구소, 1978년 한국노년학회가 설립되면서 실버산업의 기틀이 마련되었으며, 후에도 이러한 노력들로 인한 노인복지법 제정 등이 실버산업에 대한 연구를 가속화시켰다.

2) 도입기

1980년대 중반까지의 초창기는 실버산업의 출현에 큰 기틀을 마련하게 되었으며, 1980년대 후반부터는 노인 관련 산업의 연구가 본격적으로 시작된 시기라 할 수 있다. 특히 1980년대로 들어서면서 석사, 박사학위논문 편수가 증가되었고, 노인복지, 가족 관련, 보건 관련 분야의 연구가 증가하였다. 이에 대한 구체적인 내용은 다음과 같다.

- 한국노인문제연구소에서 1960년 1월부터 1991년 8월까지 국내에서 발표된 노인과 관련된 학위논문, 단행본, 협회 및 학회지, 연구소 간행물, 대학논문집, 세미나 자료 등을 총 망라하여 수록한 『노인문헌목록』(1991)에 의하면 박사학위논문 54편, 석사학위논문 445편, 단행본 228권, 일반논문 및 논설 2,388편으로 합계 3,115편이고, 집필자는 1,884명에 이르고 있다.
- 1980년대 중반부터는 의료 및 치료와 관련된 산업뿐만 아닌 주거부문에도 관심을 두기 시작하여 『3세대 동거가족의 주택문제와 그 해결방안』(1986), 『현대사회와 노년기 여가생활에 관한 연구』(1986), 『노인종합 주거단지 설치 운영에 관한 연구』(1992a), 『미래사회의 노후생활과 실버산업』(1992b) 등의 구체적인 실버산업의 언급과 방안 등이 제시되기 시작하였다.
- 그 결과로 유당마을과 같은 실버타운 등이 개설되는 데 큰 기폭제가 되었으며, 추후 이러한 연구 활동이 실버산업 및 주택 부문에 미치는 영향은 상당하였다.

3) 과도기

1990년대에 접어들어 노인복지법의 개정, 노인복지 서비스 및 정책의 확충 등 국가 및 사회 차원의 지원체계가 구축되기 시작하였다. 특히 대학에서 1992년 강남대학교를 시작으로 한서대, 공주대(1999년 사회복지학과로 개명), 대전보건대(노인보건복지학과), 한림대 사회복지대학원에 노인복지학과가 설립되었으며, 이화여대, 고려대, 명지대, 성신여대, 경희대 등에서 노인복지 전문가 과정을 평생교육원에서 운영하기 시작하였다.

대부분의 전국 대학 사회복지학과에서 노인복지론 강의를 개설하였고, 간호학과, 가족복지학과, 가정관리학과, 심리학과, 교육학과 등에서 노인 관련 강좌가 개설되었으며, 2003년 동서울대학에서 최초의 실버복지학과, 포천중문의대의 실버산업복지학과가 2004년에 설립되었다.

더욱이 한국 최고의 사회복지 명문 강남대학교는 2004년, 2005년, 2006년, 2007년, 4년 연속 수도권 특성화 우수대학으로 선정되면서 실버산업학부와 실버산업연계전공학부를 신설하였으며, 실버산업에 대한 광범위하면서도 심도 있는 연구와 학술대회, 국제세미나 등을 통해 산출된 상당한 분량의 결과물들을 국내에 펼쳐 놓았다. 그 중에 대표적인 결과물들을 정리하면 다음과 같다.

- 『실버산업 공급자 조사』(2005a)
- 『실버산업 수요자 조사』(2005b)
- 『실버산업 전문 인력 양성을 위한 장기 발전전략 연구』(2005c)
- 『실버산업연구』(2005d)
- 『실버생활용품 개발을 위한 생활과학 기초연구』(2005e)
- 『실버산업 전문 인력 양성 현황 및 과제』(2006a)
- 『실버산업의 세계적 동향과 한국의 과제』(2006b)
- 『미국, 영국, 한국 노인의 삶과 사회복지 이슈』(2007)
- 『실버산업 인력개발 국제 심포지엄』(2008)

- 『제 1, 2차 한국 실버산업 포럼』(2008)

민간 차원에서는 실버시터, 노인전문용품 등의 생활편의 사업과 실버보험, 역모기지론 등과 같은 노인들을 위한 금융상품, 노인들의 여가를 위한 노인휴양소, 노인전문 의료기관, 유료노인주거시설 등의 산업개발과 연구가 활발하게 진행되고 있다.

한편, 1990년대 이후에 발표된 실버산업 관련 연구로는 다음과 같은 것들을 대표적으로 제시할 수 있다.

- 『실버산업의 현황과 정책과제』(1996)
- 『실버산업의 활성화 방안 연구』(1998)
- 『가족의 노인부양 현황과 정책과제』(2000)
- 『노인취업 관련 사업의 활성화 방안』(2001)
- 『노인전용주거시설의 개발전략』(2003)
- 『실버산업과 유료노인복지시설』(2004)
- 『유니버설 디자인 개념을 적용한 보행보조기 제품개발』(2008)
- 『장애인 및 노약자를 위한 이동 및 생활지원시스템 설계』(2011)

또한 대한실버산업협회, 대한실버전문가연합회 등의 관련 단체가 생겨났고, 노인복지진흥포럼, 실버산업전문가포럼, 서울시니어스연구원, 산업자원부 기술표준원 등에서도 다양한 연구물들을 발표하였다.

더욱이 국립중앙도서관 검색 결과를 토대로 1960년 1월부터 2013년 3월 현재까지 국내에서 발표된 노인과 관련된 학위논문, 단행본, 협회 및 학회지, 연구소 간행물, 대학논문집, 세미나 자료 등을 총 망라하여 정리하면 박사학위논문 135편, 석사학위논문 2,001편, 단행본 851권, 일반논문 및 논설 12,373편으로 합계 15,360편이고, 집필자는 7,397명에 이르고 있다.

3 실버산업의 개괄적 현황

1) 실버용품

실버용품이란 노인이 생활을 정상적으로 유지하거나 장애를 가진 고령자가 재활을 하기 위해 필요한 도구를 말하는데, 실버용품 분야의 사업은 주택 분야처럼 시설 설치와 같은 노인복지법상의 규제가 없고 일반 개별법에 의해 규제되기 때문에 일반 상품과 별로 다르지 않다.

우리나라의 실버용품 산업은 아직 투자 및 연구가 활발하지 못하고 주로 외국 제품을 수입하여 판매하는 경우가 많으므로 산업적 기반이 튼튼하지 못한 실정이다. 더욱이 실버용품의 대부분이 장애인용을 변형하여 만든 것이므로 노인들이 사용하기에 불편한 것이 많다.

그럼에도 우리나라에서도 실버용품을 개발하여 판매하는 기업과 이를 지원하는 구체적인 노력들이 점차 가시화될 것만은 분명해 보인다. 또한 실버용품들 중에서 주목받는 주요 품목으로는 관절염치료기 · 안마기 등 의료기기와 침구용품 · 목욕용품 · 배변용품 · 통신기기 등 노인들이 주로 사용하거나 착용하는 제품들이다. 이들의 시장 규모는 2006년에는 1조 4,000억 원 수준이었으나 2018년에는 무려 5조 7,000억 원 수준으로 성장할 전망이다(조선일보, 2007. 9. 30.).

2) 고령친화적인 실버 주거(주택) 산업

노년기에는 활동 영역이 가정 내에서 이루어지는 경향이 많아 주거가 노인의 심리적 · 정서적 안정에 미치는 영향이 크기 때문에 노인 주거 문제는 노인 문제의 중요한 분야라고 할 수 있다.

특히 고령화로 인한 질병 및 장애 증가와 이에 따른 보호의 어려움 등으로 물리적 · 사회적 · 심리적 면에서 노인이 생활하기에 적합한 주택, 즉 노인주택을 갖고자 하는 욕구가 다양해질 것으로 예측되며 고령자의 지속적인 증가와 자녀와의 별거를 원하는 노인 인구의 증가, 여성의 사회진출 등으로 노인 단독가구가 증가하고, 가족의 노인부양 기능이 약화되면서 노인 주거의 필요성이 대두되면서 이 분야에 대한 사업적인 관심과 접근이 증가하고 있다.

실제로 실버산업 분야에서는 '고령친화주택' 사업으로 노인 주거(주택) 영역에 본격적으로 뛰어들고 있다. 실버산업에서 일반적으로 말하는 '고령친화주택'이란 고령자의 신체적 · 사회적 기능에 적합하게 설계된 주택을 일컫는다. 이는 노인거주(요양)시설 등과 같은 노인복지시설과는 구분되는 일반주거 주택에 한하는 것으로 설정될 수 있다.

즉, 고령친화주택이란 노인의 신체특성을 고려하여 설계되고, 서비스가 제공되는 노인이 거주하는 주택이라 할 수 있으며 노인 거주자의 독립성과 선택권이 보장되어 노인복지에서 말하는 노인주거시설과는 확연히 다르다고 할 수 있다. 이러한 고령친화주택은 흔히 노인복지주택, 노인집단(공동생활)주택, 주택 개조를 통해 고령 친화적으로 개선된 주택, 고령자용 국민임대주택, (복합)실버타운 등으로 말할 수 있다.

3) 실버 금융보험 사업

'실버 금융보험 사업'은 '고령친화산업진흥법' 제2조 제1항 라호에 규정된 노인을 위한 금융 · 자산관리 서비스를 말하며, 이는 고령화가 금융 산업에 미치는 영향이 크다는 것을 의미한다. 금융보험 분야는 노후의 안정적 생활을 유지하는 데 필요한 주거비, 의료비 등 생활자금의 확보와 보유자산을 운용, 관리하는 분야이다.

다음 |표 11-1|과 |표 11-2|는 국내의 실버 금융보험 사업의 현황을 간접적으로나마 이해할 수 있는 소중한 정보들이다.

표 11-1 국내 가계 총자산 구성

(단위: %)

구분	전체		85세 이상	
	규모	비중	규모	비중
총자산	27,268	100.0	24,694	100.0
금융자산	5,828	21.4	3,122	12.5
부동산	20,661	75.8	21,275	86.2
기타실물자산	779	2.9	297	1.2
부채	4,264	15.6	2,371	9.6

| 출처 | 통계청(2010c). 가계금융조사.

표 11-2 역모기지론 지역별 가입 현황

(단위: 건, %)

구분	2009		2010		2011. 7.	
	건수	비중	건수	비중	건수	비중
수도권	884	78.6	1,547	76.7	1,037	75.1
지방	240	21.4	469	23.3	343	24.9
합계	1,124	100.0	2,016	100.0	1,380	100.0

| 출처 | 주택금융공사(2011). 주택연금 가입 및 보증 공급.

실버 금융 분야는 개인연금, 기타 노인전용 상품 및 보험 등으로 크게 분류할 수 있는데, 저축증대와 노후 대책에 대한 사회적 요구에 의해 정부의 세제 지원을 받는 개인연금은 1994년 6월부터 실시되어 실질적인 세제혜택과 높은 이자율 적용으로 금융 분야의 유망한 실버산업으로 자리잡아 가고 있다.

더욱이 기업연금이 활성화되지 않은 상황에서 일부 기업들이 복지확대 차원에서 개인연금 지원에 나서고 있어 개인연금 시장 규모는 크게 신장되고 있다. 보험회사와 은행, 투자신탁회사뿐만 아니라 우체국에서도 개인연금을 취급하며, 각각 투자수익, 질병보험, 대출혜택을 특징 있게 강조하면서 매우 다양한 상품을 개발하고 있다.

4) 여가산업

노인들은 많은 시간을 활동 없이 지내는 경우가 많으므로 이러한 유휴시간을 의미 있게 보낼 수 있는 여가선용의 기회를 제공할 필요가 있는데, 이는 여가생활을 통해 노후생활이 보다 적극적인 모습으로 변모될 수 있기 때문이다. 하지만 노인을 위한 여가상품은 저렴한 가격으로 제공되고, 생활관습이나 문화적 차원에서 노인들의 접근이 용이한 상품이어야 하고, 노인의 특성을 연구하여 이를 바탕으로 개발되어야 하며 단순한 재미보다는 생산적이며 성취감을 느낄 수 있는 여가 활동이 되도록 유도해야 한다.

현재 우리나라에서 여가 관련 분야에서 민간이 영리를 목적으로 참여하고 있는 분야는 여행, 스포츠, 오락, 평생교육, 기타 등이지만 여행 분야를 제외한 나머지 분야의 진출 정도는 매우 미미하다고 볼 수 있다.

다음 |표 11-3| 과 |표 11-4| 는 실버산업 여가 분야의 현황을 부분적으로나마 파악할 수 있는 자료들이라 할 수 있다.

표 11-3 60대의 여행 행태 비교

구분		해외여행(2008)		국내여행(2009)	
		전체	60대	전체	60대
연간평균 여행 횟수		3.6회	2.9회	7.0회	5.4회
평균 경비	개별여행	205만 원	186만 원	21만 원	11만 원
	패키지여행	179만 원	175만 원		

|출처| 문화관광부(2010). 2009 국민여행실태조사.

* 65세 이상 고령자의 국내 · 외 여행 행태 자료가 부재해 60세 이상 자료를 사용

표 11-4 고령친화영화산업 현황

구분	내용
영화관	• 서울시 실버영화관(허리우드) – 2010년 총 관객 수 15만 명 – 서울시 재원 지원 없음 • 서울시 청춘극장 – 일평균 관객 수 350명 – 서울시 재정 지원으로 운영 • 부산 시민회관 등 – 매월 3번째 월요일 상영
영화	• 실버영화 '그대를 사랑합니다' 개봉 8주 만에 관객 수 150만 명 • 부산 2011년 10월 실버영화제 개최

| 출처 | 문화관광부(2010). 2009 국민여행실태조사.

* 65세 이상 고령자의 국내 · 외 여행행태 자료가 부재해 60세 이상 자료를 사용

5) 요양산업

정도의 차이가 있겠지만 사람은 누구나 나이가 들면서 신체의 기능이 약화된다. 건강하여 모든 일상생활을 혼자 수행하던 비장애인이라 할지라도 치아기능이나 시력, 기억력이 점점 감퇴되는 것은 물론, 치매와 같은 질병이나 근골격, 신경계의 질병을 얻게 되거나 이로 인한 장애를 얻기도 한다.

이런 경우에 곁에서 돌보면서 신체 활동을 보조해줌으로써 일상생활을 수행할 수 있도록 부양하고 보호해줄 사람이 필요하다. 나이 들고 병든 부모를 자녀들이 부양하는 것이 당연시 되었던 과거와 달리, 핵가족화와 여성의 경제 활동과 사회참여가 증가함에 따라 독거노인이 증가하거나 자녀들이 자신들의 부모를 부양하기 어려운 시대가 되었다. 그러면서 자연히 노인부양의 문제가 한 개인이나 가정의 책임이 아니라 국가의 책임이 되었고, 사회적인 문제가 되었다.

이렇게 사회가 변화됨에 따라 우리나라도 노인장기요양보험제도를 구축하여 노인들을 대상으로 서비스를 제공하기 시작했다. 우리나라의 경우에 1, 2, 3차 시범사

업을 거쳐 2008년 7월부터 본격적으로 노인장기요양보험제도를 시행하였다. 하지만 노인장기요양보험제도에 대한 여러 가지 문제점들이 발생하고 있고, 이에 대한 개선 방안들이 구체적으로 모색되고 있다.

6) 정보산업

인터넷이 발달하면서 병원을 직접 찾아가기 어려운 경우를 위해 e-Health라는 개념이 생겨나기 시작하였다. e-Health는 보건의료 분야 전자상거래의 개념으로 단순 원격의료 서비스의 차원을 넘어서 인터넷을 통한 환자(소비자) 중심의 의료 서비스 및 의료정보 등을 제공하기 위해 첨단정보 기술을 사용하는 것이라 할 수 있다.

최근에 들어서는 첨단 IT 기술이 발전하여 유비쿼터스의 개념을 사용한 u-Health라는 용어가 확산되고 있다. 유비쿼터스는 '편재하다' 또는 공기처럼 시공을 초월해 '언제 어디에나 존재한다'는 뜻의 라틴어에서 유래한 것(정영철 외, 2005; 정설희 외, 2010)으로, u-Health는 e-Health 개념보다 진일보된 개념이라 할 수 있겠다.

아래 |표 11-5|와 |표 11-6|에 제시된 바와 같이, 국내 IT 관련 기업들이 이 u-Health의 시스템을 도입하고 개발하여 국내외 시장에 진출하고 있다. 그러나 대면 중심의 현행 의료법과 약사법 등 제도상 문제로 인해 국내 시장 진출에는 어려움을 겪고 있는 실정이다.

표 11-5 u-Health 산업 관련 법제도 문제

구분	추진 내용
의료법	• u-Health 허용범위 확대 – 의사 · 환자(재진환자로서 의료 서비스 접근성이 떨어지는 환자)간 서비스 허용 • u-Health 영역 서비스 책임 소재 명확화
약사법	• u-Health 영역 서비스 환자의 의약품 대리수령 허용 • u-Health 영역 서비스 행위 온라인 처방전 발행 허용

| 출처 | 지식경제부 보도자료(2010. 5. 11.). u-Health 신산업 창출전략.

표 11-6 국내 u-Health 관련 기업의 현황

구분	추진 내용
LG전자	• 2004년 세계 최초로 당뇨폰을 개발(국내 의료법 위반으로 판매 지연)
삼성전자	• 2009년 미국 카이저 보험과 만성 질환 관리 임상시험 시행
인성정보	• 2008년 리투아니아 방문의료 시스템 시장 진출
비트컴퓨터	• 2008년 우즈베키스탄에 원격진료 시스템 시장 진출

| 출처 | 지식경제부 보도자료(2010. 5. 11.). u-Health 신산업 창출전략.

7) 농업

도시에서 직장생활을 하면서 젊은 시절을 보냈던 사람들이 은퇴 이후에 조용하고 공기 좋은 곳으로 귀농, 귀촌하는 경우가 있다. 은퇴 이후의 여생을 보내는 여러 가지 방법 중의 하나인 귀농이 성공한다면 좋은 소득원으로 하나의 일자리 창출이 될 수도 있다. 그러나 평생을 농업과는 관계없이 살았던 사람들이 귀농을 할 경우에는 정보 및 기술 부족으로 실패하는 경우가 상당하다. 그러나 기존 고령 농가도 점차 기계화, 과학화되는 농업 분야의 현실에 적절하게 따라가지 못함으로써 수고와 노력에 비해 실패와 손해를 맛보는 경우도 적지 않은 현실이다.

고령 농업인의 실패요인은 아래 「표 11-7」, 「표 11-8」에서와 같이 사전준비 부족, 자금 부족, 소득원 확보 문제 등이 있다.

표 11-7 귀농 귀촌의 실패 요인

실패 요인	1순위	2순위
사전준비 부족	47.5	8.0
자금 부족	13.0	16.7
소득원 확보 문제	11.4	23.2
마을 주민과의 불화	9.1	7.1
정부와 지자체에 대한 의존	6.0	10.3
기타	13.0	34.7

출처 | 농림수산식품부(2011). 귀농 · 귀촌인의 성공적 정착과 농촌사회 발전방안 연구.

표 11-8 농촌의 교육 및 지원금 정책

구분		사업 내용	대상
교육	기존 농가	• 농고현장 체험 지원, 대학생 창업연수제, 농과대 영농정착과정 등	• 만 45세 미만
	귀농 농가	• 귀농교육 프로그램, 농업 인턴제 등	• 만 55세 미만 우선
지원금	기존 농가	• 후계 농업경영인 육성사업	• 만 45세 미만
	귀농 농가	• 귀농인 농업 창업 자금	• 귀농교육 3주 이상 이수자

출처 | 한국농촌경제연구원(2008). 농어촌 뉴타운 공동체 조성 · 운영 방안에 관한 연구.

따라서 고령 농업인들을 대상으로 하여 정기적인 농업 기술 교육을 실시하고 농업 관련 정보 제공, 농업자금 지원 제도 등에 대한 연구와 정책이 개발되고 실시될 필요성이 있다.

4 우리나라 실버산업의 전망과 과제

현재 우리나라에서 실버산업은 많은 사람들의 관심의 대상이 되고 있으며 잠재적 시장의 규모가 매우 큰 것으로 판단되고 있다. 하지만 노인복지로서의 실버산업은 지극히 미약한 실정이며 이제 시작 단계라고 할 수 있다.

또한 인구 고령화로 50대 이상의 연령층이 주 소비계층으로 부상할 것이라는 전망이 높아져가고 있는 가운데 실버산업에 대한 막연한 낙관은 금물이라는 전망도 나오고 있다. LG경제연구원은 '시니어 시장의 불편한 진실과 과제'(2009)라는 보고서를 통해, 실버 세대가 경제적 주체가 되는 고령화 사회의 특성을 다루면서 기존 실버 시장에 대한 접근과는 다른 새롭고 세분화된 전략의 필요성을 제시했다. 즉, 적극 소비성향을 지닌 베이비붐 세대의 고령화로 실버시장이 확대되리라는 낙관적 전망이 있지만, 현실은 다를 수 있다는 것이다(정지혜, 2009).

한편, 저출산고령사회위원회(2007)는 2008년부터 베이비붐 세대의 은퇴가 시작되면서 국내 실버시장이 본격 성장하기 시작하여 2020년에는 148조 원에 이를 것이라는 전망을 내놓았다. 이 기간 실버산업의 연평균 성장률은 12.9%로, 전체 산업의 평균성장률 4.7%를 크게 웃돌 것이란 예측이다(한겨레신문, 2009. 8. 9.). 그러나 한국보건사회연구원과 보건복지부(2008)에 따르면, 50살 이상 연령층에서는 10%가 전체 순자산의 49%를 보유하는 양극화를 보이고 있어, 실버시장에 대한 낙관적 전망은 일부 부유층에 의해 과장된 면이 강하다는 것이다.

따라서 고령 계층은 전체적인 부의 규모가 크지만 부의 양극화가 심하고 보유 자산도 부동산에 치중돼 있어 현금화가 어렵기 때문에, 부가 소비로 연결되기 힘들다고 보아야 한다. 이는 앞으로의 실버 세대는 은퇴 이후 생활과 기대 여명도 늘어나고, 건강에 대한 불안으로 돈이 있어도 선뜻 쓰지 못하는 성향이 강할 것으로 예측된다.

그럼에도 우리의 눈앞에서 펼쳐지고 있는 급속한 고령화 현상은 사회 전체가 실버 세대를 염두에 두어야만 할 것이다. 실제로 고령화는 개인이나 가정 이외에 국가나 사회에서도 커다란 영향을 미치게 되며 경제, 산업, 보건, 복지, 고용, 교육, 문화 등 사회 시스템 전반의 변화에 제반 문제점을 야기하고 있는 것으로 보인다. 그래서 고령화에 대한 대응은 국가적 책무로 인식되고 있으며, 이에 따라 실버산업은 고령화 대비를 위한 새로운 산업 영역으로 받아들여지고 있는 실정이다.

더욱이 고령화 사회에서 다양한 형태로 나타나게 될 노인복지 수요에 대처하기 위해서는 저소득층뿐만 아니라 중산층 이상에도 관심을 가져야 할 필요가 있다. 선진국에서처럼 복지공급의 다원주의에 입각하여 공공 부문, 비영리민간 부문, 영리민간 부문이 동시에 발전되어야 하는 것이다. 특히 민간부문에 의한 실버산업 활성화는 노인과 부양가족의 다양한 복지욕구를 충족하는 기회가 될 것이다.

이제 노인문제는 특정한 개인의 문제라기보다는 우리 사회 전체의 문제라는 데에 공감대가 형성되어야 한다. 이러한 맥락에서 실버산업의 활성화는 노인의 생활전망, 건강 및 의료문제, 나아가 가족문제를 예방하며 관련문제의 해결에 도움이 될 수 있을 것이다.

이와 같이 노인복지 분야에서 점점 더 중요한 비중을 차지해 가고 있는 실버산업을 활성화시키기 위해서는 다음과 같은 몇 가지 과제를 효과적으로 수행해야 한다.

첫째, 실버용품의 생산과 유통을 확대할 수 있도록 제도적 지원을 강화해야 한다.

이를 위해서 가장 우선적으로는 장애인 재활보조기구 및 개인용 의료용구 등과 혼돈되어 사용되고 있는 실버용품의 정의를 분명하게 정립하고, 실버용품의 법적 근거를 구체적으로 마련해야 한다. 다음으로 실버용품 R&D 지원을 확대하고 전문 인력을 양성해야 한다. 나아가 실버용품 수입관세 면세 대상 확대를 실질적으로 추진함과 아울러 실버용품 유통을 활성화해야 한다.

둘째, 창의적인 노인 여가 프로그램을 개발하고 시설을 확충해야 한다.

이를 위해서 먼저 민간 참여를 유도하고 동시에 여가복지 프로그램 확산을 위해 민간 시장에 적극적으로 보급할 필요가 있다. 또한 경제력 있는 노인을 위한 노인전용 여가 및 휴양시설 설치를 활성화하기 위해 민간자본이 참여할 수 있도록 융자 지원을 추진할 뿐만 아니라 일정 지역(예 국제자유도시인 제주도, 인천광역시 등)에 설치되는 노인 여가 · 휴양시설에 대해 민간 및 외국인 투자 유도를 위한 각종 지원방안을 강구하는 것이 좋을 것이다.

셋째, 노인소득보장을 위한 실질적인 금융상품을 개발하여 보급해야 한다.

가령 수입이 없으면서 주택만 소유한 노인의 생활 안정을 위해 주택담보 연금 상품을 보급하고 이를 활성화하는 방안을 모색하는 일을 말할 수 있다.

넷째, 실버산업을 활성화시키기 위한 정보 제공을 체계화해 나가야 한다.

실버용품과 서비스의 질적 내용 · 가격 · 종류 등에 대한 체계적인 정보 제공으로 노인 소비자를 보호하고 시장의 활성화를 유도하는 방안이 필요하다. 특히 농업 분야의 경우에는 귀농한 노인 농업인이 실패하지 않도록 정부 차원에서 적극적인 컨설팅과 정보를 제공하여야 한다.

다섯째, 노인주택 및 주거시설을 확충해야 한다.

노인주택과 주거시설을 확충하기 위해서는 주거와 휴양 · 의료 서비스를 함께 누릴 수 있는 서구형 종합 실버타운 건립을 제도적으로 적극 지원할 필요가 있다. 부연하면 시장경제 원리에 따라 민간기업이 자발적으로 참여하도록 하며, 정부는 각종 지원을 통해 이를 유도해야 하는 것이다. 가령 경제특구 및 국제자유도시, 도시개발계획 등을 수립할 때에는 용지 확보를 지원하거나 농업진흥 지역 등에서의 설치 규제를 완화하는 것, 의료 · 요양시설이나 운동 · 휴양시설 설치 허가 시에 허가조건 별도 설정 등을 우선 배려하는 일을 들 수 있다.

그리고 노인을 위한 편의구조와 시설을 갖춘 주택 모델을 개발하고 민간업자가 이러한 주택을 건립 · 공급시 실버 우량 주택 인증제도 등을 시행하는 등 장려정책을 추진하는 것도 바람직하다. 또한 기존 주택의 경우에도 노인 편의를 위한 리모델링시 융자 지원 우선 확대 및 노인 편의시설 · 주택에서의 긴급호출장치 설치를 확대하는 것도 고려해 볼 필요가 있다.

Part 4

혁신적이며 창의적인 노인복지 구현

Chapter 12

새로운 노인복지의 패러다임

1 권리에 기초한 서비스이용자 중심으로 노인복지 패러다임의 전환

2 노인복지시설의 서비스 질 향상에 대한 욕구를 반영하는 패러다임으로 전환

3 종합적이며 전인적인 차원에서의 노인복지 패러다임으로 전환

4 지역사회와 연계된 돌봄 서비스로의 패러다임 전환

5 네트워크 구축의 거점센터로서의 노인복지관으로 패러다임의 전환

한 시대를 살아가는 사람들의 공통적인 인식을 결정하는 패러다임은 노인복지에 있어서도 매우 중요하다. 우리나라에서 노인복지의 패러다임은 이미 변화하고 있고, 변화에 따른 노인복지법과 정책 및 제도와 실천이 필요한 시기이다. 노인복지도 홀로 존재할 수 없으며, 시대의 변화에 영향을 받는다. 오늘의 시대는 과거와 다른 급격한 변화를 하고 있다. 지금 인류는 과거에는 경험해보지 못했던 새로운 문명 전환의 크나큰 변화의 물결을 항해하고 있다.

새로운 변화의 물결 중에서 가장 높은 파도로 밀려오는 것이 고령화이다. 이러한 변화의 물결은 기존의 세계관과 가치관, 보다 구체적으로 정치, 경제, 사회, 문화 등 인간 삶의 모든 영역에서 새로운 전환을 요구하고 있다. 이에 우리의 노인복지 패러다임도 시대 상황을 반영하도록 새롭게 구체화해야 할 필요가 있다.

과거 고령화 문제가 크게 대두되지 않았던 시절의 생산 양식과 가치관에 의한 노인복지정책은 복지를 권리의 차원에서 근본적으로 해결하기보다는 인도주의적 차원의 자선과 시혜로서 시행되었다. 하지만 급격한 고령화 사회에 접어든 이 시대에 노인복지정책을 과거의 양식으로 수행하는 것은 아무리 많은 재정을 투입해도 그 효과를 거둘 수 없으며, 노인복지정책을 새로운 문명 전환, 곧 고령화에 적극적으로 대응하고자 하는 혁신적인 패러다임을 새롭게 도출하고 이에 맞게 추진해야 한다.

이를 위해 고령화 문제에 대한 사회 구성원들의 공감을 바탕으로 노인복지정책을 만들고, 노인복지를 실천할 수 있는 역동적인 사회적 분위기가 국가와 시민, 당사자인 노인의 협력에 의해 만들어져야 한다. 특히 국정을 책임지는 공직자들과 정치가들이 사회복지 전문가들과 힘을 합쳐 노인들과 그 가족 구성원들, 지역주민들의 마음들을 묶어내며 그 속에 강력한 힘을 부여해 줄 수 있는 숭고한 활동을 실천해야 한다.

한 도시의 정책은 예산과 기능적인 측면을 고려하여 입안되고 집행될 수 있지만, 한 국가의 정책은 예산과 기능적인 측면을 넘어 철학과 미래에 대한 비전이 없이는 시민들의 삶에 근본적인 변화를 가져올 수 없다. 국가의 정책이란 한 시대를 살아가는 모든 구성원들의 삶과 정신에 영향을 미치며, 결국 국가의 흥망성쇠를 좌우하게 된다. 고령화 사회에서 노인복지는 국정의 한 부분을 넘어 국정운영 전반에 영향을 미치는 근본적인 요소이다.

이것은 노인복지를 지나치게 과대평가하기 위한 것이 아니다. 노인이 행복하지 않으면 국가적으로도 불행해질 수밖에 없는 것이 고령화된 사회의 현실이다. 그러므로 국가와 전 국민이 행복해지는 새로운 길은 노인들의 행복을 증진시키는 것이 될 것이며, 이는 노인들의 삶의 질 향상이 노인복지 영역에서 뿐만 아니라 국가가 운영되는 가장 근본적인 목표인 것이다.

즉, 시대의 패러다임이 변하고 있고 새로운 패러다임은 전 사회적으로 노인복지를 요구하고 있다. 노인복지의 가치가 국정의 철학에 반영이 되고, 국가의 모든 정책에 노인복지의 실천적 방법들이 적용되어 노인들과 모든 사회 구성원들의 삶의 질이 향상될 때에 비로소 국가의 존립 목적이 이루어지는 것이다.

1 권리에 기초한 서비스이용자 중심으로 노인복지 패러다임의 전환

증가 일로에 있는 노인 서비스이용자들에 대해 지극히 간략한 서비스 욕구만을 파악한 채, 공급자 중심의 서비스(Provider-Centered Practice)를 여전히 제공하고 있는 우리나라의 수많은 노인복지시설과 노인복지 서비스 관련 기관들이 이제는 '고객 중심 실천(Consumer-Centered Practice)' 이라는 원칙을 준수하면서 아울러 권리에 기초한 실천(Right-Based Practice)을 준수하기 위해 노인복지실천을 수행해야 한다.

고령화 사회에서 이루어져야 할 노인복지실천은 서비스이용자인 노인들을 격려하고 동기를 부여함으로써 그들이 스스로를 성장시키도록 돕는 과정이 되어야 한다. 그래서 노인복지실천 전문가는 노인들이 비전을 세워서 미래를 향해 나아가도록 도와야 할 책무를 가진다. 여기에서 노인복지실천은 역행적으로 과거를 돌아보는 것이 아니라 주도적으로 앞을 바라보는 것이다. 노인복지실천은 단지 재활이나 치료에 관한 것이 아니라 성장에 관한 것이다.

즉, 바람직한 노인복지실천은 서비스이용자인 노인의 약점을 극복하는 데에만 초점을 맞추기 보다는 노인의 능력과 기술, 힘을 기르는 데 초점을 맞추어야 한다. 그래서 노인복지 전문가들과 노인들은 '전문가-서비스이용자' 관계보다 덜 형식적이며 대등한 두 사람 사이의 파트너십에 더 가까운 관계형성을 해야 한다. 그러므로 노인복지 전문가들이 추구해야 할 노인복지실천의 목표는 깨어진 것을 고치는 데 있지 않고 노인들이 이미 갖고 있는 오래된 재능을 사용하여 더 큰 효과를 낼 수 있는 새로운 재능과 새로운 방법을 발견하는 데에 있다.

그러나 여전히 많은 노인복지시설이나 관련 기관은 노인 서비스이용자의 문제, 욕구나 권리를 면밀히 확인하고 사정하면서 동시에 노인의 욕구에 부응하는 서비스 제공을 체계적으로 실현해 내지 못하고 있다. 노인복지시설이나 관련 기관의 가용한 인력, 시설, 재원과 지역사회의 동원 가능한 인적 · 물적 자원의 범위 내에서만 서비스를 제공하는 서비스 공급자 중심의 실천을 할 수밖에 없는 상황인 것이다. 노인복지시설 내지 관련 기관이 서비스이용자 중심의 실천과 서비스를 제공하는 데는 인력, 시설, 재정 등의 내적 역량과 외부적 제약이 뒤따른다.

그렇지만 노인복지실천에서 서비스이용자 중심의 서비스와 실천은 반드시 지켜내어야 할 절대 원칙이다. 나아가 지역사회에 거주하는 노인들의 성공적 노후생활을 지원하는 노인복지관의 고유한 사명을 성공적으로 완수하기 위해서라도 권리에 기초한 노인복지실천은 꼭 필요하다. 이와 같은 권리에 기초한 노인복지실천은 '선택'이 아닌 '필수'라고 할 수 있다. 그 이유는 다음과 같이 설명할 수 있다.

첫째, 고령화에 따른 생애주기 간격의 변화에 부응하는 혁신적인 노인복지실천이 강력히 요구되고 있다. 통계청의 기대수명 자료에 따르면 2011년 우리나라 평균기대수명은 79.4세(여성 82.36세, 남성 75.74세)로 세계평균 67.6세보다 12살 높다. 평균기대수명을 적용하면 1954년 생(57세) 남성의 79%(1,000명 중 792명)가 20년 뒤 2030년 77세가 되고, 이들 가운데 절반은 그때부터 다시 22.6년을 더 살아 약 100세까지 생존할 수 있다는 계산이 가능하다. 이처럼 기대수명이 크게 증가하는 현실에서 가장 필요한 것은 기존의 생애주기의 간격을 바꾸는 일이라고 본다.

지금 우리 사회의 모든 제도와 체제, 국민 의식은 아직도 20대에 대학을 졸업하고 취직하며 50~60대까지 일하다 80대에 삶을 마감하는 것에 머물러 있다. 하지만 이미 우리 앞에 가시화된 현실은 100세 시대이다. 곧 일반적인 현상이 될 100세 시대에서는 50~60대에 은퇴한 뒤 인생의 절반에 해당하는 노후의 삶을 살아야 하는 데 과거의 시스템은 유효하지 않게 된다.

이에 따라 인생 100세 시대에는 개인의 요구에 따라 학습과 일, 여가를 자유롭게 선택하고, 그 선택도 나이와 상관없이 순환적으로 일어나게 될 것이다. 이는 동시에 다양한 노년기 역할과 삶의 선택이 가능하게 되었음을 의미하므로, 노인의 정체성 확립과 자아실현, 욕구충족을 위한 평생교육의 필요성이 더욱 강조될 수밖에 없는 것이다.

둘째, '평생직장' 의 개념에서 '평생현역' 의 관점으로의 전환이 절실하게 요구된다. 100세 시대에서는 평생직장 대신 평생현역이 더 중요한 가치가 될 것이다. 가령 평생 한 직장, 한 직업을 갖는 시대가 아니라 평생학습을 통해 끊임없이 새로운 일자리를 찾을 수 있도록 '현역기간' 을 늘리는 일이 절실하게 요구된다.

이는 단기적이며 시혜적인 노인복지 정책에서 탈피하여 장기적이고 예방적 차원의 적극적이며 능동적인 대처가 있어야 함을 말한다. 바로 여기에서 덴마크, 스웨덴 등과 같은 북유럽식 '학습–고용–복지' 연계 모형에서 나타나는 평생교육 체계를 벤

치마킹할 필요가 있는 것이다. 이들 북유럽 국가에서는 평생 재교육과 유기적인 재취업 등을 가능하게 하는 사회 시스템을 구축하는 일과 효과적인 운영을 사회복지 분야에서 감당하고 있다. 즉, 정부와 사회가 평생 지원하는 각종 재교육, 취업알선 프로그램이 노인복지실천 분야의 핵심 영역으로 기능하고 있는 것이다.

셋째, 지역사회를 평생교육의 거점으로 혁신할 필요가 제기되고 있다. 왜냐하면 지역사회의 구성원들이 평생교육 받을 수 있는 교육환경에 대한 요구가 점차 커지고 있기 때문이다. 특히 학교 중심 교육 체제 일변도에서 복지관을 비롯한 다양한 민간 교육 체제와의 유기적인 연계망을 구축해야 할 필요가 많아지고 있다. 이에 따라 노인복지관을 대표로 하여 다양한 노인복지시설도 단순한 '여가 · 문화 · 복지' 기관에서 고령친화적인 학습 체계의 하나로 인식되어지고 있는 것이다.

향후 고령자들을 위한 학습시설 및 환경을 조성해나가고, 고령친화적인 학습 내용, 교수학습 방법, 교과과정 등을 적극적으로 마련해 나가지 않으면 안 될 상황이 다가올 것으로 본다.

넷째, 지역사회 자원 연계 네트워크가 보다 더 중요시 될 것이다. 지자체, 지역에 소재한 대학 및 평생교육기관 등 지역사회의 관련 자원이 동참할 수 있는 평생학습 통합지원센터로서의 역할을 노인복지관이 수행해야 할 것이다. 특히 대표적인 고등교육기관이라 할 수 있는 대학과의 유기적인 연계를 통해 지역 노인들의 역량을 강화하는 재교육기관으로서의 기능도 감당해 나가도록 노인복지시설의 역할과 기능이 확대될 것이다. 동시에 일반 평생교육센터나 문화센터 등과 같은 유사 서비스를 제공하는 기관과의 서비스 질 경쟁에서 뒤처지지 않기 위해서도 지역사회 자원 연계 네트워크는 노인복지시설에서 수행해야 할 매우 중요한 업무가 될 것이다.

2 노인복지시설의 서비스 질 향상에 대한 욕구를 반영하는 패러다임으로 전환

우리나라의 노인복지시설은 노인과 그 대상 가족에게 필요한 자원과 서비스를 제공함으로써 건강하고 활기찬 노후를 보낼 수 있도록 원조하는 공적 · 사적 서비스 활동시설이다.

노인복지시설은 노인주거복지시설, 노인의료복지시설, 노인여가복지시설, 재가노인복지시설, 노인보호전문기관 등 5가지의 종류로 분류하고 있다.

여기에서 노인주거복지시설과 노인의료복지시설은 입소시설이고, 노인여가복지시설과 재가노인복지시설, 노인보호전문기관 등은 이용시설이라고도 한다. 여기에서 재가노인복지시설은 방문요양 서비스, 주 · 야간보호 서비스, 단기보호 서비스, 방문목욕 서비스 등을 제공하는 목적으로 운영하는 시설로 규정되며, 노인보호전문기관은 노인 학대에 관한 업무를 담당하는 시설이라 할 수 있다. 이는 노인 학대의 예방 및 방지를 위한 홍보, 학대받은 노인의 발견 · 상담 · 보호와 의료기관에의 치료의뢰 및 노인복지시설에의 입소의뢰, 노인학대 행위자, 노인학대 행위자로 신고된 자 및 그 가정 또는 업무 · 고용 등의 관계로 사실상 노인을 보호 · 감독하는 기관이나 시설 등에 대한 조사, 노인학대 행위자에 대한 상담 및 교육 등의 업무를 수행한다(보건복지부, 2010).

특히 노인여가복지시설은 노인들이 건강하고 건전한 여가 활동을 할 수 있도록 제반 서비스를 제공하는 시설로서, 구체적인 목적의 차이에 따라 노인복지(회)관, 경로당, 노인교실, 노인휴양소로 나누어진다(보건복지부, 2010).

과거 노인복지정책은 보호를 필요로 하는 노인을 일정한 생활시설에 입소시켜 관리하는 시설 중심의 정책이었다. 하지만 '사회로부터 격리' 하는 시설 중심의 보호정책에 정상화 개념이 도입되면서 노인복지정책의 패러다임도 상당한 변화를 경험하게 된다. 새로운 형태의 노인복지정책은 생활의 주된 공간을 시설에서 지역사회로 전환시켰고, 정책의 주된 내용을 수동적인 보호가 아닌 적극적인 권리로 탈바꿈시켰다.

이런 측면에서 노인복지관은 지역사회 중심의 권리실현이라고 하는 노인복지정책 변화에 의해 태동된 대표적인 노인복지시설이라고 할 수 있다(이중섭, 2009). 이러한 노인복지관은 일본의 노인복지센터, 미국의 다목적 노인센터(Multipurpose Senior Center)와 유사한 시설로 우리나라에 소개되었다. 이것은 1981년 노인복지법이 만들어지면서 노인복지시설 중 노인복지회관으로 규정되어 법적인 정의가 마련되었다(허준수, 2004).

현재 노인복지관은 1998년 노인복지법이 개정되면서 노인복지시설에서 경로당, 노인교실과 함께 노인여가복지시설로 전환되었다. 일반적으로 노인복지관은 노인의 복지증진을 위한 종합적인 노인복지센터로서의 기능을 담당하는 공간이며, 지역사회 노인들에게 직접적인 서비스를 제공하는 노인복지정책의 핵심적인 역할을 수행하는 기관으로 이해되고 있다.

물론 상당수 노인복지관의 경우에 주간보호센터와 실버인력뱅크 등을 부설 기관으로 두고, 요양 서비스와 직업재활 등과 같은 노인복지실천을 하고 있으나 노인복지관의 기본적인 프로그램은 크게 건강생활증진사업, 상담지도사업, 재가복지사업, 사회교육사업, 지역복지사업, 조사 · 연구 · 홍보사업, 노인일자리사업 등으로 구성된다(화성시남부노인복지관, 2012).

1989년 처음으로 서울에 노인복지관 2개소가 개관하면서부터 우리나라의 노인복지관은 본격적으로 서비스실천을 하게 되었다. 이제 노인복지관의 역사는 대략 23년에 이른다. 그러므로 우리나라 노인복지관은 성인이 되어 스스로 서비스를 제공할 수 있는 약관(弱冠)을 넘어서서 본격적인 노인복지실천의 성과를 산출할 수 있는 나이 30세인 이립(而立)을 향해 전진해가고 있다.

실제로 노인복지관은 우리나라의 가장 대표적인 노인복지 서비스 기관으로 굳건하게 자리매김 되었다. 또한 노인복지관의 서비스와 헌신적인 노력의 결과로 지역사회가 노인친화적인 환경으로 아름답게 변모해 가고 있다. 바야흐로 우리나라의 노인복지관은 국내만이 아니라 해외에서도 관심의 집중을 받는 명실상부한 노인복지실천 전문기관으로 성장하게 된 것이다.

하지만 이러한 노인복지관에 대한 긍정적인 평가와 기대 및 인식이 있음에도 현재 노인복지관의 상황을 꼼꼼하게 점검해 보면 여전히 개선해야 할 측면이 많다고 본다. 대표적으로 고령화된 사회 속에서 최근 급격하게 늘어나고 있는 서비스이용자들에 대해 양적인 서비스는 어느 정도 원활하게 수행되고 있으나 서비스개입실천의 질적 수준을 향상시켜 나가는 데에 있어서는 좀 더 분발해야 할 필요를 예로 들 수 있다.

하여간 노인들의 활기찬 여가를 위해 설치 · 운영되고 있는 노인복지관이 최근 들어 서비스이용자 중심으로 운용 방식의 변화를 강력하게 요구받고 있다. 과거에는 단순한 여가시설의 제공이라고 하는 물리적 공간으로서 노인복지관의 설치에 관심이 집중되었다면, 수요자의 권리가 중시되는 오늘날에는 다양하고 효율적인 여가 서비스의 제공이라고 하는 문화적 권리실현의 핵심적인 기관으로서 노인복지관의 합리적 운영에 그 초점이 맞추어지고 있다. 노인복지관 프로그램의 현 실태에 대한 분석과 평가, 이를 토대로 수립해야 할 노인복지관의 역할과 기능 향상을 위한 노력은 그래서 매우 중요하다.

특히 노인복지관은 공공시설로서 기본적으로 투입될 수 있는 자원이 제한적이다. 주어진 자원 내에서 최대한의 효과를 얻기 위해서는 서비스 품질을 향상시키는 것이 필요하다. 더욱이 노인복지관은 유사한 성격의 사업을 하는 종합사회복지관, 재가복지센터, 문화센터, 종교단체의 노인대학(혹은 노인교실) 등과 경쟁해야 하는 상황일 뿐만 아니라 유료노인복지회관의 도입(유성호, 2001; 임연옥, 2008)과 주민자치센터의 노인복지 프로그램 강화(이근홍, 2003; 임연옥, 2008) 등의 주장으로 인해 노인복지관의 역할과 기능을 축소해야 한다는 시각도 상당 부분 존재한다.

따라서 노인복지관은 노인복지실천 프로그램의 품질을 향상시켜 고객만족을 높이고, 장기적으로 관계를 지속함으로써 노인 고객의 확보를 위해 기관 존립의 타당성을 확보해야 한다(박재간 · 원영희 · 모선희, 1996; 김범수 · 김통원, 1997; 임춘식, 1997; 나상희 · 구재관, 1998; 이명자, 1999; 임연옥, 2008; 최준오 · 정준수, 2008).

3 종합적이며 전인적인 차원에서의 노인복지 패러다임으로 전환

기존의 노인복지는 다분히 파편화되고 분절화된 실천개입의 경향이 강했던 것이 사실이다. 하지만 이제는 종합적이며 전인적인 노인복지실천으로 전환되어야 한다. 왜냐하면 노인을 대상으로 하는 사회복지실천은 노인의 특성상 지속적인 보호(continuity of care)를 통해서만 소기의 성과를 낼 수 있기 때문이다.

이는 노인 서비스이용자에게 서비스실천 개입을 통해 지속적으로 노인복지 활동을 수행해야 한다는 뜻이다. 즉, 어떤 시점에서든(cross-sectional) 포괄적이고 통합적으로 서비스가 제공되어야 하고, 시간의 흐름에 따라(longitudinal) 변화되는 노인 서비스이용자의 욕구에 맞추어 포괄적으로 서비스를 제공해야 한다는 의미이다.

더욱이 종합적이고 전인적인 접근을 하게끔 하는 노인복지의 패러다임은 궁극적으로 노인복지 서비스 전달체계의 효율성을 높여주는 역할을 한다. 다시 말해서, 노인 서비스이용자가 자신의 요구에 맞는 서비스를 받지 못하거나 받더라도 부적합한 서비스를 받게 되므로, 이용 가능한 서비스의 긍정적인 효과가 크게 감소되는 현상이 발생하는 것을 미연에 방지하는 역할을 한다.

4 지역사회와 연계된 돌봄 서비스로의 패러다임 전환

우리나라 노인복지실천은 두 개의 흐름으로 양분되어 철저하게 이원화되었다. 하나는 노인복지관을 중심으로 하는 '여가문화교육' 복지 서비스이고, 또 다른 하나는 케어 즉, 돌봄 서비스이다. 문제는 돌봄 서비스를 제공받는 노인들은 거의 대부분 요양시설로 갈 수밖에 없고, 많은 노인요양시설은 지역사회와 떨어지거나 단절될 수밖에 없다는 것이다. 다음의 글은 저자가 기관장으로 있었던 화성시남부노인복지관의 웹진에 쓴 글의 한 부분이다. 이 글에는 돌봄 서비스가 지역사회와 단절되는 현실에 대한 안타까움이 고스란히 묻어 있다고 본다.

> 대학에서 사회복지학을 가르치는 선생으로 일하면서 노인복지관의 기관장으로 겸직하다가 보니 이론과 현장의 간격을 어떻게 하면 더 가까이 좁힐 수 있을지에 대한 고민을 종종 하였다. 끙끙대며 생각에 생각을 더해가는 고민이 있었다. 그건 다름 아닌 누군가의 돌봄을 필요로 하는 노인들을 어떻게 도와야 하는지에 대한 것이다. 얼마 전까지만 해도 복지관에 나오셔서 즐겁게 서비스를 이용하시던 노인이 갑작스럽게 건강이 나빠지셔서 통 볼 수 없으시다가 어느 날 듣는 소식은 노인요양기관이나 요양병원 등에 가셨다는 것이다. 그리고는 더 이상 뵙지 못할 때가 대부분이다. 그럴 땐 정말 속상하다. 오랜 세월 살아오셨던 삶의 터전인 자기 동네에서 지내시지 못하시고 자신의 지역사회와 분리되거나 단절된 시설로 가실 수밖에 없는 엄연한 현실이 안타깝기만 하다.

지역사회란 무엇인가? 이는 단순한 물리적인 공간이 아니라 한 사람 한 사람이 만들어가는 지역 공동체를 의미한다. 그러므로 지역 공동체는 사람들이 안심하고 숨을 쉬며 살 수 있고 거처로서 기능할 수 있을 뿐만 아니라 행복을 만들어 가는 삶의 현장이 되어야 한다. 바로 이런 면에서 참된 노인복지는 노인들이 사랑과 행복의 공동체인 지역사회에서 마지막까지 당당하게 늙어 가시면서 신바람나게 삶을 누리시게끔 지원하는 사회제도적이며 전문적인 개입 활동이어야 한다.

그러나 건강하지 못하신 노인들 가운데에 많은 경우는 지역사회와 연계된 돌봄 서비스를 받지 못하고, 시설 중심의 기능적이며 간호적인 보호에만 의존해서 생활해야 할 때가 빈번하다. 더욱이 노인장기요양보험 제도가 실시되면서부터 '요양' 이라는 이름의 돌봄 서비스가 지나치게 상업화되거나 서비스 제공기관의 남발로 인한 서비스이용자를 확보하는 전쟁으로 인해 좀 더 지역사회에서 활동할 수 있는 노인들도 요양 서비스 영역으로 속하게 되는 일이 생기고 있다. 더구나 일부 시설의 경우에는 서비스 질 저하 및 이용자 인권침해 등이 큰 문제로 나타나고 있기도 하다. 이런 상황에서 돌봄 서비스에 대한 올바른 이해는 매우 중요하다.

돌봄(Care)은 단순하게 포장된 서비스 물품이 아니라 지역사회를 새롭게 형성하게끔 촉진하기도 하는 중요한 활동이다. 예전부터 수많은 돌봄 서비스들이 이용자와의 신뢰와 헌신에 기초한 정서적 유대를 갖지 못한 채, 지역사회와 분리된 상태로 제공되어 왔음은 아쉬운 일이다. 그렇다고 해서 지역사회를 육성하려는 가장 큰 목적이 지역주민들로부터 돌봄을 필요로 하는 이들에게 돌봄 서비스를 제공하도록 하는데 있다는 것도 쉽게 납득할 수 있는 말은 아니다. 중요한 것은 지역주민들이 서비스를 제공하는 입장에서 참여하고, 이를 통해 본인들 스스로가 만족감을 얻을 수 있게끔 하는 것이다. 한편 돌봄 서비스 이외의 서비스를 준비하여 돌봄의 대상층을 확대하고, 필요한 이는 언제든지 돌봄 서비스를 받을 수 있도록 환경을 정비하려는 노력이 앞으로 더욱 필요하다.

이런 맥락에서 영국을 중심으로 유럽의 선진 사회복지 현장에서 널리 확산되어 있는 지역사회 돌봄(Community Care) 시스템은 오늘 우리나라에 시사하는 바가 크다. 지역사회 돌봄은 영국에서 정신장애 및 지적장애인의 '탈시설' 을 목적으로 한 복지정책으로서 1927년에 제창된 것이 그 효시라고 한다. 그 후에 아동복지와 노인복지 영역에서도 이러한 접근법이 도입되어 전개되고 있다.

다시 말해서 처음에는 지역사회 돌봄이 시설복지에 대치되는 개념으로서 재택 돌봄과 유사한 의미에서 사용되었지만 현재는 재택 혹은 시설이라는 틀을 넘어서는 대안적 모델로 인식되고 있다. 또한 영국의 사회복지정책은 주택문제와 지방자치가 연계되어 있으며 살기 좋은 지역사회를 달성하려는 수준과 큰 관련이 있다고 할 수 있다.

지역사회 돌봄을 이해하는 데 있어서는 미첼 베일리(Michel Bayley)의 저서 『정신적인 핸디캡과 지역사회 돌봄(Mental Handicap and Community Care)』이 많은 시사점을 준다. 베일리는 돌봄과 지역사회의 관계에 대하여 다음과 같은 다섯 가지 단계를 제시하였다.

첫째, 지역사회 밖에 있는 자택에서의 돌봄이 있다. 둘째, 지역사회와 관계없는 돌봄, 셋째, 지역사회 내 기관의 돌봄, 넷째, 지역사회 내의 돌봄, 다섯째, 지역사회에 의한 돌봄이다. 여기서 중요한 것은 네 번째와 다섯 번째의 차이이다. 지역사회 돌봄이 최종적으로 목표로 하는 것은 단순히 지역사회가 아니라, 지역사회 스스로가 돌봄을 창조하고 제공하며 적절하게 작동시켜 가면서 지역사회를 활성화하는 것이다.

일반적으로 그동안 우리들과 돌봄 서비스와의 관계는 통상적으로는 지역사회 내에서의 돌봄이었을 뿐, 지역사회에 의한 돌봄이나 지역사회를 위한 돌봄은 아니었다. 전자의 단계라면 의료복지기관이나 요양보호기관에 의한 치료 및 간호 서비스만으로도 충분하겠지만 보다 바람직한 지역사회 돌봄의 실현을 위해서는 의료복지 및 요양보호 기관에 의한 서비스뿐만 아니라 지역 내 자원복지 활동 인력이 돌봄 서비스를 지원하거나 서비스이용자의 가족이 다시 한 번 돌봄의 장으로 돌아오는 것, 즉

의료복지 및 요양보호 기관, 자원복지 활동 인력, 이용자 가족의 적절한 조합이 사회복지사의 중재에 의해 실현될 필요가 있는 것이다.

중요한 것은 지역사회 돌봄이 시설복지와 재택 돌봄을 통합한 상위 개념이라는 사실이다. 즉 모든 것을 공적인 서비스나 의료복지 및 요양보호 서비스에만 맡기지 않고 우리들 스스로 동네에서 필요에 부응하는 서비스를 창출해가는 것도 중요하다. 바로 여기에 지역사회 돌봄의 중요성이 있다.

이런 측면에서 앞으로 우리나라의 노인복지관과 부설 주간보호센터는 선도적으로 '지역사회 돌봄'을 지향해 나가야 할 것이다. 현재 주간보호센터에서 수행하고 있는 다양한 주간보호의 틀 속에서 이루어지는 돌봄과 복지 서비스를 내실화해야 할 뿐만 아니라 서비스이용자 가족이 돌봄 서비스를 함께 할 수 있도록 교육하고, 그들의 심리사회적 기능을 향상시키기 위한 정서 지원 활동 및 가족상담 등을 보다 활성화시켜야 할 것이다.

나아가 지역사회의 다양한 돌봄 서비스 지원 인력을 발굴하여 효과적으로 연결하는 연계 활동에도 심혈을 기울여야 한다. 더불어 지역사회의 구성원들이 노인을 위한 돌봄 서비스가 지역사회에 의해 이루어지는 것이 바람직하다는 인식을 분명하게 가지게끔 인식개선사업도 병행해야 할 것이다.

5 네트워크 구축의 거점센터로서의 노인복지관으로 패러다임의 전환

노인복지관은 지역사회의 공동체 의식을 만드는 곳이어야 한다. 그러면서도 노인복지관이 공동체의 중심이 되는 것이 아니라 노인과 지역주민 각자의 영역에서, 각자의 삶에서 공동체를 이룰 수 있게 도와야 하는 것이다. 진정한 노인복지관은 지역주민과 복지관과의 구체적인 작은 연결고리를 만들어 줄 수 있어야 한다. 실제로 많은 노인들은 관계가 부족해서 어려움에 처하는 것이다. 어려움에 처했을 때에 함께 이야기를 나눌 수 있는 사람이 한 명만 있어도 이겨낼 수 있을지 모른다. 그렇기 때문에 같은 지역사회에서 왕래하는 좋은 이웃이 많아질 수 있게 도와야 한다.

한 동네에 계신 분들끼리 서로가 부족하더라도 그 속에서 강점을 찾고 서로 의지하며 나눌 수 있게 주선해야 한다. 노인들끼리 자연스럽게 관계하고 소통하게 돕는 것이다. 이것이 노인복지실천에서 추구해야 할 바람직한 네트워크이다. 네트워크는 단순한 연계가 아니다. 문제를 해결하기 위한 방법이고 이러한 방법을 소통으로 시작한다. 끊임없는 소통을 담보해야 한다. 일방통행이 아닌 끊임없는 소통이어야 하는 것이다. 그리고 이러한 소통을 위한 관계를 위해서는 반드시 신뢰를 내어 놓아야 한다. 희생과 헌신이 있어야 한다.

그러면 그동안에는 네트워크를 하지 않았는가? 아니다. 해왔다. 거의 모든 사회복지기관마다 네트워크 사업을 하지 않는 곳이 없다. 대부분 네트워크가 중요하다고 이야기한다. 그러나 항상 '기관들의 네트워크'를 만드는 것에 그치고 만다. 담당자가 바뀌면 무너지고 다시 새로운 사람이 새로운 기관 네트워크를 만들곤 한다. 중요한 것은 기관들의 네트워크가 아닌 '서비스이용자 바로 노인 당사자'의 네트워크가 되어야 한다.

즉, 네트워크 사업은 노인 당사자의 네트워크를 강화하는 사업이 되어야 하는 것이다. 그러므로 네트워크 사업을 진행하면서 중심 기관이 드러나지 않도록 하기 위해 노력해야 한다. 네트워크 사업은 각 기관이 평소 관계를 잘 유지하고 있으면서 서로 필요한 부분에서 협력하는 것이다. 각 기관의 독립성을 잘 유지하면서도 함께 해야 할 부분에서는 협력할 수 있도록 조정하는 것이 네트워크 사업이다.

왜냐하면 서버로서의 존재는 곧 조정이 중심이고, 네트워크로서의 존재는 조정이 아닌 연결이 중심이기 때문이므로 노인복지관이 지역사회에서 진정한 네트워크를 구축하기 위해서는 대의(大義)를 위한 '내려놓음'이 필요한 것이다. 그래서 노인복지관의 모든 직원은 어쩌면 투명인간이 되어야 할지도 모른다. 노인복지관의 사회복지사와 전문가들은 노인들에게 복지 서비스를 실어 나르는 도구이어야 한다. 동시에 일하면서 자기 자신을 고갈시키는 촛불과 같은 존재가 되어야 한다. 노인들에게 양질의 사회복지 서비스를 제공하기 위해서 끊임없이 자신을 채워가며, 정작 자신은 비워야 한다.

이러한 헌신과 희생, 열정이 변화를 만들어 내는 것이다. 사회복지사로 인한 노인의 작은 변화 하나가 동네 사람들로 하여금 지역사회에 관심을 갖게 할 수 있다. 긍정적인 노인의 변화가 사람 사는 동네로 바꿔가는 징검다리, 작은 돌 하나 놓은 것과 같은 기능을 하게 된다. 결국 노인복지관의 노인복지 서비스가 지역주민의 마음을 변화시킬 수 있다는 것이다.

복지관에서 사회교육을 받으신 노인 한 분이 변화되셔서 늘 사람들이 버리는 쓰레기로 가득 쌓여있던 전봇대 밑을 치우고 작은 화단을 만들어 놓으니 그곳에 쓰레기를 버리는 이가 없게 되었다는 이야기를 들은 적이 있다. 사람들의 무관심으로 방치되고 몇몇 사람들만의 아지트가 되어버린 경로당을 보다 많은 노인들을 위한 일자리 사업의 현장으로 바꾸신 선구적인 노인으로 인해 그 경로당이 다시 살아나서 사람들이 모이고 저절로 만남을 이루었다. 이는 사소한 것 같지만 아름다운 큰 변화이며, 그런 사소한 변화가 우리 지역사회를 행복하게 변화시키는 바탕이 되는 것이다.

Chapter 13

우리나라 노인복지실천의 활성화 방안

1 지역사회 내 사례관리 지원체제 구축

2 노인 대상 전문 요양 서비스의 개발과 정착 실현

3 비공식적 관계망에 대한 지원 제공

4 지속적인 자기계발과 노후생활에의 적응을 위한 노년기 교육 개발

5 건강하고 소속감 있는 노후를 위한 노인 자원봉사의 개발과 확산

6 생산적이고 독립적인 노후를 위한 노인일자리 창출

7 지식정보격차 해소방안 마련

1 지역사회 내 사례관리 지원체제 구축

1) 노인 대상 사례관리 체제 구축을 통한 종합적인 노인복지 서비스 운영

노인복지관이나 노인요양원, 재가노인복지시설 등에서 이루어지는 요양 서비스와 교육 · 여가 · 복지 · 일자리 사업 등을 종합적으로 관리 운영하는 사례관리 지원체제가 구축될 필요가 있다. 실제로 본 연구의 결과는 노인요양원에서 생활하는 노인들도 노인복지관의 서비스를 제공받고자 하는 욕구가 컸으며, 이는 향후 노인복지관과 노인요양을 전담하는 시설들과의 연계가 강화되어야 할 것을 나타내주고 있다.

2) 지속적이고 체계적인 사례관리 교육과 훈련

'사례관리자' 와 '케어매니저(요양관리자)' 라는 새로운 전문가 집단에 대한 인식이 구체화될 수 있도록 체계적인 사례관리 교육과 훈련이 있어야 한다. 가령 사례관리 업무를 집중적으로 담당하는 사회복지사를 사례관리자로 양성하는 방안이 모색되어야 한다. 또한 노인요양인력을 관리 운영하는 케어매니저를 제도화하고 이를 양성하는 방안도 급속하게 마련되어져야 할 것이다. 이를 통해 사회복지사들과 요양보호사에게 지속적이고 체계적인 수퍼비전과 교육의 기회를 제공하며, 표준화된 사례관리 운영 및 전문성 제고를 위한 직무교육체제를 개발해 나갈 수 있을 것으로 본다.

3) 사례관리를 통한 노인 요양 서비스 접근성 보장

노인 요양 서비스의 접근성을 보장하기 위한 지원들로는 우선 지역사회 내에 있는 노인복지관과 노인요양인력에 대한 정기적인 실태조사와 정보축적이 필요하다. 이를 통해 지역별 노인복지관 및 노인복지 서비스, 노인요양인력 데이터베이스(DB)를 구축 · 관리하고, 노인복지 서비스 및 요양 서비스 공급자와 수급자를 연계하는 기능이 사례관리를 통해서 수행되어야 한다.

2 노인 대상 전문 요양 서비스의 개발과 정착 실현

1) 요양 서비스 수행 인력의 전문성 확보

노인을 대상으로 하는 전문 요양 서비스를 개발하고, 성공적으로 정착시키기 위해서는 서비스 수행 인력의 전문성 확보가 담보되어야 한다. 사회복지사, 요양보호사 및 케어매니저(요양관리자) 등과 같은 노인요양 서비스 전문가들이 양성되어 양질의 요양 서비스를 실시하여야 한다. 이렇게 양질의 노인요양인력을 확보하고 유지하기 위해서는 현재의 저임금을 상향 조정하여야 하며, 동시에 전문성 함양 교육체계를 수립해 나가야 할 것이다. 가령 노인요양인력 양성 과정 평가 및 교육 프로그램의 개선, 요양인력 교육 강사 양성 및 전문성 강화, 요양인력 교육매뉴얼 개발 등을 들 수 있다. 나아가 재교육을 통해 요양인력의 서비스의 가치를 높이는 것도 요양인력의 전문성을 제고시킬 수 있을 뿐만 아니라 요양인력에 대한 사회적 인식도 개선될 수 있을 것으로 본다.

2) 다양한 노인복지 서비스 참여 및 수혜 기회 마련

노인복지 분야에서 이미 개발되어 활발하게 시행되고 있는 다양한 프로그램들을 지역사회 내 노인들이 원하는 대로 경험할 수 있게끔 하기 위해서는 두 가지 측면의 접근이 필요하다. 첫째, 기존 노인복지 서비스에 대한 효과적인 홍보가 있어야 한다. 둘째, 사회복지사들의 사례관리 실천을 통해 노인들이 제공받아야 할 노인복지 프로그램에 대한 분명한 정리가 있어야 한다.

3) 기존 사회복지 관련 기관과의 연계 및 협력

기존 사회복지 관련 기관과의 연계 및 협력 운영을 통해 노인복지 프로그램을 활성화시켜 나갈 필요가 있다. 예를 들면, 노인들만을 위한 보건소나 노인복지관이 없는 상황에서 차선책으로 기존의 보건소나 노인복지관 등을 원활하게 이용할 수 있도록 하는 한편, 보건소나 노인복지관이 없는 농어촌 지역의 노인들은 타 지역이지만 인근에 위치한 노인복지관이나 장애인복지관의 순회재활 서비스나 보건소의 방문보건 서비스를 통해 만성적인 질병과 심리사회적 문제들을 정기적으로 관리받을 수 있도록 할 수 있을 것이다.

4) 노인복지 서비스에 대한 홍보와 연결

기존 노인복지관이나 여러 형태의 노인복지시설에서 제공되는 서비스와 다양한 공공 부문에서 개입되는 유용한 노인복지 서비스에 대해 노인들이 스스로 접근하지 못하는 경우가 많으므로 각 지자체와 산하 지역주민자치센터에서 일하는 사회복지 공무원이나 장애인, 노인 담당 공무원을 통해 이러한 노인복지 서비스들이 홍보되고 연결되도록 해야 한다.

3 비공식적 관계망에 대한 지원 제공

1) 노인의 가족기능 강화를 위한 프로그램 개발 및 연계

노인 문화와 사회 속에서 형성되는 비공식적 관계망은 매우 중요하다. 특히 노년기에는 경제력의 감소, 건강의 악화, 배우자의 상실로 인해 더욱 가족 지원이 요구된다. 본 연구 결과에서와 같이 노인복지 서비스와 프로그램을 통해 노인들의 비공식적 관계망에 대한 욕구가 크게 나타났다. 특히, 배우자와 자녀가 노인에게 가장 큰 힘을 제공해 주고 있었으며, 자녀들과의 의사소통이 향상되었다. 이러한 결과를 통해 노인들을 대상으로 하는 비공식적 관계망에 대해 지원할 필요가 있다. 가령 지역사회 내 노인복지관이 건강가정지원센터와 연계하여 노인 대상의 프로그램을 연결시킬 수 있으며, 지역사회 내 노인복지관에서의 유사 프로그램을 노인요양원에 탐색 · 연결하고 이를 활성화시킬 필요가 있다.

2) 노인 동료상담 등을 통한 주변 지지체계 강화

노인을 대상으로 하는 비공식적 관계망은 같은 서비스를 받는 동료, 이웃 등을 통해서도 강화될 수 있다. 본 연구 결과에서는 노인복지 서비스와 프로그램을 통한 동료 노인과의 만남은 이들에게 매우 중요한 지지체계로 나타나고 있다. 이러한 주변 지지체계를 강화하기 위해서는 무엇보다 동료들과의 상담 및 만남을 통해 이뤄져야 한다. 특히 노인요양원과 재가노인복지시설과 노인복지관이 적극적으로 연계하여 '동료상담, 동료만남, 좋은 친구 되기' 등과 같은 프로그램을 공동으로 개발하고, 이에 대한 지속적인 홍보와 관련 정보를 제공할 필요가 있다.

4 지속적인 자기계발과 노후생활에의 적응을 위한 노년기 교육 개발

1) 심리적 외로움 극복을 위한 노인교육 개발

일반적으로 노년기 노인이 겪는 네 가지 어려움을 빈곤, 질병, 고독감, 무위감의 문제에서 찾는다. 그리고 이러한 노년기 노인의 어려움들은 본 연구 결과에서도 고스란히 나타나고 있다. 사실 이렇게 노년기에 나타나는 심리적 외로움의 문제는 어떠한 공적 프로그램에 의해서도 해결되기 어려운 문제로 남아 있으며(박석돈, 2002), 동시에 심각한 문제로 여겨진다(최순남, 2002). 특히 기대수명이 길어지면서 배우자 상실로 홀로 지내는 노인들이 늘고 있는데, 이는 신체적인 아픔, 정신적 질병이나 자살 등으로 이어질 수 있다.

긴 노후시간을 보내야 하는 노인들이 고독감을 해소하고 삶의 만족을 얻기 위한 방법은 다양한데, 그 중 한 가지가 노인에게 교육기회를 제공하는 것이다(박석돈, 1998). 과거의 지식과 경험만으로는 급변하는 현대사회에 적응하기 힘들고, 특히 현재의 노인 세대는 학교를 통한 적절한 교육을 충분하게 받지 못한 세대로서 이들에게 배움의 기회는 현대사회에 적응할 수 있는 능력과 지식을 습득하게 하고, 지루함과 외로움을 해소하여 삶의 만족을 얻을 수 있는 방안이 될 수 있다.

또한 노인에게 있어 교육은 단순한 지식습득이나 배움의 즐거움을 넘어 친구를 사귀거나 사회 활동을 할 수 있는 매개체의 역할을 할 수 있다. 실제로 박석돈(1998; 2002)의 연구에서는 노인교육에 참여하는 동기를 '배움에 대한 욕구' 다음으로 '친구를 사귈 수 있어서', '시간을 보낼 수 있어서', '외로움을 이길 수 있어서' 등 부차적인 동기에서 찾고 있다. 노인교육에 참여하면서 배움의 욕구를 충족하고, 교육에 참여한 동료 간에 공감대를 형성하고 소속감을 가짐으로써 심리적 안녕감을 향상시킨다고 볼 수 있다.

2) 노인교육 접근성 확대를 위한 교육지원체계 정비

(1) 노인교육 지원을 위한 협의체 구성

노인교육의 활성화를 위하여 지역사회 내 다양한 자원들 간의 연계가 요구된다. 그리고 이를 실현하기 위해서는 노인교육 지원을 위한 협의체를 구성하여 지역사회 내의 인적 · 물적 자원을 효과적으로 동원 · 연계 · 운영하기 위한 기반을 구축하는 것이 필요하다. 협의체에 참여할 수 있는 지원체계들로는 노인교실, 노인복지관, 종합사회복지관, 보건소(보건지소), 지역 농협, 농업기술센터, 종교단체, 민간단체 등을 들 수 있다. 이들 지원체계들 간의 네트워크를 구축함으로써 실제적인 노인교육 프로그램이 개발되어 제공될 수 있을 것으로 본다.

(2) 노인교육 지원담당인력 배치

재정형편이나 운영인력 및 강의인력의 전문성 면에서 열악한 형편에 있는 현실에서 교육지원체계의 전문성을 보완하고, 교육적 기능을 보강하여 노인들의 학습욕구에 맞는 질 높은 노인교육을 제공하기 위해서는 각 지자체의 예산 지원을 받아 노인교육에 관한 조정업무 및 기관들에 대한 지도, 관리, 감독업무를 수행하는 전문 인력이 배치되어야 한다.

3) 노인교육의 다양화 기반 구축

(1) '노인교육 포털(portal)' 의 구축과 운영

노인교육이 이루어지는 단체의 열악한 노년교육 환경과 부족한 전문성을 보완하고, 관련 기관들 간의 효율적인 연계를 위하여 보건복지부와 대한노인회가 공동으로 제작 운영하는 방식으로 포털 구축이 요구된다.

포털의 주요 내용은 다음과 같이 구성될 수 있다. 첫째, 노인에 대한 이해, 둘째, 노인 복지와 교육, 직업재활 등과 관련된 시설에 대한 소개 및 안내, 셋째, 노인교육 관련 기관 및 단체에 대한 소개 및 안내, 넷째, 노인교육에 대한 각종 자료 공유 및 의견 제시, 다섯째, 공모를 통해 선정된 우수 노인교육 프로그램에 관한 자료 지원, 여섯째, 노인교육 관련 커뮤니티 운영 등을 말할 수 있다.

(2) 우수 노인교육 프로그램 공모와 지원 및 프로그램 매뉴얼 개발

첫째, 노인교육에 대한 인식을 제고하고, 노인교육에 대한 홍보를 통하여 노인교육의 활성화를 도모하고, 둘째, 우수 노인교육 프로그램을 발굴하고 다양한 노인교육 프로그램 개발 의욕을 고취하며, 셋째, 우수 노인교육 프로그램에 관한 정보를 공유하여 사회복지기관들 간의 네트워크를 형성하기 위하여 우수 노인교육 프로그램에 대한 공모 및 지원 프로그램 매뉴얼 개발이 요구된다.

(3) 노인교육 프로그램 매뉴얼 보급

개발된 노인교육 프로그램 매뉴얼은 대한노인회, 노인복지 관련 단체 및 산하 각 지회의 노인교육 담당인력 및 유관부서, 무엇보다도 각 지역의 노인교육 관련 시설 현장에 직접 보급될 수 있도록 하며, 매뉴얼을 '노인교육 포털'에 파일 형태로 탑재하여 활용성을 높이도록 한다.

5 건강하고 소속감 있는 노후를 위한 노인 자원봉사의 개발과 확산

1) 자원봉사 기회 제공

노인들에게도 자원봉사 활동을 할 수 있는 구체적인 기회를 만들어 제공해 나갈 필요가 있다. 대한노인회와 산하 각 지회별로 노인 자원봉사인력에 대한 구체적인 정보를 파악하여 (가칭) '노인 자원봉사은행'을 구축하여 노인 자원봉사자가 지닌 자원과 그 자원을 필요로 하는 대상자 및 기관 간에 연계가 자유롭게 이루어질 수 있도록 하여야 할 것이다. '노인 자원봉사은행'은 앞서 제시한 '노인교육 포털' 안에 설치하거나 별도의 '노인 자원봉사 포털'을 구축하여 운영할 수도 있다.

2) 노인 자원봉사 교육의 체계화 및 전문화

현재 노인 자원봉사 교육은 거의 이루어지지 못하고 있는 것으로 보인다. 혹시 이루어진다 해도 산발적이고 비체계적으로 이루어지고 있을 것으로 추정된다. 이는 노인 자원봉사자가 존재할 수도 없게 하고 있을 뿐만 아니라 자원봉사자가 원하는 봉사 활동에 따라 다양한 기관에서 활동하는 데 걸림돌로 작용할 수 있다. 나아가 자원봉사자의 전문성에도 문제가 있을 수 있다.

따라서 노인 자원봉사 교육 인증제 도입이 요구된다. 기존에 노인 자원봉사 교육을 활발하게 실시하는 한국노인복지관협회, 한국자원봉사협의회, 볼런티어 21 등 관련기관들 중에 하나 혹은 그 이상의 기관을 노인 자원봉사 교육기관으로 지정하여 체계적인 교육과정을 가지고, 노인 자원봉사 교육을 실시하도록 하고, 교육기관들 간의 협의를 통하여 교육 인증체계를 구축하도록 하는 것이 바람직하다.

대한노인회와 산하 각 지회들, 관련 기관들의 협의 하에 노인 자원봉사 교육의 목적, 내용, 시간 등의 기준을 정하고, 정해진 기준에 따라 온라인과 오프라인 상에서 자원봉사를 희망하는 노인들이 교육을 받도록 하고, 그 교육시간에 따라 자원봉사 교육 이수를 인증하는 방식으로 운영할 수 있을 것이다.

3) 노인이 노인을 돕는 자원봉사 활동 개발

노인이 도움을 필요로 하는 노인을 돕는 자원봉사 활동들을 개발할 필요가 있다. 동료상담, 취업상담, 여가문화 활동 등의 영역에서 노인이 노인에게 봉사할 수 있는 활동들을 수행할 수 있을 것이다.

6 생산적이고 독립적인 노후를 위한 노인일자리 창출

1) 활동적인 생산 인구로의 전환

고령화 문제를 최소화하기 위해서는 노인들을 의존적 인구가 아닌 활동적인 인구로 변화시키도록 해야 한다. 노년기까지 삶의 연속성을 유지할 수 있도록 노년기에도 평생의 경험, 경력, 능력, 전문성을 활용할 수 있는 활동에 참여할 수 있게 해야 한다.

2) 노인을 위한 직종 개발과 직능교육

노인들이 지닌 자원을 최대로 활용하여 사회적 효과를 극대화시킬 수 있는 일자리 분야의 개발과 그와 관련된 직능교육 프로그램의 개발이 요구된다. 즉, 노인을 위한 실질적인 일자리 개발이 요구된다. 특히 의사소통의 어려움을 느끼지 않으면서 신체적 활동에 무리가 되지 않는 직종이 창출될 필요가 있다.

3) 다양한 노인 전문 직종 개발

질적 고령화에 따라 단순직종을 넘어서 고령층의 다양한 전문직 진출이 기대된다. 특히 노인들의 경험과 전문성이 요구되는 전문 직업교육 및 훈련, 평생교육, 노인교육, 경영 컨설팅, 상담 등 다양한 평생교육 관련 분야에 고령층의 진출이 확대될 수 있도록 고령자 채용기업에 대한 인센티브 확대, 채용정보 제공, 구직정보센터 운영 등이 요구된다.

7 지식정보격차 해소방안 마련

1) 노인들의 정보접근 확보

시 · 군 · 구청이나 도서관 등과 같은 공공기관이나 일반 사회복지 관련 기관들에 대한 접근성이 확보되어야 한다. 이를 위해 지역사회 차원의 안내와 홍보가 이루어져야 하고, 노인을 대상으로 하는 이용 안내 시스템을 개발하여야 할 뿐만 아니라 훈련된 노인 전문 자원봉사자를 활용한 안내 서비스 제공이 필요하다.

2) 사회복지 서비스 차원

노인을 대상으로 사회복지 서비스 개입을 수행하는 서비스 기관 단위에서는 다양한 지식정보 서비스를 발굴하고 연결해야 한다. 또한 지역사회 차원에서는 다양한 관련 기관 간의 노인 통합 서비스 네트워크를 구축하고 유기적인 협력 시스템을 유지 · 확대해 나가는 노력이 필요하다.

참고문헌

강남대학교(2005a). 실버산업 공급자 조사.

강남대학교(2005b). 실버산업 수요자 조사.

강남대학교(2005c). 실버산업 전문인력 양성을 위한 장기 발전전략 연구.

강남대학교(2005d). 실버산업연구.

강남대학교(2005e). 실버생활용품 개발을 위한 생활과학 기초연구.

강남대학교(2006a). 실버산업 전문인력 양성 현황 및 과제.

강남대학교(2006b). 실버산업의 세계적 동향과 한국의 과제.

강남대학교(2007). 미국, 영국, 한국 노인의 삶과 사회복지 이슈.

경기복지재단(2009). 노인자살위기개입 매뉴얼. 수원: 경기복지재단.

고수현 · 윤선오(2006). 새로운 노인복지론. 파주: 양서원.

교남소망의집(2004). 정신지체인의 사례관리와 사정도구. 서울: EM실천.

국민건강보험공단(2011). 2011 건강보험주요통계.

권중돈(2010). 노인복지론. 서울: 학지사.

권중돈(2012). 치매환자와 가족복지: 환원과 통섭. 서울: 학지사.

권진숙 · 박지영(2009). 사례관리의 이론과 실제. 서울: 학지사.

김경호 · 김지훈(2009). 한국 노인의 성공적인 노화요인의 구조분석. 한국노년학, 29(1), 71-87.

김기태(1997). 위기개입론. 서울: 대왕사.

김기태 · 김수환 · 김영호 · 박지영(2007). 사회복지실천론. 고양: 공동체.

김명 · 고승덕 · 서미경 · 서혜경(2004). 노인보건복지 이론과 실제. 파주: 집문당.

김범수 · 김통원(1997). 노인종합복지관 프로그램의 현황과 과제: 서울시립남부노인종합복지관을 중심으로. 노인복지정책연구, 5, 161-201.

나상희 · 구재관(1998). 노인복지관의 발전방안에 관한 연구. 노인복지연구, 1(2), 136-158.

남두희(2011). 장애인 및 노약자를 위한 이동 및 생활지원시스템 설계. 한국인터넷방송통신학회 논문지, 11(2), 83-88.

농림수산식품부(2011). 귀농 · 귀촌인의 성공적 정착과 농촌사회 발전방안 연구.

류명원(2006). 사례관리에 대한 사회복지사의 인식과 활용에 관한 연구. 한국사회복지정책학회, 2006년도 추계학술대회자료집, 287-312.

문현상 · 정우진 · 김유경 · 김동배(1996). 실버산업의 현황과 정책과제. 서울: 한국보건사회연구원.

문화관광부(2010). 2009 국민여행실태조사.

박광준(2004). 고령사회의 노인복지정책: 국제 비교적 관점. 파주: 학현사.

박석돈(1998). 노인의 욕구변화와 노인교육. 노인학연구, 2, 1-29.

박석돈(2002). 노인교육프로그램의 효과성 평가. 복지행정논총, 12(1), 25-45.

박영란(2011). 노인복지관 여가프로그램의 새로운 비전. 2011 춘계 전국 노인복지관대회 자료집.

박재간 · 원영희 · 모선희(1996). 노인생활실태 및 정책방향: 저소득층 노인을 중심으로. 서울: 한국노인문제연구소.

박재간 · 홍미령(2001). 노인취업관련 사업의 활성화 방안. 노인복지연구, 11, 119-150.

박제간(2003). 노인전용주거시설의 개발전략. 서울: 아시아미디어리서치.

박차상 · 김옥희 · 엄기욱 · 이경남 · 정상양 · 배창진(2005). 한국노인복지론. 서울: 학지사.

보건복지부(2010). 2010 노인보건복지 사업안내.

보건복지부(2011a). 2011 노인보건복지 사업안내.

보건복지부(2011b). 2012년 국민기초생활보장 수급자 현황.

보건복지부(2011c). 2012 노인복지시설 현황.

보건복지부(2012). 제2차 저출산 · 고령사회 기본계획.

보건복지부(2013a). 2013 노인보건복지 사업안내.

보건복지부(2013b). 기초노령연금사업안내.

서울복지재단(2005). 지역사회조직화 실천방법. 서울: 서울복지재단.

서인균 · 고민석(2011). 학대경험이 노인의 자살생각에 미치는 영향과 스트레스, 우울, 사회적 지지의 매개효과. 보건사회연구, 31(1), 127-157.

서혜경 · 정순둘 · 최광현(2006). 노인상담입문: 이론과실제. 파주: 집문당.

성혜영 · 유정헌(2002). 성공적 노화 개념의 인식에 관한 연구. 한국노년학, 22(2), 75-93.

양옥경 · 김정진 · 서미경 · 김미옥 · 김소희(2010). 사회복지실천론. 파주: 나남.

양옥남 · 김혜경 · 김미숙 · 정순둘(2011). 노인복지론. 고양: 공동체.

오희철 · 이은숙 · 염유식 · 이준우 · 오덕자 · 이상욱 · 설재웅 · 정명지 · 이병규(2010). 베이비붐 세대의 건강 실태 분석 및 미래 보건의료의 사전 대응체계 구축 기초 연구. 연세대학교 건강증진사업지원단, 보건복지부 용역 보고서.

우국희 · 김영숙 · 임효연(2007). 지역사회복지관에서의 사례관리에 대한 사회복지사들의 주관적 경험과 인식. 사회복지정책, 30, 287-310.

유성호(2001). 노인복지관 발전 방향 탐구: 노인복지관 이용 노인의 이용빈도와 이용기간에 따른 분석. 한국사회복지학회 학술대회 자료집, 468-488.

윤경아 · 이윤화(2000). 가족의 노인부양 현황과 정책과제. 사회과학논문집, 19(2), 333-349.

이근홍(2003). 주민자치센터의 사회복지적 기능과 노인복지 프로그램의 실천가능성. 노인복지연구, 20, 213-234.

이명자(1999). 노인종합복지관의 프로그램 및 이용실태에 관한 연구. 단국대학교 행정대학원 석사학위논문.

이문국 · 조준행 · 이지은 · 이현미(2008). 2007 노인일자리사업 참여노인 실태조사. 서울: 한국노인인력개발원.

이은희(2009). 최신 노인복지론. 서울: 학지사.

이인숙(2004). 가정폭력 상담원의 위기개입 기술과 영향요인 분석. 정신보건과 사회사업, 17, 192-223.

이장호 · 김영경(2006). 노인상담: 경험적 접근. 서울: 시그마프레스.

이준 · 서문진희(2009). 노인장기요양보험 재가서비스의 문제점과 개선방안. 한국노년학, 29(1), 149-175.

이준우 · 손덕순(2010). 정신보건사회복지론. 고양: 서현사.

이준우 · 임원선(2011). 전문 사회복지실천론. 서울: 인간과복지.

이준우 · 황준호 · 이현아 · 조미애(2011). 성공적인 노후생활 가이드 노후생활설계. 서울: 파란마음.

이중섭(2009). 노인복지관 이용 노인의 만족도에 영향을 미치는 경로: 프로그램 품질의 매개효과를 중심으로. 한국거버넌스학회보, 16(2), 319-346.

이현기 · 김진욱 · 성발화(1998). 실버산업의 활성화 방안연구. 수원: 경기개발연구원.

이호선(2005). 노인상담. 서울: 학지사.

임연옥(2008). 노인복지관의 고객충성도에 관한 연구: 고객만족, 서비스 품질, 관계혜택의 관계를 중심으로. 이화여자대학교 대학원 박사학위논문.

임춘식(1997). 한국 노인복지사업의 현황과 과제. 사회과학연구, 7, 67-75.

장경은(2009). 빈곤노인의 노화경험에 대한 현상학적 연구. 한국사회복지학, 61(4), 355-380.

장수미 · 이선민 · 문용준(2006). 성폭력이 의심되는 여아의 위기개입: James & Gilliland의 위기개입 6단계 모델 적용. 정신보건과사회사업, 22, 287-303.

장인협(1999). 사회복지실천방법론 下. 서울: 서울대학교출판부.

저출산 · 고령사회위원회(2007). 고령친화용품 표준화 실태조사 및 품목선정 연구.

전명숙(1994). 중년층이 선호하는 미래 노인주거환경: 서울시를 중심으로. 건국대학교 대학원 박사학위논문.

정경희 · 한경혜 · 김정석 · 임정기(2006). 노인문화의 현황과 정책적 함의: 성공적 노화담론에 대한 비판적 검토를 중심으로. 한국보건사회연구원 연구보고서.

정설희 · 임지혜 · 강경림(2010). u-Health 보험급여 적용방안. 서울: 건강보험심사평가원 심사평가정책연구소.

정순둘(2008). 사회복지관 이용노인을 위한 팀접근 사례관리실천의 과정평가. 노인복지연구, 42, 175-201.

정영철 · 신윤정 · 정영호 · 최은진 · 고숙자 · 김동수 · 김정은 · 이견직 · 조병희 · 홍승권(2005). 국내 e-Health 발전에 따른 정책대응방안 연구. 서울: 한국보건사회연구원.

정지혜(2009). 시니어 시장의 불편한 진실과 과제. 서울: LG경제연구원.

조계화 · 김영경(2008). 한국노인의 우울, 자살생각 및 삶의 만족도 영향 요인. 한국간호교육학회지, 14(2), 176-187.

조휘일 · 김선희 · 권순미 · 김정희 · 최원희(2008). 사회복지실천론: 제너럴리스트 실천접근. 고양: 서현사.

주택금융공사(2011). 주택연금 가입 및 보증 공급.

지식경제부 보도자료(2010. 5. 11). u-Health 신산업 창출전략.

진석범(2004). 실버산업과 유료노인복지시설. 서울: 학이당.

채준안 · 이준우(2007). 치료레크리에이션의 이해와 실천. 서울: 파란마음.

최경익(1992). 케이스 매니지먼트의 개략적 연구. 사회복지연구, 20, 149-161.

최성재(2012). 모든 세대가 함께하는 고령화 사회. 서울: 서울대학교출판부.

최성재 · 장인협(2010). (고령화사회의) 노인복지학. 서울: 서울대학교 출판문화원.

최순남(2002). 현대노인복지론. 서울: 법문사.

최준오 · 정준수(2008). 안산시 소재 노인복지관 이용자의 이용특성 연구. 대한건축학회 논문집: 계획계, 24(6), 77-85.

최호천 · 문철웅 · 황경찬(2008). 유니버설 디자인 개념을 적용한 보행보조기 제품개발. 기초조형학연구, 9(1), 743-753.

최희경(2010). '신노년' 정책 담론에 대한 비판적 재검토: 활동적 노화, 성공적 노화, 생산적 노화를 중심으로. 한국사회정책, 17(3), 41-65.

최희철 · 문영희 · 홍선미 · 조승철 · 성은미(2009). 무한돌봄센터 운영 매뉴얼. 수원: 경기복지재단.

통계청(1995). 통계로 본 한국의 발자취.

통계청(2009). 2009 고령자 통계.

통계청(2010a). 통계로 본 베이비붐 세대의 어제, 오늘, 내일.

통계청(2010b). 한국통계연감. 제57호.

통계청(2010c). 가계금융조사.

통계청(2011a). 2011 고령자 통계.

통계청(2011b). 한국통계연감. 제58호.

한경혜(2000). 신 노년층 문화와 성공적 노화. 한국가족학회 춘계학술대회 자료집.

한경혜 · 윤성은(2007). 대중매체에서의 신노년 담론 분석: 신문매체를 중심으로. 한국노년학, 27(2), 299-322.

한국갤럽조사연구소(1982). 노인정 활용실태와 그 대책에 관한 연구.

한국갤럽조사연구소(1983). 노인학교 노인교실에 관한 조사연구.

한국갤럽조사연구소(1984a). 노인여가시설 및 프로그램에 관한 조사연구.

한국갤럽조사연구소(1984b). 한국노인의 생활과 의식구조.

한국노인문제연구소(1986a). 3세대 동거가족의 주택문제와 그 해결방안.

한국노인문제연구소(1986b). 현대사회와 노년기 여가생활에 관한 연구.

한국노인문제연구소(1991). 노인문헌목록.

한국노인문제연구소(1992a). 노인종합 주거단지 설치 운영에 관한 연구.

한국노인문제연구소(1992b). 미래사회의 노후생활과 실버산업.

한국노인문제연구소(1997). UN이 수행하는 노인관련사업. 노인복지정책연구, 8, 163-187.

한국노인인력개발원(2011). 2010 노인일자리 통계 동향.

한국농촌경제연구원(2008). 농어촌 뉴타운 공동체 조성 · 운영 방안에 관한 연구.

한국보건사회연구원 · 보건복지가족부(2008). 저출산 · 고령사회정책 성과평가. 서울: 한국보건사회연구원.

한국여성개발원(1996). 공공부문 자원봉사 수요개발에 관한 연구. 서울: 한국여성개발원.

한국은행(2012). '중장기 소비구조 전망' 보고서.

허준수(2004). 지역사회거주 노인들의 생활만족도에 관한 연구. 노인복지연구, 24, 127-151.

홍미령(2005). 저출산 · 고령사회기본법 제정에 따른 노인복지관련법제의 전망. 노인복지정책연구, 33, 5-93.

홍현방 (2001). 성공적인 노화 개념정의를 위한 문헌연구. 이화여자대학교 박사학위논문.

Anthony, R. N. & Young, D. W. (1988). *Management control in nonprofit organizations*. Homewood, Illinois: Irwin.

Ballew, J. R. & Mink, G. (1999). 권진숙 · 전석균 역(2001). 사례관리. 서울: 하나의학사.

Baltes, P. B. & Baltes, M. M. (1990). *Successful aging perspective from the behavior science*. New York: Cambridge University Press.

Barker, R. L. (1987). *The Social Work Dictionary*. Silver Spring: NASW.

Beauvoir, Simone de. (1970). 홍상희 · 박혜영 역(2002). 노년: 나이듦의 의미와 그 위대함. 서울: 책세상.

Birren, J. E. (1964). *The Psychology of aging*. Englewood cliffs, New Jersey: Prentice-Hall.

Birren, J. E. (1983). *Aging: a challenge to science and society*. Oxford: Oxford University Press.

Blakemore, K. (1997). *From minorities to majorities: perspectives on culture, ethnicity and aging in British gerontology*. 27-38. in A. Jamieson, S. Harper, & C. Victor. *Critical approaches to ageing and later life*. Buckingham: Open University.

Bowling, A. (2010). Enhancing later life: How older people perceive active ageing? *Ageing and Mental Health, 12(3)*, 293-301.

Butler, R. N. & Lewis, M. I. (1973). *Aging & mental health: positive psychosocial approaches*. Saint Louis: C. V. Mosby.

Caplan, G. (1965). *Principles of Preventative psychiatry*. New York: Basic Books.

Chou, K. L. & Chi, I. (2002). Successful aging among the young-old, old-old, and oldest-old chinese. *International Journal of Aging and Human Development, 54(1)*, 1-14.

Conwell, Y., Duberstein, P. R., Cox, C., Herrmann, J., Forbes, M. S. N., & Caine, E. D. (1998). *Age Differences in Behaviors Leading to Completed Suicide*.

Crosnoe, R. & Elder, G. H. (2002). Successful adaptation in later years: A life-course approach to aging. *Psychological Quarterly, 65(4)*, 309-328.

Cuddy, A. J. C., Norton, M. I., & Fiske, S. T. (2005). This Old Stereotype: The Pervasiveness and Persistence of the Elderly Stereotype. *Journal of social Issues, 61(2)*, 267-285.

Fisher, B. J. (1995). Successful aging, life satisfaction, and generativity in later life. *International Journal of Aging and Human Development, 41*, 239-250.

Fishman, T. C. (2010). 안세민 역(2011). 회색 쇼크: 고령화, 쇼크인가 축복인가. 서울: 반비.

Golan, N. (1986). *Treatment in Crisis Situations* (3th ed.). New York: The Free Press.

Gottesman, I. I. (1979). Schizophrenia and genetics: Toward understanding uncertainty. *Psychiatric Annals, 9*, 54-78.

Hess, T. M. (2009). Moderators of and Mechanisms Underlying Stereotype Threat Effects on Older Adults' Memory Performance. Experimental Aging Research, North Carolina State University.

Hickey, T., Marjorie, A. S., & Thomas, R. P. ed. (1997). *Public health and aging*. Maryland Baltimore: Johns Hopkins University Press.

James, R. K. & Gilliland, B. E. (1993). 한인영 · 김연미 · 장수미 · 최정숙 · 박형원 · 이소래 역(2001). 위기개입. 서울: 나눔의 집.

Kadushin, A. (1990). *The social work interview: a guide for human service professionals* (3rd ed). New York: Columbia University Press.

Kanter, J. (1989). Clinical case management: definition, principles, components. *Hospital and Community Psychiatry, 40(4).*

Keith, J., Fry, C. L., & Ikels, C. (1990). *The Aging Experience, Diversity and Commonality Across Cultures.* Thousand Oaks, CA: Sage Publications.

Kennedy, A. L. (2000). Supervision for Practicing Genetic Counselors: An Overview of Models. *Journal of Genetic Counseling, 9(5)*, 379-390.

Levine, I. S. & Fleming, M. (1985). *Human resource development: Issues in case management.* Boltimore: Center of Rehabilitation and Manpower Services, University of Maryland.

Levy, B. R., Slade, M. D., & Gill, T. M. (2006). Hearing Decline Predicted by Elders' Stereotypes. *Journals of Gerontology: Series B: Psychology Sciences and Social Sciences, 61*, 82-87.

Lindemann, E. (1944). Symptomatology and management of acute grief. *American Journal of Psychiatry, 101*, 7-21.

Mannell, R. C. & Dupuis, S. (1996). Life Satisfaction in J. E. Birren(ed.). *Encyclopedia of Gerontology, 2.* New York: Academic Press. 59-64.

McGill, C. W. & Surber, R. (1989). "Case Management" in A. Bellak. (ed.) *A Clinical Guide for the Treatment of Schizophrenia.* New York: Plenum Publishing.

Minois, G. (1987). 박규현 · 김소라 역(2010). 노년의 역사-고대에서 르네상스까지 서양 역사에 나타난 노년. 서울: 아모르문디.

Monk, A. (1985). *Handbook of gerontological services.* New York: Van Nostrand Reinhold.

Moxley, D. P. (1989). *The Practice of Case Management.* Thousand Oaks, CA: Sage Publications.

Payne, M. (1997). 서진환 · 이선혜 · 정수경 역(2001). 현대사회복지실천 이론. 서울: 나남출판.

Pincus, A. & Minahan, A. (1973). 문인숙 · 조성경 · 김선심 · 김융일 · 조흥식 · 윤현숙 역(1994). 사회사업방법론: 통합적 접근. 서울: 보진제.

Rowe, J. W. & Kahn, R. L. (1998). *Successful aging.* NY: Pantheon/Random House.

Rowe, J. W. & Kahn, R. L.(1987). Human aging: Usual and successful. *Science, 237*, 143-149.

Rowe, J. W. & Kahn, R. L. (1997). Successful aging. *The Gerontologist, 37(4)*, 433-440.

Saleebey, D. (1992). *The strengths perspective in social work practice.* White Plains. New York: Longman.

Sheafor, B. W., Horejsi, C. R., & Horejsi, G. A. (1997). *Techniques and guidelines for social work practice* (4th ed). Boston: Allyn and Bacon.

Sheppard, H. L. (1990). *The Future of Older Workers.* Florida: International Exchange Center on Gerontology.

Stone, R. G. (1996). *Gerontology manual.* Warner Tacoma, WA: Univ. of Puget Sound.

Thayer, P. W. (1999). Successful aging. *Personnel Psychology, 52(3)*, 764-767.

Torres, S. (2002). Relational values and ideas regarding 'Successful aging'. *Journal of Comparative Family Studies, 33(3)*, 417-432.

Weil, M., Zipper, I. N., & Dedmon, S. R. (1995). *Issues and principles of training for child mental health case management.* In B. Friesen & J. Poertner (Eds). From case management to service coordination for children with emotional, behavioral, or mental disorders. 211-238. Baltimore: Paul H. Brookes.

WHO (2002). *Active ageing: A policy framework.*

Willigen, J. & Lewis, D. C. (2006). *Culture as the context of aging. in Hyunsook Yoon & Jon Hendricks.* Handbook of Asian Aging. Amityville, New York: Baywood Publishing Company.

경인일보(2013. 1. 29.). 한국 노령자 고용률 세계 최고.

동아일보(2013. 1. 30.). 손발 묶고 기저귀 강제로 채우고… 무서운 노인요양병원.

문화일보(2013. 1. 22.). 빠르게 늙어가는 한국 '20년 후 생산인구 1명이 노인 1명 부양'.

서울신문(2013. 1. 23.). 초고령화의 그늘.

조선일보(2007. 9. 30.). '골드산업' 실버를 잡아라.

중앙선데이(2013. 2. 10.). 나이듦의 무게를 깃털처럼 가볍게 버려라.

한겨레신문(2009. 8. 9.). 실버시장 돈 된다? 환상 버려야!

강남대학교(http://www.kangnam.ac.kr)

경기개발연구원(http://www.gri.re.kr)

경기복지재단(http://www.ggwf.or.kr)

국가통계포털(http://kosis.kr)
국민건강보험공단(http://www.nhic.or.kr)
국민건강보험공단 노인장기요양보험(http://www.longtermcare.or.kr)
국민연금공단(http://www.nps.or.kr)
네이버 지식백과(http://terms.naver.com)
문화체육관광부(http://www.mcst.go.kr)
보건복지부(http://www.mw.go.kr)
보건복지부 통계포털(http://stat.mw.go.kr)
서울특별시립 서울노인복지센터(http://www.seoulnoin.or.kr)
청와대(http://www.president.go.kr)
통계청(http://kostat.go.kr)
한국갤럽(http://www.gallup.co.kr)
한국노인복지중앙회(http://www.elder.or.kr)
한국노인인력개발원(https://kordi.go.kr)
한국노인종합복지관협회(http://www.kaswcs.or.kr)
한국농촌경제연구원(http://www.krei.re.kr)
한국보건사회연구원(http://www.kihasa.re.kr)
한국여성정책연구원(http://www.kwdi.re.kr)
한국재가노인복지협회(http://www.kacold.or.kr)
화성시남부노인복지관(http://www.hssenior.or.kr)

색 인

ㄱ

ㄴ

ㄷ

ㅁ

ㅂ

ㅅ

ㅇ

ㅈ

ㅊ

ㅌ

ㅍ

ㅎ

A

저자 소개

이 준 우

총신대학교 종교교육학과 졸업
총신대학교 신학대학원 졸업
숭실대학교 사회사업학과 학부과정 이수
숭실대학교 대학원 사회사업학 석사 · 박사

강남대학교 사회복지전문대학원 교수
강남대학교 사회복지대학 학장
강남대학교 사회복지전문대학원 원장
한국CISM연구소 소장

한국교회사회사업학회 회장(2008~2012)
화성시남부노인복지관 관장(2008~2012)
밀알복지재단 사무국장(1997~1999)

한국교회사회사업학회 편집위원장, HMBC장애인선교방송 이사장, 큰빛복지선교센터 이사장, 한국수화학회 이사, 한국학교사회복지학회 이사, 한국치료레크리에이션 사회복지사회 부회장, 사회복지법인 베데스다복지재단 이사, 사회복지법인 말아톤복지재단 이사, 사단법인 한국밀알선교단 이사, 사단법인 밀알천사 이사, 강남구 직업재활센터 운영위원장, 화성시지역사회복지협의체 민간공동위원장 등 우리 사회의 소외계층과 특별히 노인, 장애인, 교회사회사업, 지역사회복지에 관심을 갖고 활발히 활동하고 있음.

주요 저서 및 논문
『수화의 이해와 실제』, 『전문 사회복지실천론』, 『사회복지실천기술론』, 『전문 사회복지사를 위한 사회복지용어사전』, 『장애인복지정책과 실천』 등 30여 권의 저서와 『문제아의 가족치료』, 『교회사회사업』, 『장애인과 함께하는 사회복지실천』 등 10여 권의 번역서, 「장애학생에 대한 학교사회복지 서비스 개발에 관한 연구(2008)」, 「노인장기요양보험 재가 서비스의 문제점과 개선방안(2009)」, 「근로장애인 직업적응능력 향상 프로그램 개발(2010)」, 「한국 노인의 노후생활에 관한 인식(2011)」, 「한국 기독교사회복지재단의 현황과 방향성(2012)」 등 최근 5년간 국내 · 외 전문 학술지에 게재된 30여 편의 학술논문이 있음.

고령화 사회에서의 **노인복지 이해와 실천**

초판 1쇄 인쇄 2013년 3월 22일
초판 1쇄 발행 2013년 3월 30일

지은이_ 이준우
펴낸이_ 황호철
펴낸곳_ 도서출판 파란마음

주소_ 140-845 서울시 용산구 백범로90라길 47 | 전화_ (02) 3275-2110~1 | 팩스_ (02) 3275-2199
홈페이지_ http://paranmaum.co.kr/

등 록_ 2006년 4월 24일 · 제302-2006-00024호

ISBN 978-89-97982-13-4 93330
값 17,000원